李庶泉，1965年9月出生，山东济南人，教育学博士后，教授。现任河南省周口职业技术学院副院长。

1981考入章丘师范学校读书，1982年提前毕业被分配到山东省章丘县第一中学任教。先后读过中专、专科、本科、硕士、博士；先后教过初中、高中、专科、本科、硕士。西北师范大学博士，西南大学博士后。英国布莱顿大学、德国德累斯顿大学、新加坡南洋理工学院访问学者。山东师范大学、河南大学硕士研究生导师（兼）。先后任济南大学副教授、河南省周口市教育局副局长、周口市高级技工学校校长（周口市职业教育中心主任）。获得“河南省职业教育教学专家”“河南省专业技术拔尖人才”“河南省学术技术带头人”“河南省优秀教育管理人才”等荣誉称号。

在全国中文核心期刊发表学术论文30余篇。主编《大学生心理健康教育》（普通高等教育十二五系列规划教材）、《学前教育学》（全国学前教育专业十二五系列规划教材）、《学前心理学》（全国学前教育专业十二五系列规划教材）；合编《小学综合实践活动指导》《新编教育学》《大学学分制研究》《成人教育学》等。主持省部级科研课题10项。

多元文化课程理论研究

THEORETICAL RESEARCH ON MULTICULTURAL CURRICULUM

李庶泉 著

电子科技大学出版社
University of Electronic Science and Technology of China Press
·成都·

图书在版编目（CIP）数据

多元文化课程理论研究 / 李庶泉著. —成都：电子科技大学出版社，2017.9

ISBN 978-7-5647-5124-1

Ⅰ. ①多… Ⅱ. ①李… Ⅲ. ①课程—教学研究 Ⅳ. ①G423

中国版本图书馆 CIP 数据核字（2017）第 236199 号

多元文化课程理论研究

DUOYUAN WENHUA KECHENG LILUN YANJIU

李庶泉 著

策划编辑 马 瑶 李 倩
责任编辑 马 瑶 李 倩

出版发行 电子科技大学出版社
成都市一环路东一段 159 号电子信息产业大厦九楼
邮编 610051
主 页 www.uestcp.com.cn
服务电话 028-83203399
邮购电话 028-83201495

印 刷 四川煤田地质制图印刷厂
成品尺寸 170 mm×240 mm
印 张 17.75 彩 插 2 页
字 数 260 千字
版 次 2017 年 9 月第一版
印 次 2017 年 9 月第一次印刷
书 号 ISBN 978-7-5647-5124-1
定 价 68.00 元

序　言

这本《多元文化课程理论研究》是庶泉贤契的博士毕业论文。

20 世纪六七十年代，西方国家出现了多元文化课程。我国作为一个多民族、多元文化的国家，自 20 世纪八十年代末就开始介绍引进这一新的课程理念和思潮。然而，绝大多数的文章和著作都是介绍性的，不能把握多元文化课程的实质，对催生多元文化课程的深层次的文化传统、族群问题、社会背景研究不够，特别是对作为时代精神的与其有关的不同哲学流派如后现代主义、同化主义、多元主义、白人种族中心主义、欧洲中心主义、非洲中心主义、激进女性主义以及多元主义的保守派和激进左派等更是缺乏全面深入的研究，而恰恰是这些流派和思潮对多元文化课程的发展产生巨大的影响。本书在对这些理论流派进行梳理、分析的基础上，揭示了“冲突与妥协”下的多元文化课程中“同化主义”与“多元主义”是如何制衡多元文化课程的发展的；总结出多元文化课程发展过程中两种对立范式，认为要借鉴和吸收其理性范式，批判其激进范式；分析了保守派与激进左派从哪些方面、如何对多元文化课程进行了批判，并总结当今西方多元文化课程的发展趋势。

本书有以下几个特点。一是结构新颖，不落窠臼。全书摆脱了陈旧范式，不拘泥于提出问题、分析概念、历史综述、原则方法、意见建议等的传统书稿编写体例，而是以四个对立统一的范式作为架构进行研究和论述，“问题导向”鲜明，直接从理论层面对“问题”进行研究，这在论文撰写体例方面有所创新。二是从哲学高度鸟瞰研究多元文化课程。本书是从理论的角度或哲学的高度去审视研究多元文化课程，不是对多元文化的“课程理论”如课程设置的原则、方法和模式等进行研究，而是跳出“教育教学”本身看“课程”，这体现了博士论文的“理论创新”的基本要求。任何的理论研究都离不开哲学思维，科学只有达到哲学的高度才能称得上是科学。三是研究立场的相对中立性决定了研究结论相对科学客观。本书作者极力从“局外者”的角度，对以美国为代表的西方国家的多元文化主义和多元文化课程进行了系统梳理和研究，尽量避开所属族群的共有价值观。一般说来，多数族群大都认同支持“同化主义”，而少数族群大都认同支持“多元主义”。多元文化课程本质上是不同群体之间利益争夺在学校课程中的反映。正如书中所说，多元文化课程是价值观的问题，因此所属某一族群的研究者的立场非常关键，直接影响其研究结果和看问题的角度。四是这本著作填补了某些方面的研究空白，理论上有一定突破，例如：认为多元文化课程的产生是同化主义与多元文化主义以及不同族群冲突与妥协的结果，同化主义与多元文化主义作为对立的哲学范式如影随形左右着多元文化课程；总结概括出多元文化课程对立的理性范式和激进范式；提出多元文化课程不是一种重“科学”的课程，而是一种重“价值观”的课程，即多元文化课程的研究受研究者的族群利益及其共用的价值观的影响。这些观点和提法都具有一定的独创性和理论价值。

基于已有的研究成果，沿着当前的研究路径，希望作者对以下两个方面做进一步研究：一是如何对西方多元文化课程理论予以扬弃，以“中华民族多元一体格局”理论为指导，提出符合我国民族教育及中国国情的多元文化课程理论和范式；二是西方多元文化课程理论对我国基础教育课程改革有哪些借鉴意义。当然，这些都是当前比较棘手的难题，也请读者们一并思考。

万明钢

目　录

摘要

多元文化课程是20世纪九十年代初由西方引进我国的。在随后的十几年中，我国学者撰写了几十篇相关论文，其中大都是介绍性的，而移植于我国民族教育或普通教育的研究成果很是少见。多元文化课程的“介绍”缺乏全面性和系统性；而“移植”则预设其正确性，少有批判和反思。这就使我国教育界特别是民族教育界对此产生了某些误解：夸大了多元文化课程的影响和趋势；窄化了多元文化课程的范围；泛化了多元文化课程中“多元文化”的概念；混淆了某些西方国家特别是加拿大和美国少数族群形成发展史及现状与我国少数民族形成发展史及现状的区别。

多元文化课程是多元文化社会中不同群体之间为维护自身利益而引发的冲突与妥协的结果。西方特别是北美历史上新老移民之间存在着宗教和文化等方面的冲突；美国长期以来的“种族隔离”政策引发了20世纪六七十年代的民权运动；科学技术和经济的发展为人们进行跨文化交流提出了客观要求并提供了便利的条件；作为时代精神的哲学如后现代主义等，为多元主义进行了证明和描述。这一切都为多元文化课程的产生和发展奠定了政治、经济和思想等方面的基础。

同化主义由来已久，它一直主导着学校课程，多元主义的出现打破了同化主义一统教育界的局面，为学校课程的改革提供了新的思路和启发。当前，同化主义与多元主义这两种对立的思想在制衡着多元文化课程的发展，二者“张力”的平衡是多元文化课程的理论基础。在美国，同化主义经历了两个阶段，即“熔炉论”和“以盎格鲁文化为中心论”；多元主义也经历了两个阶段，即“拓宽文化基础”和“拒绝以西方文化为基础”。这四个阶段并非完全是直线演进的，它们像一条闪烁不定的动态曲线，在影响着多元文化课程的发展。其中虽然多元主义势头正劲，但同化主义在美国始终是站在了胜利的一方。为缓解二者的对立及摇撼同化主义的主导地位，有人提出了“多元文化思想意识”，并视其为多元文化课程新的理论基础。多元文化思想意识居于同化主义与多元主义的中间，是二者对立统一的体现。

某些外国学者提出了多元文化课程的许多范式。然而，站在“冲突与妥协”这一多元文化课程的本质及“同化与多元”这一多元文化课程的理论张力基础的角度看，多元文化课程可以分为理性范式和激进范式。理性范式要求课程内容包含所有种族、民族、宗教、语言、社会阶层、性别、残疾人和不同年龄等群体的微观文化和国家的宏观文化，教育对象是全社会所有群体的青少年，教育目标是提升所有群体成员的学术成就和社会参与的能力。理性范式是多元文化课程的主流范式。激进范式是在纠正以盎格鲁文化为中心的课程过程中出现的，旨在使有色学生处于国家文化价值观和公立学校课程核心的范式，其主要表现为“非洲中心主义课程观”。激进范式认为，多元文化课程必须向欧洲中心主义、包容所有群体的文化和观点的“理性”课程提出挑战，打破以欧洲为中心的课程的不平衡，使黑人种族的成就在所有文明和学校课程中处于核心地位。激进范式是打着多元文化主义幌子的、“矫枉”反而“过正”的、所谓的“多元文化课程”，并非真正意义上的多元文化课程。多元文化课程是冲突与妥协的产物，这就注定了它的发展会像钟摆一样回荡在“盎格鲁中心主义”—“理性”—“非洲中心主义”之间。

多元文化课程在产生和发展过程中不时遭到人们的批判。这些批判可以分为保守派的观点和激进左派的观点。保守派主要认为，多元文化课程是政治极端主义和狂热激进主义在学校课程中的反映，会导致分裂国家和削弱国家的统一。激进左派主要认为，当前的多元文化课程忽视了反种族主义这一核心任务。蜕变成了社会控制而不是社会变革的工具，失去了其应有的“棱角”。简单地说，就是保守派认为多元文化课程过于激进，走得太快；而激进左派则认为多元文化课程出现了保守倾向，走得太慢。这两派观点反映了主流群体与非主流群体之间，借多元文化课程以争取更多权利和实现自己群体愿望的对立。

从当前走向看，多元文化课程仍然承担着“出发”时所承担的任务和承载着各个群体对它的希冀。反种族主义依然是多元文化课程的重要主题，社会重构主义被提上了多元文化课程的议事日程，多元文化课程正与某些反抗性和批判性理论紧密缠结在一起。多元文化课程依然面临着“政治化”与“学术化”的困惑和矛盾。面对全球多元文化的大背景，多元文化课程除了继续关注民族国家框架内的文化多样性的问题，已开始与全球主义联姻，试图担负起处理世界文化多样性问题的重担。

关键词： 多元文化课程　同化主义　多元主义　理性范式　激进范式　理论研究

Abstract

Multicultural Curriculum (MCC) was introduced to China in 1990s. In the following years tens of the articles concerned were written, most of which however were introductory. Pitifully the introduction was not comprehensive and systematic, and the nativization was based on its rightness and acceptance to all, which might lead to the lack of criticism and rethought. Under these circumstances many misunderstandings about MCC come into being, for example, overstating MCC's influences and trends, shrinking the content and target of MCC, misunderstanding the meanings of Multiple Cultures in MCC abroad, and overlooking the difference of history and reality of ethnic groups between the western countries and China.

MCC was the result of conflicts and compromises with regard to the benefits of different groups in multicultural society. In the history of the western countries, especially North America, the religious and cultural conflicts existed between the old immigrants and the new ones. The policy of racial segregation in the United States brought about the civic rights movement in 1960s and 1970s. The development of science/technology and economy asks for the communication of cross cultures and meantime provides the convenient conditions for it. Philosophy, the time Ethos, especially postmodernism, demonstrates pluralism. All of these have laid the political, economic, and cultural-ideological foundation for the coming about and development of MCC.

Assimilationism has been existing all long in the history of the western countries, which has continuously dominated curriculum. When it emerges, pluralism begins to challenge assimilationism. Pluralism opposite to assimilationism, provides new ideas and inspiration for the reform of curriculum. At present the two opposite ideologies have influenced the development of MCC, and the balance of the two provides the theoretical basis for MCC. In America assimilationism is divided into two phases, which are the Melting Pot Ideology and Anglo-culture-Centered Ideology. And pluralism is also divided into two phases, which are Opening up the Cultural Basis and Rejecting Western Culture as the Basis. The four phases are not liner, meaning that when the new phases emerge, the earlier phases tend to assume some of the characteristics of the newer phases and to continue on a more limited scale. Nowadays although pluralism is developing rapidly and has greater and greater influence, assimilationism gains the victory over pluralism in their conflict. To relax the tension, James A. Banks put forward Multicultural Ideology, which is regarded as the new theoretical basis of MCC. It is found near the center of continuum, which has the cultural pluralist and the assimilationist ideologies at the extreme ends.

Some scholars abroad summarized and put forward many paradigms of MCC. From the viewpoints of MCC's essence being the conflict and compromise and the balance of assimilationism and pluralism being the theoretical basis of MCC, I believe that MCC has a rational paradigm and a radical one. The rational paradigm assumes that the contents of MCC include the micro-cultures of every race, ethnic group, religion, language, class, sex, disabled persons, and age, and also the macro-culture of the Nation. The teaching objects of the paradigm cover students of all groups in the society, and the aim is to promote the academic achievements and the ability of functioning effectively in society of all the students of all the groups. The radical paradigm emerges from the correction of Anglo-culture-centered curriculum, the goal of which is to make the culture of colorful students be the core of National culture and the curriculum of public school. The Afrocentric

Curriculum is the main form of the radical paradigm. The radical paradigm assumes that MCC challenge Eurocentrism and the rational paradigm balance the curriculum. The radical paradigm is a so-called MCC under the cover of multiculturalism, actually not an MCC. MCC as the result of conflict and compromise is doomed to swing between Anglo-centrism, rationalism and Afro-centrism like a pendulum.

MCC has met with criticisms, which can be divided into conservative point of view and radical-Left one. The conservative point of view is that MCC is the reflection of political extremism and radicalism, which might cause the split of the country and destroy the unity of nation. The radical-Left supposes that the current MCC overlook antiracism and become the tool of social control, not of social transformation. These two conflictive viewpoints reflect the contradiction of pursuit of more rights and realization of the hopes of the dominant group and margined groups.

National conflicts in the western countries especially in America have not been overcome. Racism is still or even more pervasive. The diversity of groups and cultures is deepening gradually. Therefore the current MCC still takes on the original responsibilities and bears the hopes of all the groups. Antiracism is still the main theme of MCC. Social Constructionism has been placed on the agenda of MCC. MCC is combining with some revolting and critical theories. MCC is faced with the question whether it should be political or scholastic. Globalization has greater and greater influence over education and curriculum. In addition to dealing with the cultural diversity in the frame of national country, MCC tends to regard globalism as one of its theoretical basis, and attempts to bear the heavy burden of coping with the cultural diversity in the world.

Key words: Multicultural Curriculum, Assimilationism, Pluralism, Rational Paradigm, Radical Paradigm, and Theoretical Study

引　言

一

我们生活在文化中。文化就像人之空气、鱼之水，当身处其中时，一般不会感受到；而当离开它时，便会产生明显的身心异常感。文化无所不在，每个人都生活在一定的文化之中，都受之影响，它规范着人们的思想、行为和价值观。我们生活在多元文化中。文化的多样性决定了多元文化的环境。科技的进步促进了传媒的发展，报刊、书籍、广播、电视、网络等传媒使人们无时无刻不接触到其他文化、不感受到其他文化。经济的发展促进了人们的流动，不仅包括国内人员的流动（如农民工），而且也包括国际人员的流动。经济的全球化也导致了文化的全球化，不同国家的文化在不断地接触、冲突、融合、吸收。同样也正是经济的发展加剧了贫富差距，从而使社会阶层的分化界限越来越明显，这些阶层形成了不同的文化。生活水平的改善促进了旅游业的发展，人们开始走出家门、国门，到其他文化和国家去直接体验异文化的韵味。可以说，时代是文化多元的时代，社会是文化多元的社会，这就决定了生活于该时空的每一个人都处于多元文化的包围之中。

教育是人类文化继承和传播的最重要的途径，而其中学校课程又是人类文化继承和传播的最重要的载体。毫无疑问，学校课程要实现该功能，完成其使命，就必须反映这个时代、这个社会的文化现状：即“多元文化”。20 世纪六七十年代，西方社会的民权运动直接催生了多元文化教育和课程。以反映多元文化、要求文化平等、倡导相互容忍、体现民主平等为主旨的多元文化课程，一时为人们接受和提倡，并视其为解决不同文化之间冲突的途径，而且更被当作处理民族国家的民族教育的处方。于是，西方国家在随后的几十年中对多元文化教育和课程进行了全面且深入的研究，出现了各种观点和流派，其中有些研究促进了多元文化教育和课程的发展，而有些研究也使其背离或正在背离原来的目的和方向，以致误入歧途。对于西方的多元文化教育和课程的理论及实践，我国是在20世纪九十年代初介绍和引进的。然而，面对该新生事物，我们只是欣喜地"拿来"（其实，"拿来"的还不全），而缺少了批判、忽视了反思。王鉴指出："自'多元文化主义'与'多元文化教育'被提出之后，对该理念及政策的种种批评就不曾停止过。我们在介绍西方多元文化教育理论时，对其正面的、积极的社会效果宣扬得多，而人为地轻视了一些消极的社会影响，这样会造成人们对多元文化教育持有一种盲目乐观的态度。如果我们再仔细听一听这些来自反对者的声音，我们就会更加慎重地考虑多元文化教育的内容和方法，就会更加明白为什么西方学者在这一概念的界定中'玩弄'那么多的学术词语。"①

全球化呼吁多元文化教育和课程的研究。全球化是在世界经济、政治和文化发展的要求及发展的过程中产生和不断演进深化的，它正以荡涤一切之势影响着地球上的每一个人、每一个地区、每一个国家、每一个民族以及每一种文化。20世纪八十年代后期，"全球化"成为经济界、知识界、政界、媒体及教育等领域里常用的术语。全球化是一个多维度的过程，包括经济、政治和文化等方面；在理论上，全球化创造着一个单一的世界；全球化是统一性和多样性并存的过程，是一个不平衡的发展过程，因此也是一个充满冲突的过

① 王鉴. 西方少数民族教育研究述评[J]. 世界民族，2002（4）.

程；同时，全球化也是一个观念更新和范式转变的过程。全球化的立体性和复杂性表现为，强调多元化与一元化、多中心与一中心之间的辩证关系以及相互之间的交叉和融合。从文化的角度看，全球化的本质就是多元文化的碰撞与冲突。“显而易见，全球化过程正在对教育发生实质性的影响；的确，正如格罗斯利所指出的，如果不考虑全球化过程，要想理解教育，那将越来越困难。”[①]教育及其课程改革必须对全球化给教育带来的“实质性影响”作出应答。全球化教育课程必须包括主流的和具有变革性的学术知识，必须鼓励学生参与从对实际生活的反思到批判性思维和比较分析的一系列活动，必须向学生揭示世界上的民族和文化具有异质性而非同质性这一普遍规律等等，[②]这一切同时也是多元文化教育课程所追求的目标。但二者也存在不同：多元文化课程不仅关注族群之间的文化而且也关注宗教、语言、性别、社会阶层、残疾人等群体之间文化的差异，多元文化课程在产生之初更多的是在民族国家的框架内；而全球化课程更强调国家认同下的“以国家或区域为基本单位的”文化之间的差异。多元文化课程与全球化课程在内容设置的原则、教学方法、模式等方面具有共通性。多元文化课程的理念之所以受到越来越多的民族国家的关注，从某种意义上说，也是因为想通过学习多元文化课程的理论与实践以观照全球化课程的发展。因此，全球化也是多元文化课程从西方向世界其他民族国家扩散开来的重要推动力之一。

全球化与其所激发了的国家主义、民族主义和本土主义之间的矛盾和冲突，给民族国家的教育提出了挑战，客观上要求教育特别

① Welch，A. R. Globalization，Postmodernity and the State：Comparative Education Facing the Third Millennium[J]. Comparative Education，2001，37（4）.

② 李庶泉. 论全球化教育课程的设置与教学[J]. 教育发展研究，2003（10）.

是课程设置对此做出回应。全球化与这三者是相伴而生的，没有前者的出现，就不会引发后者的兴起。它们之间是相悖的，同时也存在着某种制衡关系。尽管当前全球化势头正劲，国家地位和作用在日益降低，国家主义和民族主义在日益受到怀疑和挑战，但作为民族主义的基本单位的“国家”，在可预见的未来中是不会消失的，而民族主义和本土主义借国家框架越来越展现出了强大威力。民族主义是一枚硬币，一方面具有分裂性和破坏性，另一方面具有大众化的、统一的、团结的特征。民族国家可以利用民族主义动员并凝聚国家成员，以对抗全球文化的一体化；同时在多元化的民族国家中，民族主义（特别是种族主义）又威胁甚至破坏国家的稳定和发展。在全球化过程中、在多元化的民族国家中，民族主义必定长期存在，人们必须时时刻刻小心翼翼地对待它。民族主义是个世界性的难题，多元化的民族国家至今还没有找到解决问题的最终办法。作为以反种族主义为核心而发展起来的多元文化教育和课程，始终在致力于解决种族中心主义这个问题，它所提出的某些理念和实践模式，肯定会有助于解决民族国家内部的民族主义，并缓和全球化与国家主义、民族主义及本土主义之间的矛盾和冲突。

“中华民族多元一体教育的课程”模式的探索需要借鉴西方多元文化教育和课程的理论。“中华民族多元一体格局”的理论是费孝通在对人类学、考古学、历史学等学科进行长期研究的基础上，于1988 年在泰纳（Tanner）演讲会上提出的。该理论一经提出，就得到了普遍的高度评价，引起了学术界的普遍认同，被认为是“研究中华民族结构的核心理论，是解开中华民族构成奥秘的钥匙”。[①]费孝通的这一思想不仅推动了民族研究的发展，而且也引起了民族教育界的重视，它迅速成为我国民族地区教育研究的指导思想和理论

① 陈连开. 关于中华民族结构的学术新体系[J]. 民族研究，1992（6）.

支柱。滕星在对国内外民族教育理论和多元文化教育理论研究的基础上，提出了“多元文化整合教育理论”，也称“多元一体化教育理论”。滕星认为，“多元文化整合教育理论”是“一个多民族国家的教育在担负人类共同文化成果传递功能的同时，不仅要担负起传递本国主体民族优秀传统文化的功能，同时也要担负起传递本国少数民族优秀传统文化的功能”。[①]“多元一体化教育理论”是“中华民族多元一体格局理论”在我国民族教育中的延伸和反映，是中国民族教育的理论架构，这一点在教育理论界基本形成共识。由此，中华民族多元一体教育的含义、课程目标、课程编制原则及方法、课程设置的层次及模式等方面得以探讨，[②]形成了具有中国特色的多元文化教育和课程的理论和范式。如何在多元文化共存的社会中找到被绝大多数文化群体都能够接受的教育模式，各国学者看法可能不一，但从我国民族历史的发展和构成以及意识形态方面看，“中华民族多元一体教育”的思想是符合我国国情的。“中华民族多元一体教育”顺应了世界多元一体教育的潮流，丰富和发展了世界多元文化教育理论，但要想使其更加完善以致成为全球化背景中多元文化国家的教育的重要指导思想和模式，还必须借鉴和吸收其他国家如美国、加拿大、英国、澳大利亚等的多元文化教育的理论和模式中的成功经验。学习和借鉴其他国家的成功经验，也是解决“中华民族多元一体教育”模式中的固有难题的客观需要。“中华民族多元一体教育”是民族教育的一种指导思想、一个模式，但真正要落到学校课程的设置和内容的选择上，依然任重道远。如何平衡“多元”与“一体”的关系，也就是说，学校课程的内容设置如何在“一体”的前提下体现“多元”，又如何在“多元”的情况下确保“一

---

① 哈经雄，滕星. 民族教育学通论[M]. 北京：教育科学出版社，2001：580.

② 王鉴. 多元文化教育课程的本土建构[D]. 兰州：西北师范大学，1998.

体”，不仅是操作层面上的问题，而且也是一个非常重要的理论问题。然而，实际上这些问题并没有解决。有人认为，“一元”与“多元”是课程的两难文化选择，解决这一两难问题的策略是在“一元”与“多元”的两极对立中保持必要的张力。[①]揭示这一两难问题并试图提出解决问题的“策略”，可谓难能可贵，但“保持必要张力”的策略仍然停留在形而上，面对林林总总、汗牛充栋的文化类型以及国家一体化的要求，又如何把握这“必要的张力”呢？

二

进入“中文期刊数据库”（CNKI），查寻 1994—2004 年（截至 2004 年 4 月份）有关多元文化教育和课程的文章，输入“多元文化教育”，在检索项为“关键词”的状态下，显示有关多元文化教育的文章 32 篇，在检索项为“篇名”的状态下，有 51 篇；输入“多元文化课程”，在检索项为“关键词”的状态下，显示有关多元文化课程的文章 10 篇，在检索项为“篇名”的状态下，有 6 篇。CNKI 在搜集我国中文期刊文章方面，比较全面，具有较高的权威性。除了从 CNKI 获得相关资料外，本人还翻阅了近十几年主要学术刊物上未被 CNKI 收录的相关文章。所有这些文章可以归为两类：一类是纯介绍性文章，一类是试图进行消化并与我国民族教育联系起来的文章。

介绍性文章主要有：

1. 万明钢：“美国多元文化教育发展历史评述”，《教育研究》，1993，1.

2. 万明钢：“论美国多元文化教育的理论与实践”，《民族教

---

① 陈时见，朱利霞. 一元与多元：论课程的两难文化选择[J]. 广西师范大学学报（哲学社会科学版），2000（6）.

育研究》，1993，1.

3．万明钢：“美国多元文化教育课程设计原则综述”，《民族教育研究》》，1995，3.

4．万明钢：“美国多元文化教育中的一个敏感问题——对少数民族学生的测验与评定”，《世界民族》，1996，1.

5. 万明钢：“多元文化教育的新发展与课程改革”，(</PGN0008.TXT/PGN）.

6．王鉴：“当代西方国家对多元文化教育的几种认识”，《外国教育研究》，1994，2.

7．王鉴：“西方少数族群教育研究述评”，《世界民族》，2002，4.

8．王鉴：“近年来西方多元文化课程与教学研究简论”，《西北师大学报》（社会科学版），2001，9.

9．李瑾瑜、奂平清：“对多元文化教育的四种误解及其分析”，《民族教育研究》，1999，3.

10．王凯：“美国多元文化教育流变及课程转向研究”，《外国教育研究》，2002，4.

11．高向斌：“美国多元文化教育初探”，《外国教育研究》，2002，4.

12．刘毅：“美国高校的多元文化教育”，《深圳大学学报》，2000，4.

13．余海波：“当前美国多元文化教育兴起的原因”，《中国民族教育》，2000，3.

14. 余海波：“当前美国多元文化教育的课程设计”，(</PGN0008.TXT/PGN）.

15．韩骅：“90 年代美国多元文化教育的理论与实践述评”，《比较教育研究》，2000，6.

16．周敏：“美国多元文化教育中的‘授权’评价方法及其启示”，《外国教育研究》，1999，6.

17．苏红：“美国多元文化教育中的语言概况”，《民族教育研究》，1996，2.

18．杨晓：“多元文化教育——关于民族教育的新理论”，《民族教育研究》，1999，1.

19．张华：“‘多元文化教育’的理论范型和实践模式探析”，《比较教育研究》，1998，3.

20．张文清、于家太：“昂茨提案——美国双语教育的争论”，《全球教育展望》，2001，2.

21．徐文彬、徐继存：“美国多元文化教育及其面临的挑战”，《比较教育研究》，1998，3.

22．张希希：“费尔南德斯多元文化课程改革管窥”，《外国教育研究》，1996，2.

23．吴兵：“西方多元文化教育的本质与特征”，《杭州师范大学学报》（自然科学版），2002，1.

24．余晓莹：“国外多元文化教育研究发展初探”，《比较教育研究》，1994，6.

……

试图进行消化并与我国民族教育联系起来的文章主要有：

1．万明钢：“论美国多元文化教育理论的演变及其对课程改革的影响”，《比较教育研究》，1993，5.

2．万明钢、王鉴：“中国民族教育中的多元丈化课程研究”，《课程研究》，1999，1.

3．滕星、苏红：“多元文化社会与多元一体教育”，《民族教育研究》，1997，1.

4．王鉴：“西方多元文化教育与我国民族教育之比较研究”，

《西北师大学报》（社会科学版），1995，3.

5．王鉴：“多元文化教育论纲”，《西北师大学报》（社会科学版），1998，5.

6.王鉴：“论中华民族多元文化教育”，《青海民族研究》，2002，2.

7．金志远：“课程内容多元文化初探”，《内蒙古师范大学学报》，（教育科学版），2002，1.

8．何喜刚、王鉴：“多元文化教育课程本土化的现实困境与出路”，《宁波大学学报》（教育科学版），2000，2.

9．孟凡丽：“国外多元文化课程开发模式的演进及其启示”，《比较教育研究》，2003，2.

10．涂元玲：“论班克斯多元文化课程改革的途径及其启示”，《比较教育研究》》，2003，2.

11．陈时见、朱利霞：“一元与多元：论课程的两难文化选择”，《广西师范大学学报》（哲学社会科学版），2000，6.

12．赵巧华：“世界多元文化教育与我国民族高等院校课程论体系”，《民族教育研究》，1996，4.

13．尹可丽：“国外多元文化教育对我国民族地区教育的启示”，《广西民族研究》，1999，3.

14．成渝：“西南少数民族地区基础教育多元文化课程发展模式研究”，《课程·教材·教法》，2003，5.

15．辛治洋：“当前我国多元文化教育研究存在的问题及思考”，《贵州师范大学学报》（社会科学版），2002，3.

16．王牧华、靳玉乐、李森：“多元文化背景中的基础教育课程改革（笔谈）”，《教育研究》，2 003，12.

17．李庶泉：“论多元文化教育的理论研究框架”，《安徽教育学院学报》，2003，1.

……

多元文化教育和课程的著作或者涉及该主题的著作主要有：

1．哈经雄、滕星：《民族教育学通论》，教育科学出版社，2001.

2．王鉴：《多元文化教育课程的本土建构》，西北师范大学博士论文，1998.12.

3．王鉴：《民族教育学》，甘肃教育出版社，2002.

4．孟凡丽：《多元文化背景中地方课程开发研究》，西北师范大学博士论文，2003.6.

5．西北师范大学西北少数民族教育发展研究中心：《少数民族教育研究论集》（西北师范大学教科院资料室），2000.

6.（中国台湾）黄政杰：《多元社会课程取向》，师大书苑有限公司，1995 年元月.

7.（中国台湾）陈美如：《多元文化课程的理念与实践》，师大书苑有限公司，民国 89 年 3 月.

8．（中国台湾）江雪龄：《多元文化教育》，师大书苑发行，1998 年 2 月。

9.（中国台湾）中国教育学会主编：《多元文化教育》，中国台湾书店，1993 年 12 月.

10．（中国台湾）黄政杰主编：《多元文化课程》（本书为译著，著者为 James Lynch），师大书苑有限公司，1997 年 5 月.

11．（中国台湾）李苹绮译：《多元文化教育》（James A．Banks 著），心理出版社股份有限公司，1998 年 6 月.

……[①]

从“国别”教育研究的现状看，当前存在这么一种趋势：即欠

---

① 文章和著作不能一一列出，请作者们谅解。另外，由于信息交流问题，我国港澳地区有关多元文化教育和多元文化课程的文章和著作基本没有见到。

发达国家重视研究较发达国家的教育。如第三世界的国家注重研究第一世界国家的教育；新兴发达国家重视研究老牌发达国家的教育，如北美国家注重研究欧洲国家的教育，反之，研究则寥寥无几。究其原因不外有二：寻找普遍规律和拿来改造本国教育，即德国比较教育学家施瑞尔从系统功能主义的角度所提出的比较教育的两方面的功能：科学的功能和反射的功能。从这些刊发的文章题目和内容看，绝大多数论文都是介绍性的，只有很少的文章把西方的多元文化教育和课程与中国的民族教育和民族地区的教育联系在一起，而与我国普通教育和课程联系的文章没有。辛治洋在对我国1990—2000年关于多元文化教育论文的检索中发现，“介绍国外的”与“构建自身的”篇数之比为3∶1。[①]从“科学功能”来看，以上这些介绍性文章都是从多元文化教育和课程的某些方面进行介绍的，如多元文化教育的产生和发展、理论模式、课程设计、原则、方法、评价、双语教育等，并没有把这些方面联系起来分析多元文化教育和课程的问题，使人管中窥豹，只见一斑。多元文化教育和课程兴起于西方社会，并非偶然，实际有深刻的文化传统、社会背景、民族问题等方面的原因；在发展过程中，出现了各种理论流派和模式，而且这些流派和模式之间相互竞争，从而影响和制约着多元文化教育和课程的发展。国人在引进多元文化教育和课程理论时，有蜻蜓点水、采撷现象之嫌，基本没有看到或者没有分析到其深层和内部的问题，大有“拿来主义”之趋势。这种研究的状况不利于寻找普遍规律，更不能完成其“科学的功能”。英国著名比较教育学家M·萨德勒（M. Sadler）（1900）在一篇题为“我们从对别国教育制度研究中究竟能学到什么有实际价值的东西”的文章中说：“在研究外国教

① 辛治洋. 当前我国多元文化教育研究存在的问题及思考[J]. 贵州师范大学学报（社会科学版），2002（3）.

育制度时，我们不应当忘记，学校之外的事情甚至比学校内部的事情更重要，它们制约并说明校内的事情。我们不能随意地漫步在世界教育之林，就像小孩逛花园一样，从一堆灌木丛中摘一朵花，再从另一堆中采一些叶子，然后指望将这些采集的东西移植到家里的土壤中便会拥有一棵有生命的植物。一个民族的教育制度是一种活生生的东西，它是遗忘了的斗争和艰难，以及'久远以前的战斗'的结果，其中隐含着民族生活中的一些隐秘的作用。"①滕大春教授也指出："唯有对国别教育有系统研究和全面索解，才能深入通晓其某项具体教育实施的意义。割断历史联系，不谈社会根源，忽视哲学基础，而徒徒比较其某项教育的状况和方法，就仅能得其形而难得其神。"②

中国台湾学者在多元文化课程的引进和研究方面走在了大陆学者的前面。他们在经过了"引进"阶段后，开始把多元文化课程理论用于反思和改革中国台湾的学校课程。黄政杰的《多元社会课程取向》一书是其论文汇编，各篇均以当前中国台湾本土关注的课程问题为重点，其中只有一章"多元文化教育的课程设计途径"涉及了多元文化教育的问题，该章分析了多元文化教育的意义，讨论了多元文化教育的目标，进而探讨了多元文化教育的课程设计途径，并提出了课程设计的原则。他在该章中主要罗列了帕梅拉尔·泰德特（Pamelal Tiedt ）和艾瑞斯姆·泰德特（Irism Tiedt）、克莉丝汀·贝内特（Christine I. Bennett）、詹姆斯 A·班克斯（James A. Banks）、詹姆斯·林奇（James Lynch）、泰特奥特（Tetreault）、卡尔 A·格兰特（Carl A. Grant）和克莉丝汀 E·斯里特（Christine E. Sleeter）等人有关多元文化教育的意义、多元文化教育的目标、课程设计的

---

① 王承绪. 比较教育学史[M]. 北京：人民教育出版社，1999.

② 滕大春. 试论"比较教育"和"洋为中用"[J]. 外国教育，1984（1）.

途径的主张，然后对这些主张进行了归纳，对多元文化教育和课程理论并没有进行批判反思，其提出的课程设计原则也未突破班克斯（Banks）[①]提出的“多元文化课程的22条原则”。[②]黄政杰指出，迄今为止，多元文化教育在我国大都止于批评和讨论的阶段，积极的作为颇为不足，而讨论的范围常局限于民族和性别的歧视与不平等方面，对于其他族群诸如社经阶级、年龄、种族、宗教、特殊性等，较少讨论。[③]他在《多元文化课程》一书“译者序”中指出，造成这种状况的“原因之一是国内多元文化教育的研究向来十分贫瘠，直到去年（即1993年，注者加）中国教育学会才出版年刊探讨此一主题”。（中国台湾）中国教育学会主编的《多元文化教育》是一本论文集，其中的作者主要对多元文化教育的理论和实践进行了介绍和探讨，很少对多元文化课程的本质和理论进行批判和反思。陈美如在《多元文化课程的理念与实践》一书的理论部分探讨了：1. 多元文化课程的意涵与学校知识的省思；2. 多元文化课程研究检视与分析；3. 多元文化课程的理念基础。这本书是目前对多元文化课程理论进行分析最为全面和深刻的一本书。作者不仅对多元文化课程的意涵及近来的研究趋势做了一定的剖析，还架构了多元文化课程的理念基础。在实践层面上，针对多元文化的学校知识、课程发展、合作探究教学与教师的准备等方面，也做了深刻的探讨。然而，遗憾的是，她基本没有对多元文化课程理论进行批判和反思，只是把其视为该书后面实践部分的基础。在该书的整体架构上，她先预设并承认了多元文化课程理论和实践的合理性，而这不符合国外多元

---

① 本文涉及詹姆斯A·班克斯（James A. Banks）和彻丽A·麦吉班克斯（Cherry A. McGee Banks），文中班克斯（Banks）专指James A. Banks。

② Banks，J. A. Cultural Diversity and Education-Foundation，Curriculum，and Teaching[M]. Fourth Edition. Boston：Allyn & Bacon，2001：314-334.

③ 黄政杰. 多元社会课程取向[M]. 台北：师大书苑有限公司，1995：125.

文化课程发展过程中出现的各种理论之间的矛盾、对立和相互竞争的状况。也就是说，她所探索的多元文化课程理论只是西方多元文化课程理论中的一种或几种观点，而国外对这些观点所进行的批判，在她的著作中并未反映出来。中国台湾师范大学教育学系张建成教授对多元文化教育在中国台湾十几年来的发展进行了总结。他指出，多元文化教育的名称和概念在教育改革浪潮中，俨然形成一股流行的时尚。“非唯政府用以标榜新兴的教育政策，教育专业组织将之列为会议的主题，大学院校相继开设有关的课程，大众传播媒体及出版商亦敏锐地嗅出其中的市场价值。然而，由于发展时程过短，涵盖议题又广，以致此一领域的研究，虽然日有学者投入，却是言人人殊，一直难以积累一定质量的系统性论述。”①大陆在介绍和吸收多元文化教育和课程方面，远远滞后于中国台湾。这不仅表现在张建成所说的“教育政策”“学术会议”“学校课程”和“公众态度”等方面，而且更重要的体现在学术性的系统研究方面，而这也是造成前者的原因之一。

在大陆，没有一本对“多元文化教育”或者“多元文化课程”进行理论研究的专著甚至译著。但某些学者也在尝试用多元文化教育和课程理论反思和改革我国学校教育和课程。王鉴的博士论文《多元文化教育课程的本土建构》和孟凡丽的博士论文《多元文化背景中地方课程开发研究》，就是一种“种植性”的尝试，是比较教育的“反射功能”的体现。王鉴的博士论文及其《民族教育学》，在对多元文化教育及其课程理论进行阐释、分析与批判的基础上，进行了多元文化课程的本土化研究，并尝试建构中华民族多元一体教育及其课程。20 世纪九十年代末我国新一轮基础教育课程改革提出：建立国家、地方、学校三级课程管理政策，增强课程对地方、学校

① 陈美如. 多元文化课程的理念与实践[M]. 台北：师大书苑有限公司，2000.

及学生的适应性，改革课程管理过于集中的状况。孟凡丽的博士论文《多元文化背景中地方课程开发研究》顺应了这一要求，结合国外多元文化教育和课程理论，对多元文化的少数民族地区地方课程的开发进行了研究，在涉及国外多元文化课程理论时，论文主要介绍了班克斯、林奇、R·杰夫科特（R. Jeffcoate）、托比亚斯·吕尔克尔等人的理论。这两篇论文的价值是值得肯定的，但在涉及国外多元文化教育和课程理论时，缺乏系统和全面的研究、批判和反思，当然，很明显，这是由于论文的重点不在于此所致。1997～1999年，中国与加拿大合作研究项目将“为藏族基础教育编写乡土教材”列为重点课题（西北师范大学教科院为项目负责单位），该课题编写的乡土教材是为藏族学生在国家一体化教育之外提供母语学习和母体文化掌握的多元文化教育的课程。万明钢、王鉴结合多元文化课程理论系统研究了“甘南藏区非正规课程建设与乡土教材的编写”问题，并出版了《藏族文化读本》（甘肃少儿出版社，1999年版）。

三

多元文化课程是舶来品。学习和吸收国外的东西必须遵照“吸取精华、祛除糟粕”的精神和态度，这一点早成共识。然而，自20世纪九十年代初我国学者开始引进多元文化教育和课程时，却违背了这一“共识”，出现了许多偏差：即“拿来”未加反思、“所用”未加批判。这些偏差现象的出现直接影响了我们对多元文化课程理论的借鉴和吸收，而且不利于比较研究“反射功能”的实现。这些偏差主要表现在以下几个方面。

（一）夸大了多元文化教育和课程的影响和趋势

在对多元文化教育和课程的“只见现象、不见本质”的引进后，就盲目乐观地断定它是“世界教育的新潮流”“21世纪教育的主旋律”，[①]是“当今世界教育热点之一”，[②]是“美国现代教育的一种基本取向”，[③]是“教育界的一次深刻革命”。[④]

其实，多元文化教育和课程在西方从未成为学校教育和课程的主流。它从本质上看，只是不同族群和群体利益冲突与妥协在教育和课程中的反映。同化主义与多元主义始终在矛盾对立中制衡着多元文化教育和课程的发展，其“理性”与“激进”范式在教育和课程中像钟摆一样左右摇摆，社会中的保守派和激进左派从未停止过对多元文化教育和课程的批判。多元文化教育和课程自20世纪六七十年代产生至今，始终在跌跌碰碰中行进，这段“带着镣铐的舞蹈”从未领衔于西方教育的舞台（起码现在是这样）。万明钢教授对此原因进行了总结：一是同化主义的势力非常强大，二是多元文化教育运动的倡导者从未总结出一套清晰的、前后一致的哲学观点或理论架构，并用以解释多元文化教育理想与美国人所信奉的价值观是不矛盾的，与美国普通学校的教育目标也是一致的。[⑤]20世纪九十年代，美国保守主义重新抬头，对多元文化教育和课程的发展造成了重创，使其逐渐走了下坡路。这一点，我国学者的文章基本没有反映出来。仅以美国双语教育的发展轨迹来说明这一趋势。双语教育的历史发展是波动的，从来就没有成为课程与教学的主流，也没有得到人们的一致赞同。1918年，第一次世界大战导致了对德国的反对，爱国主义情感复活，学校“只用英语”在美国许多州得以立法。

---

① 王鉴. 多元文化教育论纲[J]. 西北师大学报（社会科学版），1998（5）.

② 韩骅. 90年代美国多元文化教育的理论与实践述评[J]. 比较教育研究，2000（6）.

③ 高向斌. 美国多元文化教育初探[J]. 外国教育研究，2002（4）.

④ 王凯. 美国多元文化教育流变及课程转向研究[J]. 外国教育研究，2002（4）.

⑤ 万明钢. 论美国多元文化教育的理论与实践[J]. 民族教育研究，1993（1）.

1953 年，联合国教科文组织出版专著，提倡母语教学，在美国没有被广泛接受。1963 年，美国佛罗里达州戴德（Dade）县发起针对到迈阿密来的说西班牙语的古巴儿童的双语计划。1968 年，美国中小学教育法案（ESEA）的第七条提出要促进学校双语计划的实施。1971 年，马萨诸塞州双语教育法案通过，其他州也紧随其后。1981 年，参议员 S·I·早川（S.I. Hayakawa）第一次提出了“英语为美国官方语言”的宪法修订案，但未获通过。1984～1985 年，伊利诺斯、印地安那、肯塔基、内布拉斯加和弗基尼亚州通过决议，宣布英语为官方语言。1998 年，加利福尼亚州议会又以 60.9%的赞成票对 39.1%的反对票通过了一个取消双语教育的法案，即公立学校英语语言法案（也叫昂茨提案《Unz’s Proposition》）。1999 年，加州通过的第 227 条款，正式取消了实施了几十年的双语计划，改为“渗透式英语教学”。[①]加州作为美国第一大州，它的一举一动常常预示着美国政治、社会和文化的动向，因此具有举足轻重的影响。现在美国，使英语成为官方语言的运动正逐渐加强。据美国民意测验（1995）显示：73%的美国人支持英语成为政府的官方语言，23%的人对此表示反对。1/3 以上的国会成员支持联邦立法，使英语成为美国官方语言，22 个州和许多自治城市已经有了英语作为课本的唯一语言的法律。[②]由此可见，多元文化教育中的双语教育正受到很多人的反对，双语教育不是学校课程和教学的主流，这种情况也是社会发展对人

---

① Tiedt，P. L & Tiedt，I. M. Multicultural Teaching：A Handbook of Activities，Information，and Resources[M]. Sixth Edition. Boston：Allyn & Bacon，2002：8-11.

② Headden，S. One Nation，One Language? -Would Making English the Nation’s Official Language Unite the Country or Divide It?[A]. 1995. In Fred Schultz. Multicultural Education. 96/97.（Third Edition）[C]. Guilford，CT：Dushkin Publishing Group/Brown & Benchmark Publishers Sluice Dock：15-1.

的客观要求所致。苏珊·海登（Susan Headden）说：“对于今天的移民或移民的后裔来说，不掌握英语就想接受好的教育并找到好的工作，比他们的祖先要困难得多。”双语教育从产生至今，其受支持和受重视的程度走了个“抛物线”的轨迹，其最高值出现在20世纪的五十至七十年代的民权运动期间。美国肯特州立大学教育学院教授威尔玛·塞贝尔（Vilma Seeberg）指出：“七十年代早期，只能说少许英语者和教育工作者主张，如果学校不用学生们理解的语言教学，学生们无异于被剥夺了一种教育。但是最近，即使是那些历史上曾经是双语教育最坚定的支持者的拉美裔家长，也对此表示怀疑。”[①]双语教育除了体现平等和对少数族群的尊重外，并没有实现其原来“可以提高少数族群学生的学术成就”的目标，这也是当今保守派反对的理由之一。双语教育是多元文化教育中的重要组成部分，其走势也从侧面反映了多元文化教育和课程在社会和教育界的发展趋势。所有有关多元文化教育和课程的优越性的论述，如促进不同文化群体之间的相互理解、相互认同和相互尊重等，都只是一种假设而未得到可靠的验证。实际上，由于影响多元文化教育和课程的变量颇多，因此对其进行验证和评价是极为困难的。

（二）窄化了多元文化教育和课程的范围

有人指出：在我国，多元文化教育主要被称为多民族教育或少数民族教育。[②]傅林在《拿来与创新——中日多元文化教育问题的比较》一文中指出：“中国的教育史就是一部融合中华大地各民族文化及别国文化的多元文化教育史”，“我国多元文化教育的历史可

① 席蔚华（Vilma Seeberg）. 美国学校的多元文化教育[J]. 陕西师范大学学报（哲学社会科学版），2000（9）.

② 哈经雄，滕星. 民族教育学通论[M]. 北京：教育科学出版社，2001：576.

以追溯到春秋战国时期。”[①]她的所谓“多元文化教育”是指“兼合各家学说”（以《吕氏春秋》为例）的教育，是指魏晋南北朝及此后的各民族的融合教育。这种举凡对国外理论寻根于中国古代特别是诸子百家著作和言论的作法，是我国研究界普遍存在的“自卑心态而导致的虚荣自尊”的表现，这在社会科学研究领域表现得非常明显。我们不能在多元文化教育与少数民族教育之间画等号，这是对多元文化教育含义的“窄化”。班克斯对多元文化教育发展史进行研究之后认为，多元文化教育的发展经过了五个阶段：1．单一民族研究课程，2．多民族研究课程，3．多民族教育，4．多元文化教育，5．阶段1～4的主要因素的制度化。[②]从含义、目标、课程内容及所追求的受教育对象看，多元文化教育都不同于少数民族教育。虽然多元文化教育和课程缘起于西方民权运动，而民权运动在美国又主要是由非裔美国人发起，进而得到其他族群和群体的响应的，也就是说，它是民族矛盾在教育和课程中的反映，但从现在的发展看，它已经突破了民族教育的范畴，而努力影响普通教育和课程。多元文化教育被看作是所有人应该接受的教育，而不仅仅是少数族群学生接受的教育；多元文化课程从关注白人种族主义到致力于消除社会制度及人的观念中的偏见、歧视和不平等，现在它正强调培养学生的批判思维的能力。从这些方面看，在西方国家，许多多元文化教育和课程的倡导者正试图把多元文化主义的理念渗透进普通课程中去。而我国学者，在把西方多元文化课程理念引进我国时，仅仅注意到了把它与我国民族教育或者民族地区的教育联系起来，

---

① 傅林．拿来与创新——中日多元文化教育问题的比较[J]．四川师范学院学报（哲学社会科学版），2000（9）．

② Banks，J. A. Cultural Diversity and Education-Foundation，Curriculum，and Teaching[M]. Fourth Edition. Boston：Allyn & Bacon，2001.

而没有清楚地看到多元文化课程在西方国家当前的发展趋势。

（三）泛化了多元文化教育和课程中的“多元文化”的概念

我国学者裴娣娜教授也关注到了“多元文化”与基础教育课程文化建设有关的问题，[①]但她所指的“多元文化”的冲突主要是：经济体制改革下的现代文化与中国几千年传统农业文化精神和文化模式之间的冲突；发展不平衡导致城市与乡村、工业与农业发展的极大差距相适应的主导性文化与非主导性文化的冲突；改革开放后多元文化并存导致的文化价值冲突。她主要关注了传统文化与现代文化、东方文化与西方文化、主流文化与非主流文化、大众文化与精英文化之间的矛盾冲突。这种“多元文化”的概念显然不同于西方社会的“多元文化”的概念。当然，裴娣娜也无意把她所指的这些文化类型与西方多元文化教育和课程中的“多元文化”的概念联系起来，但随着多元文化课程被介绍到我国，这往往还是容易使人把这些文化类型与课程联系起来理解为“多元文化课程”。齐小新认为，多元文化还包括相对于城市文化的郊区文化、相对于都市文化的乡村文化、相对于国家级文化的地方性文化、相对于浪漫主义文化的现实主义文化、相对于个人主义文化的集体主义文化等等。[②]美国多元文化教育中的“多元文化”的概念是一个带有变革色彩的概念，同时也是一个跨学科概念。虽说“文化”的概念是非常宽泛的，是没有一个共识的定义，但从多元文化教育和课程的产生和发展及其在日后的争论看，在西方，多元文化教育和课程中的“多元文化”，主要是指不同族群和群体（包括种族、民族、性别、宗教、不同语言、阶层等）之间的文化特点和传统的多样性，而不太关注从其他

① 裴娣娜. 多元文化与基础教育课程文化建设的几点思考[J]. 教育发展研究，2002（4）.

② 齐小新. 美国文化研究导论[M]. 北京：北京大学出版社，2001：27.

角度来划分的“多元文化”的类型。因此基于我国这些学者所提出的这种“多元文化”概念之上的课程，并非国外的多元文化课程，这二者没有可比性，不可同日而语。也就是说，实际上，在引进国外多元文化教育和课程后，并没有把其理念尝试用于指导我国的基础教育改革。

（四）混淆了某些西方国家特别是加拿大和美国的少数族群形成发展史及现状与我国少数民族形成发展史与现状的区别

如果不对出现多元文化教育和课程的某些西方国家的少数民族形成发展史以及我国少数民族形成发展史及现状有深入分析并进行比较的话，那么在引进西方国家的多元文化教育和课程后，就可能误导我国少数民族教育。多元文化教育和课程理论引进后，人们普遍视其为我国民族教育的灵丹妙药，一时间出现了我国学校课程应该增加或凸显少数民族文化的内容（相应地也就减少了汉族文化的内容）的呼声。这是没有对西方多元文化教育和课程的产生的背景、文化传统、意识形态和发展过程中出现的偏差进行系统研究所致。我国少数民族形成发展史及其现状不同于有多元文化课程诉求的美国、加拿大、澳大利亚等国家的少数民族形成发展史及其现状；而且我国多数民族——汉族与少数民族之间的关系，从历史和现实看，不同于美国白人与黑人的关系，也不同于澳大利亚的白人与土著人之间的关系。引进国外以“族群文化”为核心的多元文化课程，并想移植到我国，就必须分析我国少数民族的历史和现状及其与汉族之间的关系。

今天的汉族是历史上汉族的继续和发展。“当代汉族的祖先，不仅包括华夏先民，还包括许多历史上的少数民族。汉族是以华夏先民为核心，在数千年历史发展过程中不断吸收国内其他民族成分而发展起来的民族。”[①]毛泽东在《论十大关系》中也曾指出：“各个少数民族对中国历史都做出过贡献。汉族人口多，也是长时期内许多民族混血形成的。”陈连开指出：“……春秋战国是中国走向统一的历史过程，也是当时蛮戎夷狄与华夏融合成为崭新面貌的人们共同体，后世称为‘汉族’的过程。”[②]汉族血统中包含着少数民族的血统，汉族文化也毫无疑问地包含其他民族的文化，汉族文化像“雪球”一样，在发展过程中，不断吸收和容纳其他民族的文化。翻开我国学校课程中的“中国历史”学科，没有人会说它仅仅是汉族的历史，少数民族建立的各个朝代及其文化都有详细介绍。这些少数民族建立的政权的历史与汉族人所创造的历史，在学校课程中具有同样的地位，而且描述也是比较客观的。中国历史本身就包含了我国少数民族的历史。从某个少数民族的角度来看该少数民族的历史的作法，完全违背了中国历史发展的事实与规律。中国历史上少数民族建立的政权有一个共同特征，即“以儒家思想为其统治思想与各种法律典章的理论基础”，“统治民族一般终于汉化”。[③]各少数民族政权都认可并推崇汉族文化传统，汉族文化传统在中国的根是深厚的，触角是广博的，并非是只有汉族人建立政权后才使其成为主流的文化，而使少数民族的文化传统处于边缘。

辛治洋也对当前我国多元文化教育研究存在的问题进行了剖析。他认为，我国多元文化教育研究中存在三方面的问题：1. 科研成果更多地表现为对国外多元文化教育理论和实践的介绍，而相应

---

① 陈连开. 我国少数民族对祖国历史的贡献[M]. 北京：书目文献出版社，1983：37.

② 陈连开. 我国少数民族对祖国历史的贡献[M]. 北京：书目文献出版社，1983：41.

③ 陈连开. 我国少数民族对祖国历史的贡献[M]. 北京：书目文献出版社，1983：48.

地缺乏对自身理论的建构；2．“多元一体”概念的引进，存在着含义的误读；3．概念不清，含义错位，把多元文化教育等同于（少数）民族教育。[①]在他看来，这些问题的存在是对多元文化教育的含义和目的缺乏理性思考的结果，然而，我们认为，这种缺乏理性思考的状况，是在引进多元文化教育时缺乏系统、全面而又深入的研究所导致的。

四

1935年9月，厦门大学钟鲁斋教授在其所著的《比较教育》一书中，总结了当时编写比较教育的两种体例，即逐国叙述法和列国并比法，并比较了两种体例的优劣。所谓逐国叙述法，即将各国教育情形，述完一国，再述另一国，其优点是对各国教育情况的叙述比较系统，缺点是仅叙述而未比较；所谓列国并比法，即将各国的教育行政制度、学校系统等平行排列分章比较，其优点是著者可作一部分比较，使读者容易明了，其缺点是一个国家的教育系统各方面的联系和相关之处人为分开了。逐国叙述法反映了研究者的单纯的“拿来主义”的消极懒惰；而列国并比法仅限于自己的理解，心中无“本”（即目的）。本研究和论文撰写既不采用逐国叙述法，也不采取列国并比法，而拟采用“专题探讨法”，即把多元文化课程分为四个专题：多元文化课程的缘起、多元文化课程理论制衡因素、多元文化课程的范式、多元文化课程的批判和反思，进行逐一深入探讨，力图分析西方多元文化课程的研究的现状、存在的问题和发展走向。本研究力求客观、全面地描述和分析西方多元文化课程理论，以引领大家进入西方多元文化课程的“王国”，去参与思

① 辛治洋．当前我国多元文化教育研究存在的问题及思考[J]．贵州师范大学学报（社会科学版），2002（3）．

考多元文化课程理论的现状，去认识多元文化课程的得与失，去采撷那些可以“拿来”的经验，去拒斥那些在本土就遭贬抑的教训。这种研究和撰写方法（甚至整个比较教育法）不免有资料“直白”之嫌，然而比较符合比较教育家劳锐思有关比较教育的思想。劳锐思把比较教育视为“一门类似航海的科学”。他认为，比较教育研究者是领航员，领航员并未告诉船长或机长驶向何处，而只告诉要安全抵达港口必须考虑的有关风向、水流、岩石和水深地点的一些情况。①

多元文化主义或文化多元主义②是一把双刃剑。一方面，它可借以提升少数族群等弱势群体的文化，以实现其理想；另一方面，它又可能导致国家的巴尔干化和社会的分崩离析。同样，多元文化课程也是教育中的一把双刃剑。一方面，它是少数族群要求在学校课程中增加本族群的文化和特点的借口，认为只有这样才可以提升少数族群学生的学术成就（这种“因果关系”，只是推断，并未得到证实）；另一方面，它又可能加深不同族群及群体之间的教育上的鸿沟，主流群体认为多元文化课程是少数族群学生的课程，从而制造新的“教育隔离”，导致教育整体水平的下降。由于我国少数民族的形成及其与汉族之间的关系，不同于西方主要是由移民所形成的少数族群（当然也存在土著民族）与主流族群之间的关系，因此我国的民族教育与西方的多元文化教育有很大差异，其实，多元文化教育和课程从未成为教育和学校课程的主流，这就要求对于作为

---

① 王承绪. 比较教育学史[M]. 北京：人民教育出版社，1999.

② 有人如布莱恩 M·布利万特（Brian M. Bullivant）和耶胡迪 O·韦伯斯特（Yehudi O. Webster）等在其文献中是有区别地使用“多元文化主义”与“文化多元主义”这两个词的，认为前者是后者中的一种取向；而更多的学者对二者是混用的。我们认为，这两个词是同义词，二者在使用时并无区别：使用哪一个词是作者的习惯，因此本文在引用时，基本上遵循作者的习惯用法。

“双刃剑”的多元文化教育和课程的“引进”“借鉴”“吸收”“移植”，都要慎之又慎。对于“引进”后有可能到头来成为我国民族教育进而普通教育中一块“烫手的山芋”的多元文化课程，本论文只求从“旁观者”的角度，以“冷眼”对其理论进行研究，只从理论上进行研究，而不去关注某些多元文化课程倡导者如班克斯、林奇等人提出的多元文化课程的原则、方法、模式等实践操作层面上的研究成果（这也是由于论文篇幅所限）。

五

对于源于国外的理论，要理性地审视和研究。面对以北美为主要发源地的多元文化课程理论，本研究并不预设对多元文化课程是“支持”还是“反对”的态度和立场。论文第一部分从多元文化课程缘起出发，揭示多元文化课程的本质，即它是不同族群和群体在社会生活各方面的利益冲突与妥协在教育和课程中的反映。虽然班克斯的“多元文化教育是一种理念、一场运动、一个过程”的思想揭示了多元文化教育的性质、目标和行动计划，而且也得到了公认，但作为黑人的班克斯在研究过程中不能没有自己的立场。我们要引进和吸收多元文化教育和课程，就必须认清“冲突与妥协”这一多元文化课程的本质所在，否则就会陷入要么全盘接受、要么全盘否定的二元对立的局面。第二部分从对立统一的思想出发，分析和探索多元文化课程背后的两种制衡力量，即同化主义与多元主义。多元文化课程是在否定同化主义的基础上产生和发展起来的，但从其产生至今一直受到同化主义的影响，作为对立主张的同化主义与多元主义在人们的认识上和政府政策中的起伏变化，直接影响甚至左右着多元文化课程的目标、内容及其教学原则。多元文化课程所强调的要反映不同族群的文化及特点的“多元”的思想，与所强调的要维护共同文化及国家统一的“一体”的思想，就是同化主义与多元主义对其左右的结果。多元文化课程的健康发展永远也不可能摆脱同化主义，否则多元文化课程就会走向极端，从而断送自身。那种认为多元文化课程已经摆脱了同化主义、走入了多元主义的观点，是与当今西方多元文化教育和课程发展的现状不符的。单纯强调“多元主义”的多元文化课程，或者多元文化课程只是强调“多元主义”的观点，在被引入我国民族教育或普通教育后，都是有害的。第三部分基于“冲突与妥协”的多元文化课程的本质及多元文化课程的“同化”与“多元”的对立统一的制衡状况，总结出了多元文化课程的两种范式，即理性范式和激进范式。理性范式不仅考虑到了不同族群的独特文化及特点，而且考虑到国家的共同文化和统一，甚至有的研究者如林奇把多元文化教育和课程放在了世界文化的背景中来研究。激进范式是多元文化课程发展过程中出现的“矫枉过正”的一种范式，它旨在拒绝以西方文化为基础，甚至提出了“非洲中心主义课程论”。最后部分基于多元文化课程发展过程出现的不同的观点，如保守主义与激进左派的观点，对多元文化课程进行了反思。保守派担心多元文化课程会导致国家的分裂和社会的巴尔干化，嫌多元文化课程走得太快；激进左派斥责多元文化课程背离了起初“反种族主义”的目标，嫌多元文化课程走得太慢。其实，保守派与激进左派都是利益的反映，都想借多元文化课程保护自己的既得利益或者争取更多的权利，这才是他们背后的深层动机。

当今世界，每个国家的教育都面临着相同或相似的任务和问题，这就为相互学习和借鉴奠定了基础。多元文化教育和课程是多元文化社会对教育和课程改革提出的客观要求的产物，其理念和实践给我国的民族教育和普通教育带来了新的启示。比较研究的目的是“拿来”，而“拿来”的目的是“运用”。没有“拿来”就是封闭守旧，必定落后；没有“运用”，“拿来”也就漫无目的，毫无意义。因此，本研究的目的就是：1．从历史的角度探寻多元文化课程产生和发展的规律，从现实的角度分析多元文化课程理论和实践背后的原因，揭示多元文化课程发展的影响因素，归纳多元文化课程发展的利弊得失；2. 为我国民族教育课程和普通教育课程的改革和发展提供借鉴。本研究的价值主要体现在：1. 澄清我国学者对西方多元文化教育和课程的认识，使其客观、全面地理解和借鉴这方面的理论；2. 填补我国对西方多元文化教育和课程理论的系统研究的空白；3. 丰富和完善"中华民族多元一体教育的课程"理论。本研究的重点主要在于：1. 揭示"冲突与妥协"下的多元文化课程中"同化主义"与"多元主义"是如何制衡多元文化课程的发展的；2. 分析多元文化课程发展过程中出现的两种对立范式，借鉴和吸收其理性范式，批判其激进范式；3. 保守派与激进左派从哪些方面、如何对多元文化课程进行了批判，并总结当今西方多元文化课程的发展趋势。然而，在研究过程中也遇到了某些困难，具体表现为：1. 对国外理论进行研究，必不可少的是占有丰富的资料，虽然在资料搜集阶段，查阅了国家图书馆、华东师范大学图书馆、上海图书馆和西北师范大学图书馆及某些资料室的相关资料，但还感觉资料不够，捉襟见肘；2. 对于舶来品的多元文化课程的研究，应当选择什么样的"参照系"，即应该从哪些方面、居于何种立场及采取什么方法进行研究？这两点是本研究的难点所在。本研究在方法上，主要运用了历史法、比较法、资料法，并以马克思主义的辩证唯物主义和历史唯物主义原理以及对立统一的原则贯穿研究的始终。

第一章 冲突与妥协

——多元文化课程的缘起

鲁迅先生说："没有更激烈的主张，他们（按指喜欢调和折中的人）总连平和的改革也不肯行。"他举了这样一个例子："譬如你说，这屋子太暗，须在这里开一个窗，大家一定不允许的。但如果你主张拆掉屋顶，他们就会来调和，愿意开窗了。"①

第一节 多元文化课程的移民冲突的渊源

刚入席的人想重新分蛋糕。

教育始终是政治的反映。多元文化课程的产生和发展是社会上不同文化群体之间为维护自身利益所导致的冲突与妥协的结果。在这个过程中，边缘族群或弱势群体为了摆脱压迫和争取自己的权利，进行了长期和艰苦的斗争；主流文化群体艰难地维护着自己利益，但同时也无奈地节节妥协。

1890 年前，来北美的移民大多数来自北欧和西欧，如英国、德国、瑞典和瑞士。18 世纪，英国人主宰了社会的政治和经济生活。到 19 世纪末，来自南欧、中欧和东欧的移民纷纷涌入美国，这样先前来的移民开始把自己看作是老移民和国家的合法居民，把新移民看作是对美国文明及其民族传统的一种威胁。当时，美国的民族关系非常复杂，呈现出一幅移民与原住民、老移民与新移民、具有这一种族特征的移民与具有那一种族特征的移民、信这一宗教的移民与信那一宗教的移民、来自这一国家或地区的移民与来自那一国家或地区的移民、合法移民与非法移民等的关系错综交织的画面。这幅画面呈现出歧异纷繁的种族的多样性。各类移民之间出现了明显的界限，特别是新老移民的关系异常紧张，为了阻止新移民的来到，

① 鲁迅. 无声的中国. 鲁迅杂文精选[M]. 上海：上海人民美术出版社，2004: 194.

一场被称为本土主义的运动在美国悄然出现了。

新移民主要是天主教徒，而老移民主要是新教徒。这样，本土主义就成为一股强大的反天主教的运动，信奉天主教的新移民成为这次狂热的本土主义的牺牲品。第一次世界大战的爆发进一步刺激了本土主义的发展，在这期间，本土主义席卷了整个美国。本土主义者支持百分之百的美国主义，并且说美国应该成为“美国人”的美国，在这种情况下，人们普遍对所有外国人产生了怀疑和猜忌。在本土主义的影响下，许多学校禁止教授德语和其他外国语。学校图书馆的德文书籍有时也遭到了焚烧。某些学校禁止在音乐课和学校集会上演奏德国作曲家的乐曲。在这种极端有害的本土主义、盲目的爱国主义和美国化的氛围中，教育中的多元文化主义的思想显得格格不入，并且可能被看作具有煽动性的和非美国化的思想。本土主义认为，美国社会的主流文化是盎格鲁—撒克逊文化，学校课程应该以主流文化为基础，并遵循主流文化的价值观和行为规范。这实际上是“熔炉”的文化观念，这种观念在教育上表现为同化主义教育。“熔炉”是同化的形象比喻，“同化”是熔炉的学术术语。

20 世纪初和第一次世界大战期间，美国到处弥漫着同化主义思想意识。典型的事件是，伊斯雷尔·赞格威尔（Israel Zangwill）的《熔炉》（*Melting Pot*）剧本，于 1908 至 1909 年在华盛顿和纽约公开上演，并获得巨大成功。话剧《熔炉》在讲到“东方与西方、南方与北方、棕榈树与松树、极地与赤道、伊斯兰教与基督教”的融合时，该剧的作曲家兼主人公戴维·奎克萨诺（David Quixano）用“熔炉”作了比喻。他描述了一个乐观的景象：“光荣的美国，所有的种族和民族都来此工作并期盼着未来”[①]。从此，“熔炉”这个对

---

① 玛丽·A. 赫伯恩. 民主社会中的多元文化和社会凝聚力问题：美国的经验是一种模式还是一个范例？[J]. 联合国教科文组织：教育展望中文版，1993（1）.

美国社会的肯定性比喻家喻户晓。该剧在美国上演几年后，赞格威尔在谈论社会大熔炉时，进一步阐述说，融合的过程不是“简单地屈从于占主导地位的类型”，而是“全方位地给予和索取”[①]。奎克萨诺的最大理想就是创作一曲表现其深深信念的美国交响乐，他的信念是：他所居住的土地是这么一个国家，国家里所有民族的差异都会融合在一起，而且每一位新人，只要比他人优秀，都会有出头之日。

当时，美国学校的主要目标是，使少数族群放弃他们的民族特性，并使他们接受盎格鲁—撒克逊的价值观和行为。这是典型的同化主义教育。1909 年，著名的教育领导人埃尔伍德 • 帕特森 • 克伯莱（Ellwood Patterson Cubberley）明确指出：“这些人（移民）在每个地方都想以群体或移民团体的形式定居下来，并在这里升起他们的国旗、坚持他们的传统和礼仪。我们的任务就是，要打破这些群体或移民团体、同化并融合他们，使其成为我们美国种族的一部分；要尽可能地在他们的儿童中灌输盎格鲁—撒克逊的关于正义、法律和秩序以及大众政府的观念；而且要唤醒他们对我们民族制度和在我们国家生活中的那些我们作为一个民族所坚持的持久的有价值的东西的尊重。”[②]然而，对于被同化的群体来说，同化过程是非常痛苦的。非白人族群，例如美国印地安人、黑人和墨西哥裔美国人的教育，从历史上看，一直具有被同化和被轻视的特征。在谈到当时印地安学生的教育时，富克斯和哈维格斯写道：“旧的已遗弃的军队要塞被改成寄宿学校……在体罚的恐吓下，孩子们使用的印地安语被禁止。假期间，学生们被寄宿到白人家庭。本土宗教也被查

---

① 玛丽 • A. 赫伯恩. 民主社会中的多元文化和社会凝聚力问题：美国的经验是一种模式还是一个范例？[J]. 联合国教科文组织：教育展望中文版，1993（1）.

② 谢宁. 面向 21 世纪的基础教育和民族教育[M]. 北京：气象出版社，1992：265.

禁。”[①]当墨西哥—美国战争在 1848 年结束时，在遍及西南部的学校中，行使“非西班牙”校规，墨西哥学生在学校被禁止讲西班牙语，如果他们被发现讲西班牙语，就会受到体罚。从美国的种族主义看，黑人不被看作人，在宗教思想上，黑人和第三世界的人被视为需要被征服、被奴役和被殖民地化的异教徒。通过普莱西 V·弗格森（Plessy V. Ferguson）一案（1896 年），最高法院使“隔离但平等”制度合法化。

美国于 1917 年和 1924 年分别颁布了两个移民法，其主要目的是限制除北欧和西欧之外的所有欧洲国家进入美国的移民数量。移民法的颁布标志着同化主义在美国社会中的胜利，同化主义在当时的政治、经济和教育领域起着主导作用。然而，在那时，一些哲学家、作家、教育家开始倡导多元主义，文化多元主义便悄然出现。贺拉斯·卡伦（Horace Kallen）、伦道夫·伯恩（Randolph Bourne）、朱利叶斯·德雷斯乐（Julius Drachsler）等人纷纷撰文，强烈维护移民在美国社会中的权利，认为政府的民主还应体现在文化民主上，并强调指出：各民族文化将更加丰富美国社会的文明。他们称自己的观点是文化多元主义，认为美国公共教育政策和学校课程改革必须符合文化多元主义。然而，正如班克斯所指出的，当时“多元文化主义的观点犹如荒野里的呼声，无人理睬”[②]。

在两次世界大战期间，美国许多领导者和教育家开始关注少数民族教育。但是由于这个时期同化主义思想意识深深扎根于美国社会和思想领域，因此制定的许多政策常常具有同化主义的倾向。真正使得美国政府开始调整少数民族教育政策和计划的，是一系列民

---

① 谢宁. 面向 21 世纪的基础教育和民族教育[M]. 北京：气象出版社，1992：266.

② Banks，J. A. Cultural Diversity and Education-Foundation，Curriculum，and Teaching[M]. Fourth Edition. Boston：Allyn & Bacon，2001：21.

族冲突和争论。20 世纪三十年代关于民族教育政策的大讨论和第二次世界大战后震动全美国的民族冲突与骚乱是影响最大的两件事。三十年代的大讨论主要是针对当时印第安人、非裔美国人相墨西哥裔美国人的教育提出来的。后来，由于其他少数族群如犹太美国人、意大利裔美国人和波多黎各裔美国人的参与，大讨论也涉及了这些群体的教育问题。

19 世纪末，土著美国人的教育就引起了人们的关注和争论。"从 20 世纪二十年代，土著美国人的教育政策就从强烈的同化主义转变到了民族自决及文化多元主义。"[①]1928 年发表的具有里程碑意义的梅里安（Merian）报告要求对土著美国人的教育进行大规模的改革，使学校课程要反映印第安文化和当地印第安人群体的需要。在两次大战之间的几十年中，非裔美国人的教育取得了发展，但也引起了争议。非裔美国历史学家卡特 G•伍德森（Carter G. Woodson）于 1915 年同他人一道创建了黑人生活和历史研究协会（现为非裔美国人生活历史研究协会），并创建了两本重要杂志——《黑人历史杂志》和《黑人历史简报》。伍德森于 1926 年发起了黑人历史周，旨在纪念非裔美国人历史上的重要事件。1976 年，把每年一次的纪念活动确定了下来，使二月份成为国家非裔美国人历史月。非裔美国人的教育政策在黑人团体内部存在激烈的争论。布克 T•华盛顿（Booker T. Washington）和杜•博伊斯（W. E. B. Du Bois）对非裔美国人的教育方向提出了截然相反的观点。华盛顿认为，非裔美国学生需要接受实用的工业教育；而博伊斯则认为，应该把天才的十岁儿童培养成非裔美国团体的领导者，这些儿童应该学习古典著作、政治

① Banks，J. A. Cultural Diversity and Education-Foundation，Curriculum，and Teaching[M]. Fourth Edition. Boston：Allyn & Bacon，2001：22.

哲学和其他学术科目。[①]卡特（Carter）和塞古拉（Segura）（1979）描述了20世纪三十年代的墨西哥裔美国人的教育："20世纪三十年代的墨西哥裔儿童学校计划，强调职业训练、手工艺训练、英语学习、健康和卫生学、美国核心价值观如清洁、节约和准时的接受。特别是在低年级的种族隔离政策已成制度化并被广泛接受。令人费解的是，人们认为完成美国化的最好办法就是使外国人不要与美国人接触。"[②]然而关于墨西哥裔美国人的教育的呼声并非没有异议。墨西哥裔美国教育家和学者的先驱乔治 I·桑切斯（George I. Sanchez），强烈要求教育者在为墨西哥裔美国学生制定和实施教育计划时，要考虑这些学生的特有的文化和语言特点。从这三个族群的教育讨论中所反映出的矛盾，可以说多元文化教育和课程在产生和发展过程中始终处于"冲突与妥协"的平衡之中。当然，有关犹太美国人、意大利裔美国人和波多黎各裔美国人的教育的讨论也反映出了这一特点。

20世纪三十年代的民族教育政策大讨论使同化主义教育在表面上做出了些妥协和让步，但真正促使政府认真考虑民族文化的差异、重视多元文化教育理念的事件，是四十至五十年代震动美国社会的民族冲突和骚乱。1943年洛杉矶、底特律和纽约市哈莱姆（Harlem）地区发生了种族骚乱。同年夏，墨西哥裔美国人与盎格鲁人爆发了"异服"（zoot-suit）骚乱。[③]这些种族冲突和紧张局势严重影响了美国的种族关系。另外，第二次世界大战引起的社会、政治和经济的

---

① Banks，J. A. Cultural Diversity and Education-Foundation，Curriculum，and Teaching[M]. Fourth Edition. Boston：Allyn & Bacon，2001：23.

② Carter，T. P & Segura，R. D. Mexican Americans in School：A Decade of Change[M]. New York：College Entrance Examination Board，1979：17.

③ zoot-suit 是若干爵士音乐迷及西印度群岛人穿的上衣及膝而裤子狭窄的一种服装。该服装引发了一次骚乱。

变化刺激了与文化和民族多样性有关的课程运动。在这种情况下，旨在缓解和消除种族冲突并减少偏见和误会的民族融合的教育运动便应然而生，这场运动被认为是“跨族群教育运动”（the Intergroup-Education Movement）。

跨族群教育运动的一个重要假设就是，真实的知识有助于发展不同民族和种族群体的尊敬和接受。[①]跨族群教育的主要观点，主要是由富有同情心的自由主义者而不是少数族群成员提出的。也就是说，跨族群教育运动的主导思想，主要是自由主义的同化主义者的思想。跨族群教育就是在课程中增加有关不同族群知识的教学单元；组织文化聚会，交流种族、氏族和宗教方面的信息；禁止对少数族群存有成见并进行贬低的图书。班克斯认为，20 世纪四五十年代的跨族群教育运动中所强调的既不是强烈的文化多元主义，也不是使强烈的民族忠诚和族群的文化独特性得以保持或延续。[②]跨族群教育运动旨在创造这样一幅图景：任何民族，无论他们来自何处，其宗教信仰和文化差异都不应当受到歧视，人们要平等相处、相互理解、相互容忍，也就是说，要创造一个不因有文化差别而被歧视的人们组成的社会。

然而，令人遗憾的是，这场跨族群教育运动及其相关改革在教育界并没有成为制度化。班克斯认为有如下六个方面的原因。[③]

1. 美国绝大多数主流教育家从未内化跨族群教育所基于的思想意识和主要假设。

---

① Taba，H & Wilson，H. E. Intergroup Education through the School Curriculum[J]. Annals of the American Academy of Political and Social Science，1946：19-25.

② Banks，J. A. Cultural Diversity and Education-Foundation，Curriculum，and Teaching[M]. Fourth Edition. Boston：Allyn & Bacon，2001：24.

③ Banks，J. A. Cultural Diversity and Education-Foundation，Curriculum，and Teaching[M]. Fourth Edition. Boston：Allyn & Bacon，2001：25.

2. 美国主流社会的绝大多数人没有理解跨族群教育运动能在多大程度上对美国普通学校的主要目标有所贡献。

3. 美国绝大多数教育家把跨族群教育看作是种族冲突和紧张关系公开化的学校改革计划，而不是运行正常而又没有问题的学校改革计划。

4. 在 20 世纪五十年代，城市中的种族关系紧张以某些更隐蔽的形式表现出来。因此，美国大多数教育家再也看不到为减少种族冲突和问题而采取行动的必要性。

5. 跨族群教育处于主流教育思想和发展的边缘，主要是某些特殊资金的赞助。因此，当不再提供特殊资金以及计划结束了的时候，这次运动也就销声匿迹了。

6. 跨族群教育运动的领导者从来没有提出明确的、很有条理的、能够表明跨族群教育运动与美国普通学校主要目标以及与美国主要价值观如平等、正义和人权相一致的哲学主张。

然而，我们认为，跨族群教育运动失败的最重要的原因是，同化主义教育观念仍然相当顽固，从 20 世纪初到六十年代初一直主导着美国社会的方方面面，代表着美国教育的主流。跨族群教育运动本身只是温和的多元主义性质的，没有对美国社会中的同化主义的思想意识提出严峻的挑战。人们普遍认为，美国族群的同化是社会的正确目标，民主多元的国家中的同化，不仅是人们所渴望的而且也是不可避免的。同化主义当时之所以有如此深厚的根基，是因为它受到美国杰出社会学家 E·帕克（E. Park）思想的影响很大。帕克认为种族关系的发展经过了四个不可避免的阶段：接触、冲突、适应和同化。绝大多数社会科学家和教育工作者都接受了这一理论，认为这四个阶段不可避免同时又合乎美国主流文化的价值观。

尽管跨族群教育运动随着当时的种族冲突的缓解以及 20 世纪六七十年代的民族复兴运动和相关的教育改革运动的出现而逐渐衰弱

下去了，但它在一定程度上对社会和教育改革做出了贡献，它为后来的多元文化教育的产生和发展奠定了思想和舆论基础。

班克斯用图 1.1 说明了美国影响多元文化教育改革发展的社会和历史原因及其历史发展。[①]

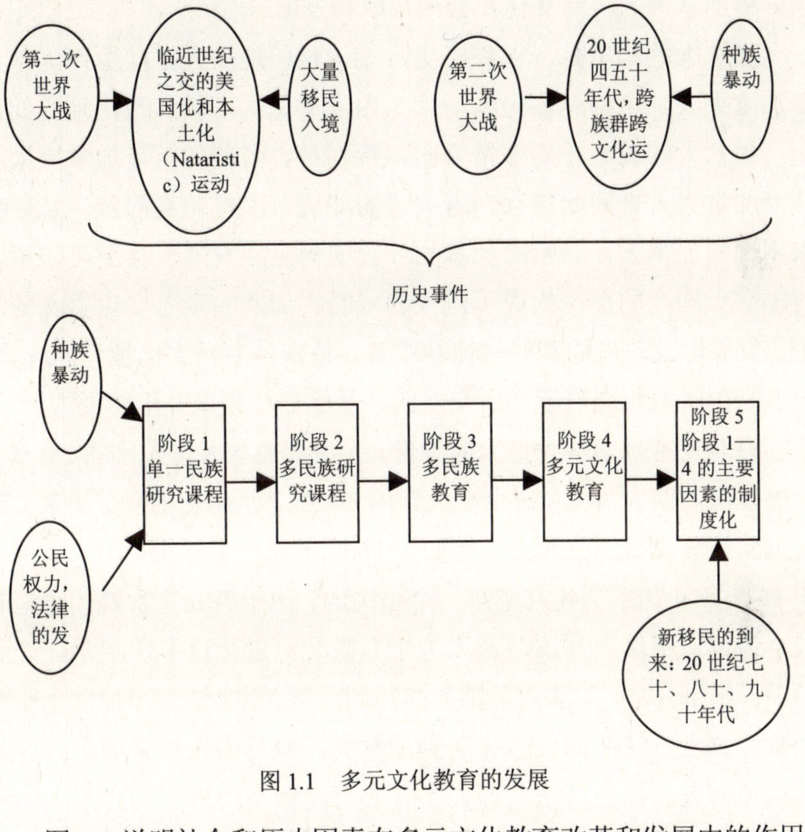

图 1.1　多元文化教育的发展

图 1.1 说明社会和历史因素在多元文化教育改革和发展中的作用。

加拿大是一个多民族国家，因此也是一个多元文化的国家。加拿大非常重视多元文化教育。其多元文化课程的产生和发展更是民

---

① Banks，J. A. Cultural Diversity and Education-Foundation，Curriculum，and Teaching[M]. Fourth Edition. Boston：Allyn & Bacon，2001：45.

族冲突与妥协的结果。尽管加拿大的多元文化社会及其发展特点不同于美国，而且其多元文化教育的理念和模式也与美国有很大差异，但其多元文化课程的产生和发展源于“冲突与妥协”的特点，是与美国相同的。研究加拿大多元文化课程的发展演变及其特点，就必须分析加拿大的多元文化社会的形成和发展。

加拿大的历史是一部移民史，无论是印地安人、法兰西人或英裔加拿大人，全都是移民的后代。由于文化、宗教和政治地位的问题，加拿大的民族矛盾非常突出，特别是占多数的英裔加拿大人和法裔加拿大人之间始终存在着尖锐的冲突。“魁北克问题”长期以来困扰着加拿大，影响着加拿大社会的稳定和发展，甚至可以说，对加拿大国家的存在构成了巨大的威胁。加拿大多元文化主义的产生、发展以及政府的某些法律和政策，特别是多元文化教育的政策，主要是由“魁牝克问题”所引发的，是给这个顽症开出的处方。

魁北克省是加拿大最大的省份，人口占加拿大总人口的28. 8%，居民以法兰西人为主，占全省人口的80.5%。从历史上看，加拿大的首批欧洲移民是法兰西人，他们于1608年建立了魁北克城，英国人于1611年在加拿大建立了第一个殖民地。由于魁北克富饶的土地和战略地位，英国人与法兰西人为争夺魁北克进行过多次战争，几经易手，终于1759年落入英国人的控制。至1763年英国控制了整个加拿大领土。法兰西人首先来到加拿大，但英国人后来居上，统治了法兰西人。然而，法兰西人不甘心忍受操不同语言的异族人的统治，因此旨在反对英裔加拿大人统治的加拿大法兰西民族主义或魁北克民族主义就产生了。当然魁北克民族主义的产生还有其他原因。法兰西人始终怀有建立政权的政治目标，这个追求至今仍末放弃，这也是产生魁北克民族主义的原因之一。第三个原因是宗教信仰，

"宗教信仰是联系法兰西移民的一条无形的纽带。"[①]法兰西移民几乎全都信奉天主教，英国移民则信奉基督教。而在1764年，英国人根据英国法律，宣布天主教徒不能执政，这种宗教歧视在政治上的反映，只能促使天主教徒团结起来，以保护其宗教信仰。这种民族主义使法裔加拿大人依托魁北克，一直与英裔加拿大人保持着对抗的相持局面，这种状况一直持续到现在。

魁北克的法兰西民族主义在 20 世纪七十年代得到了进一步发展，他们要求脱离加拿大，成立独立的国家。尽管加拿大联邦政府坚决反对，但魁北克省还是于1980年举行了公民投票，结果40.44%的人赞成，59.65%的人反对，从而流产；此后，又进行过两次投票，赞成的人数逐渐上升。虽然魁北克最终没有从加拿大联邦中脱离出来，但这件事本身说明加拿大的统一处于危险中。加拿大要存在下去，英裔加拿大人和法裔加拿大人就必须相互理解、相互容忍、学会合作。多元文化主义就是在这种冲突与妥协中产生了。多元文化主义要求国家必须承认加拿大有两个主体民族——法裔加拿大人和英裔加拿大人，他们无论在政治、文化、教育、语言等方面都是平等的；必须承认加拿大是两种文化和两种语言的社会。特鲁多政府在1969年通过语言法，承认英语和法语都是加拿大的官方语言，在公共场合人们可以使用任何一种语言。在1981年的加拿大宪法中规定，"英语和法语是加拿大的官方语言，这两种语言在加拿大政府和会议各机构里具有同样的地位、平等的权利和享受同等的特权。"[②]现在，政府的各种文件都用英、法两种文字出版。

源于"魁北克问题"的加拿大多元文化主义的理念被人们普遍接受，从而也促成加拿大其他民族的政治和文化地位都比以前有所

① 阮西湖. 加拿大民族志[M]. 北京：中国社会科学出版社，1986：136.
② 阮西湖. 加拿大民族志[M]. 北京：中国社会科学出版社，1986：136.

提高，联邦政府在语言、教育等方面也都能考虑到其他民族的要求。

澳大利亚联邦政府于 1964 年在移民部中成立了“一体化办公室”，负责人 J·鲁思在一个声明中说：“我们不仅应容忍，而且要尊重，有时要鼓励文化的差别……因为如果保持少数民族群体的特性，少数民族群体的成员对澳大利亚的生活方式会产生无价的贡献。”[①]由该言论可以看出，澳大利亚政府虽然成立的是“一体化办公室”，但倡导的是多元主义。

肯尼亚的托马斯·马卢萨认为，非洲撒哈拉以南地区的国家的教育多元化是在土著人从殖民者手里争取更大权利的斗争中产生的。冲突与妥协表现得非常明显。当冲突消失后，教育的多元化也就无足轻重了。因此有人提出怀疑：“多元化是否只是一种用来从殖民者手中夺取政治权力的策略，而一旦政治斗争取胜后，便可将其弃置一旁？或者是非洲各国领导人改变了本国独立后的日程，将多元化问题放到无足轻重的位置上了？”[②]在政治解放斗争中，非洲撒哈拉以南地区对多元化的一致支持并非非洲种族主义者为攫取政治权力而玩弄的把戏，而是大多数非洲人民对殖民压迫发自内心的反应。获得独立后，面对新的社会问题，统治者与广大人民对教育多元化持有不同的观点。少数统治者认为，与国家治理所遇到的许多问题的重要性相比，“教育多无化不配占有很高的优先地位”。[③]印度的苏雷沙钱德拉·舒克拉说：“多元化有时也来自反对殖民统

① 谢宁. 面向 21 世纪的基础教育和民族教育[M]. 北京：气象出版社，1992：326.

② 托马斯·马卢萨. 非洲撒哈拉以南地区多元化教育概况[J]. 联合国教科文组织：教育展望（中文版），1993（2）.

③ 托马斯·马卢萨. 非洲撒哈拉以南地区多元化教育概况[J]. 联合国教科文组织：教育展望（中文版），1993（2）.

治的坚定的统一斗争的历史需要。”[①]

英国的马拉德（1982）认为，不论是“一体化”还是“多元主义”的政策，只是先前那种“同化”模式的更加矫揉造作和充实的变体。他说：“虽然被陈词滥调和美好的愿望乔装打扮着，这三种多种族的教育模式实际上是权利的模式……它们是由占统治地位的白人群体，为保护白人群体的权利而创立的，目的在于基本上照白人群体的意图延续我们的社会。”[②]由此可以看出，英国的多元文化教育和课程也是不同族群和文化群体的权利斗争在教育上的反映。无论美国、加拿大，还是英国、澳大利亚的多元文化教育和课程的产生和发展都证明了多元文化课程“冲突与妥协”这一本质。克里斯汀·斯里特指出：“多元文化教育可以理解为反对主流的学校教育模式和特别是白人优势论（white supremacy）的一种形式。”[③]

第二节　多元文化课程的民权运动的渊源

在民族同化过程中，白人处于主导地位，而对于少数族群则意味着放弃自己本族群的文化，去认同一种异文化，这在心理上是一个痛苦的过程。另外，同化主义无论如何也不可能消除肤色这一明显的族群差别的标记。有色族群认识到，即使他们认同了主流文化，由于肤色的缘故，也难以真正在政治和经济上进入主流社会，因此他们往往成为同化主义教育的牺牲品。

---

① 苏雷沙钱德拉·舒克拉. 印度的多元化和教育：问题及可能性[J]. 联合国教科文组织：教育展望中文版，1993（2）.

② 谢宁. 面向21世纪的基础教育和民族教育[M]. 北京：气象出版社，1992：306-307.

③ Sleeter，C. E. Multicultural Education as Social Activism[M]. Albany：State University of New York Press，1996：2.

同化主义有利于白人而不利于有色人种，这一点非裔美国人在20世纪六十年代开始认识到。五十年代末六十年代初，黑人在就业、住房和教育方面的期望值不断提高，但在这些方面都受到了歧视；另一方面，他们意识到许多允诺已经不可能实现了，而且对同化主义梦想也开始破灭。这就导致了非裔美国人为权利展开了史无前例的斗争，这就是著名的黑人民权运动。在这次运动中，20世纪初所孕育的文化多元主义思想重新流行，它符合六十年代觉醒了的有色人种的希望、渴望和梦想。黑人民权运动成功之处，就是使处于社会边缘的其他有色民族群体如墨西哥裔美国人、亚裔美国人和波多黎各裔美国人，也提出了政治、经济和教育等方面类似的要求。从某种意义上说，非裔美国人民权运动使民族性合法化，其他有色族群和弱势群体开始要求拥有更多的群体和个人的权利，妇女、残疾人和同性恋者也强烈要求他们的权利和名分。

民权运动使非裔美国人要求对其机构拥有更多的控制权，要求学校课程准确地反映他们的文化。政治就是妥协。这时，各级教育机构开始对黑人民权运动做出回应，非裔美国人的教育主张开始在包括课程在内的学校各个方面得以体现。这时除了“黑人研究”课程外，还出现了“墨西哥裔美国人研究”课程和“亚裔美国人研究”。这次运动同时还引发了白人对在学校课程中增加更多的有关白人族群的内容的要求。这就是众所周知的新多元主义教育运动。这场教育运动一开始就引起了许多白人的批评，他们先是否认少数族群的文化，后来做出了妥协，同意在学校中开设部分与少数族群文化有关的课程。

对于美国多元文化课程产生和发展来说，1954年5月17日美国联邦最高法院对“布朗控告托皮卡教育委员会”（Brown V. Board of Education of Topeka）一案的判决是一个划时代的、具有里程碑性的决定，开启了美国历史和教育制度新时代的黎明。该判决推翻了1896

年在普莱西案中的“隔离但平等”的原则，提出实行种族隔离的学校是“实质的不平等”。这一判决是美国民权运动兴起的标志或者说结果。说该判决是“标志”，是因为它结束了“隔离但平等”的种族歧视的原则，开启了美国各少数群体为争取各自的利益所进行的斗争；说该判决是“结果”，是因为它是各有色人种特别是非裔美国人长期以来为争取合法权利而进行斗争的最终反映。总之，它是冲突与妥协的结果。该判决之后，以种族或种族差别为基础的种族歧视统统失去了法律效力，民权被确定为美国的基本原则。这一判决激发了20世纪六十年代的黑人民权运动，并直接引发了六七十年代的民族复兴运动。1955年马丁·路德·金（Martin Luther King）在阿拉巴马州蒙哥马利城发动的抵制公共汽车的种族隔离制度，是标志民权运动开始的重要事件。1964年的《民权法案》是历史上最全面的法案，促进了民权运动的发展。范斯科德等人说：“如果没有马丁·路德·金博士的领导，没有全国提高有色人种地位协会、南方基督教领导会议、学生非暴力协调委员会、黑人穆斯林等组织和若干争取黑人权利的倡导者的政治行动，就不可能通过那么多的法律，更不可能实施这些法律。”[①]民族复兴运动反映了被压迫的各阶层人民的日益觉醒和世界民主潮流的蓬勃发展，其主要目的是改革社会、经济和政治的机构，使其更准确地反映结构上被排挤的民族、文化、语言和宗教群体的价值观、目的和愿望。其实，“民族复兴运动和冲突的核心问题是民族国家所拥有的被总称作‘价值’的那些东西，如生产资料、生活资料、权力、财富、荣誉、地位等，如何在国内各族体（ethnic group）之间进行分配。”[②]为了回应这些

① 理查德·D·范斯科德、理查德·J·克拉夫特，约翰·D·哈斯. 美国教育基础-社会展望[M]. 北京：教育科学出版社，1984：199.

② 宁骚. 民族与国家——民族关系与民族政策的国际比较[M]. 北京：北京大学出版社，1995：171.

运动，这些国家的教育机构在维持对社会统一和政治稳定全部承诺的同时，也进行了某些反映民族多样性和促进平等以使各个种族、民族和社会阶级群体的学生可能享受教育平等的改革，这就出现了多元文化教育。

20 世纪六十年代晚期，少数族群要求课程的内容要全面，能使其儿童在所学课程中看到他们自己；要求教师和行政人员中要有更多的少数族群成员；在公立学校要教授少数族群的语言；要求他们的历史成为学校全部课程中的一部分；扩大对少数民族学生的招生比例；等等。然而，我们应当看到，由于这些要求是在种族关系紧张和政治两极分化的氛围中提出来的，教育中的许多改革有搪塞之嫌，如民族历史课很快被开设，一些人有时被聘请来教那些对证书无所要求的课程，教科书中的白脸被涂成黑色或棕色。这时的大部分民族学习大纲，主要是为了满足某个特定的少数族群的成员学习和研究他们的历史和文化的需要，因此有关黑人的课程只能在黑人占优势的学校里开设，墨西哥裔美国人的课程通常只能在有众多墨西哥裔美国人的学校里出现。

非裔美国人在民权运动兴起时站在了最前线，但到后期，越来越多的自认为是种族歧视的受害者开始表达他们的不满情绪，并要求教育也反映他们的观点和文化，如非白人族群——墨裔美国人和美国印地安人，后来，白人族群——犹太美国人、意大利裔美国人和波兰裔美国人也历数在美国社会中所受种族歧视的方方面面，并要求有特权。妇女、残疾人、已退休的人也明确表示他们是美国社会种族歧视的受害者并要求补偿，这样民权运动得到了更大的扩展。旨在维护妇女权利的第九部教育修正案于 1972 年颁布，《对所有残疾儿童的教育法》国会于 1975 年颁布。1973 年 2 月，美国师范大学联合会董事会正式通过了一项关于多元文化教育的政策声明——《无人仿造美国人》，声明指出：多元文化教育不应该追求消除文化的差别，或者只是默认文化的多元主义。相反，学校应该通过植根于保持和扩展文化抉择的计划，去丰富所有儿童和青年们的文化。

应当指出，美国在民权运动及其以后所通过和实施的法律、裁决、命令，大多是对黑人的各种形式的坚决抗争的一种回应和妥协，而不是美国政府主动采取的行动。美国黑人作家亚历克斯·哈利在1976年出版的《根：一个美国家庭的家世小说》中指出，黑人的解放不是某些人的施舍，而是黑人不屈不挠抗争的结果。

在美国《独立宣言》和后来的《宪法》及《人权法案》中阐述的“人人平等”以及追求“生活、自由和幸福的权利”的原则，在18世纪末第一次被阐述后，起初只适用于盎格鲁—撒克逊有产业的男性。然而，美国的平等和民主的观念与存在的奴隶制度以及制度化的隔离和歧视之间是矛盾的，这构成了美国生活的一个重要且显著的特点，并决定性地影响甚至构成了美国的历史。可以说，“美国历史中一个重要的主题是，试图使平等主义的思想与制度化的种族主义实践诸如美国的奴隶制、隔离和不平等的学校以及当今存在的更隐蔽的种族主义形式相调和”。[①]

20世纪六十年代的民族复兴运动在教育上首先引发了特定的民族研究课程和计划，随着越来越多的民族和群体对课程改革的要求，反映几个民族群体的民族研究课程和计划得到了发展。妇女和残疾人在要求课程反映他们的文化并为他们倡导平等时，与之相应的单一的课程、计划和方案也就随之出台了。随着民族研究活动的进展，人们开始认识到，把民族内容编进课程尽管是必要的，但这对于帮助少数民族享受教育平等是不够的。因而，民族研究逐渐形成一种较大规模的教育改革运动，包括课程内容和学校环境诸方面的改革，

① 谢宁. 面向21世纪的基础教育和民族教育[M]. 北京：气象出版社，1992：267-268.

这被称为“多民族教育”运动。“多民族教育最重要的目的是改革学校环境的主要可变物，以使所有民族和种族群体的学生能够体验到教育平等。”①

布朗状告托皮卡教育局案的判决尽管在当时立刻引起全国教育改革，以结束隔离，但这股改革之风直到布朗案之后15～20年才吹进许多学校。许多学校口口声声说进行改革，但都没有落实到行动上，而这大都得到了当地官员的支持。只有总统在动用军事力量的情况下，他们才做出了屈服和妥协。“从《黑人教育杂志》中许多文章对这个问题的讨论看，为实施布朗案的精神和字面含义所进行的斗争持续了很多年。”②有色学生不久发现，布朗案所昭示的黎明被漫长的黑暗所吞食。单一文化课程和欧洲中心课程在许多学校仍具有强大的力量，许多所谓改革只是在作表面文章。在布朗案40周年时，菲利普（Phillip）（1994）指出：“许多人把这个事件看作是反思而不是庆祝。”③

学校中的种族隔离是很难解决的。根据学生的外部特征来消除的隔离并不能消除心理上的隔离，这就使学生很难跨越文化的鸿沟，融入主流文化和社会中。“在布朗案之后的40年中，不平等在国家教育制度的许多层次上仍然存在。”④“有色学生的家庭比白人家庭

---

① 谢宁. 面向21世纪的基础教育和民族教育[M]. 北京：气象出版社，1992：281.

② Debbie，G. T. Multicultural Education：Reflections on Brown at 40[A]. 1994. In Fred Schultz. Multicultural Education. 96/97.（Third Edition）[C]. Guilford，CT：Dushkin Publishing Group/Brown & Benchmark Publishers Sluice Dock：197-201.

③ Debbie，G. T. Multicultural Education：Reflections on Brown at 40[A]. 1994. In Fred Schultz. Multicultural Education. 96/97.（Third Edition）[C]. Guilford，CT：Dushkin Publishing Group/Brown & Benchmark Publishers Sluice Dock：197-201.

④ Debbie，G. T. Multicultural Education：Reflections on Brown at 40[A]. 1994. In Fred Schultz. Multicultural Education. 96/97.（Third Edition）[C]. Guilford，CT：Dushkin Publishing Group/Brown & Benchmark Publishers Sluice Dock：197-201.

要贫穷，尽管种族隔离是非法的，是我们要努力消除的，但贫穷所造成的隔离依然存在，由此也造成了实质的不平等。由种族所造成的隔离与由贫穷所造成的隔离密切相关。”[①]奥菲尔德（Orfield）（1993）在对美国教育现状进行评论时说：“这个国家及其学校正在毫无策略地经历巨大的变化。20 世纪六十年代的民权运动的冲动已经溺死于水中，这只小船正在向后朝着种族隔离的沙滩漂去。”[②]

美国民权运动的产物——学校的种族隔离在宪法和法律上被宣布为非法，然而在现实中这是一个没有实现的梦想。现在许多白人父母倾向于把孩子送到私立学校，而不送到取消种族隔离的公立学校。这就形成了新的实质的种族隔离。根据 1984 年美国教育委员会的调查，全国最大的 25 个城市中，有 23 个城市的学校中的大多数人是非白人的少数民族。[③]相当数量的少数民族中产阶级也在舍弃公立学校，而进入私立学校。“因而，全国最大城市的公立学校不仅日益成为非白人的，而且也在日益成为穷人的。”[④]然而，令人难以置信的是，一些西班牙裔人的父母也反对取消种族隔离，原因是“他们想让自己的孩子在地方社区内反映他们的文化、语言和传统的学校里受教育”[⑤]。这可能是在种族隔离制取消过程中出现的“矫枉过

① Orfield，G. The Growth of Segregation in American Schools：Changing Patterns of Separation and Poverty Since 1968[M]. Alexandria，VA：National School Boards Association Council of Urban Boards of Education，1993：1.

② Orfield，G. The Growth of Segregation in American Schools：Changing Patterns of Separation and Poverty Since 1968[M]. Alexandria，VA：National School Boards Association Council of Urban Boards of Education，1993：2.

③ 谢宁. 面向 21 世纪的基础教育和民族教育[M]. 北京：气象出版社，1992：284.

④ 谢宁. 面向 21 世纪的基础教育和民族教育[M]. 北京：气象出版社，1992：284.

⑤ 谢宁. 面向 21 世纪的基础教育和民族教育[M]. 北京：气象出版社，1992：284.

正”的现象。班克斯的“民权运动具有循环性”的观点，在这里得到了很好的证明，也就是说，冲突与妥协不是个结果，而是个过程。民权运动及其引发的多元文化课程所追求的目标只是一个理想或者是一个梦想。毕竟，这个理想或者梦想已经为人们所憧憬和追求。

1993 年，美国俄勒冈（Oregon）大学的一个委员会提议，课程要包含有关种族、种族主义和有色人种的经验。后来，又提出要添加犹太人的经验。结果导致了一场吵闹，包括对种族主义和亲犹太主义的控告和反控告，一位成员还遭到了袭击。迪内杜泽（Dinesh D' Souza）在《囚禁的教育》（*Illiberal Education*）一书和理查德 • 伯恩斯坦（Richard Bernstein）在《美德的专政》（*Dictatorship of Virtue*）一书中，告诫人们要注意：多元文化教育会伴随有言论规则、政治改革和文化战争的冲突。耶胡迪 O • 韦伯斯特（Yehudi O. Webster）（1997）认为，有两个问题需要注意，第一，照顾一种特有“文化”，其他文化也要求同样的特权；第二，所谓种族和族群的经验是缠结在一起的，某一群体的历史要参考其他种族和民族群体的历史。[①]

在历史学家看来，“对多元文化教育的要求并不仅仅是 20 世纪的现象”。[②]某些历史学家认为，多元文化课程起源于 20 世纪二十年代同化主义者与多元主义者之间围绕文化在学校中的位置问题所展开的争论。[③]然而，黛安 • 拉维奇（Diane Ravitch）把对文化在学校中的地位的长期的争论，看作是对社会变革方向的争议。[④]同样，

---

① Webster，Y. O. Against the Multicultural Agenda：A Critical Thinking Alternative[M]. Sixth Edition. Westport，CT：Praeger Publishers，1997.

② Webster，Y. O. Against the Multicultural Agenda：A Critical Thinking Alternative[M]. Sixth Edition. Westport，CT：Praeger Publishers，1997：15.

③ Webster，Y. O. Against the Multicultural Agenda：A Critical Thinking Alternative[M]. Sixth Edition. Westport，CT：Praeger Publishers，1997.

④ Ravitch，D. The Great School Wars，New York City，1805-1973：A History of the Public Schools as Battlefields of Social Change[M]. New York：Basic Books，1974.

南森·格莱泽（Nathan Glazer）注意到了当代对多元文化教育的争论的复兴与19世纪八十年代的学校大战（the school wars）之间的联系，并认为多元文化教育是“新瓶装旧酒（a new word for an old problem）”[①]。拉维奇和格莱泽都认为，多元文化课程的争论之所以一直延续，是因为各方都认识到，对儿童的教育方式可以影响他们的认同、智力发展和社会流动，而这一切又是争夺利益的基础和体现。[②]

民族复兴运动及其催生的多元文化课程，一直追求所有学生都具有平等的教育机会并得以自我实现，这与其说是个目标，倒不如说是个过程。这个过程不会结束，因为不同族群在没有完全实现这些目标的情况下，永远存在冲突，而利益的冲突又会导致妥协。也就是说，民族复兴运动的特点就是，冲突、妥协、再冲突、再妥协的过程。班克斯运用阶段分类学（a phase typology），把民族复兴概括为四个主要阶段：前条件阶段、初期或早期阶段、后继阶段和最后阶段。[③]

1. 前条件阶段。该阶段的特点是：殖民主义、帝国主义、种族主义、牢固的民族思想意识并存，民族国家努力缩小民族理想与社会现实之间的距离。这些努力提升了受害族群的期望值，从而为民族保护和复兴运动铺平了道路的。

2. 初期阶段。该阶段的特点是：民族两极分化、受害族群强烈自我认同并对“受害原因”进行单向解释，而这种解释主要是基于

---

① Glazer，N. A New Word for an Old Problem：Multicultural “School Wars” Date to the 1840’s. 1995.

② Webster，Y. O. Against the Multicultural Agenda：A Critical Thinking Alternative[M]. Sixth Edition. Westport，CT：Praeger Publishers，1997：15.

③ Banks，J. A. Cultural Diversity and Education-Foundation，Curriculum，and Teaching[M]. Fourth Edition. Boston：Allyn & Bacon，2001：30.

种族主义的观点。激进的改革者和忠诚的保守人士都从各自的立场出发对受害族群的问题进行了单向解释。

3．后继阶段。该阶段的特点是：受害族群与占统治地位的族群进行有意义的对话、多民族进行联合、努力缩小民族两极分化以及寻找对受害族群问题的多维解释。

4．最后阶段。前几个阶段所形成的许多改革因素在该阶段固定下来。更多的受害文化群体参与到民族复兴运动中，从而使运动的焦点得以扩大和扩散。保守的思想意识和政策在该阶段固定化，这样就又为新的民族复兴运动的发展铺平了道路。

班克斯的这个分类是动态的、模糊的，阶段之间不是线性的，而且具有重叠现象。他说："21 世纪伊始美国的情况表明，民族复兴运动具有循环性而不是线性。一旦民族复兴运动在民族国家发生，社会、政治和经济条件都会改善，这又导致了新的复兴。当民族复兴运动达到了后继和最后阶段——就像今天的美国这样，某些事件又会引起新的事件。民族复兴运动在西方民主社会中将不断地再次出现，直到种族和民族群体在他们的民族国家和社会中取得了组织上的容纳和平等。"①"新瓶装旧酒"的观点正好符合班克斯的"民族复兴运动具有循环性"的观点。班克斯对民族复兴运动阶段的划分及分析，对我们认识多元文化课程的产生和发展的过程和特点，具有重要意义。

第三节　多元文化课程的科技和经济渊源

历史唯物主义认为，社会存在决定社会意识。尽管多元文化课

---

① Banks，J. A. Cultural Diversity and Education-Foundation，Curriculum，and Teaching[M]. Fourth Edition. Boston：Allyn & Bacon，2001：34-35.

程源于不同族群之间利益的冲突和相互的妥协——这是直接原因或导火线，但我们要分析其渊源，除了政治方面的因素外，还不能忽视科技和经济的原因。

科学技术是推动社会变革的最有力的因素。人类历史的前进和发展无不是在科学技术的推动之下进行的。这是马克思主义的科学技术是生产力而生产力又是社会发展的根本动力的观点。过去不同民族或种族的语言、习惯传统、思维方式、价值观、宗教等方面的差异，都是由于交通的闭塞和传播媒体的落后造成的。不同种族或民族长期居于偏狭一隅，老死无法往来。交通便利带来的旅游业的发展使人们开始直接接触到不同地域、不同文化的族群，激发了人们对异文化进行研究的兴趣，直接产生了文化人类学。普通百姓面对不同文化也产生了困惑、冲突和探索的兴趣。大到国与国之间、小到一个国家或地区内的不同族群之间的文化在不断接触、冲突、吸收和变异。各种通信技术，特别是网络技术的发展，使人们足不出户就可以间接地认识到不同文化和群体，使人顿开茅塞，认识到大千世界无奇不有。现在一打开电视，就可以感受到异域和异文化；一进入电脑的网络，马上就可以与不同国家、不同群体的人进行对话。这一切都使我们深刻感受到世界是由不同群体和不同文化构成的。少见多怪，见多不怪。当今随着信息技术的发展，可以肯定地说，没有人再认为世界是由单一文化构成的了，文化多元化的思想已经深入人心。当然，夜郎自大、唯我独尊、盲目排外的思想还大有人在，还有一定的市场。科学技术中的交通、传播媒体和信息技术的发展把整个地球和整个人类几乎都联系起来了，而且联系的密切程度会随着科学技术的发展越来越加深。

资本的本质是追求更大的利润。工业革命以来，发展起来的资本主义为了追求更大的利润，在地区和国家之间不断地流动。跨国公司的出现便是例证。资本的国际流动不可避免地带来了文化之间的交流、碰撞、冲突和吸收。另外，资本和经济的发展也促成了人口在地区之间和国际的流动（当然，人口的流动还有别的原因）。一般来说，经济的强大必然导致文化的强盛，进而使该经济所代表的文化成为强势文化。通常的趋势是：强势文化的国家的资本流向弱势文化的国家，或者经济发达地区的资本流向经济落后地区；而人口迁徙的方向则与此相反。这样，在这一大趋势之中，无论是强势文化的国家还是弱势文化的国家，无论是经济发达地区还是经济落后地区，都会感受到资本和人口的流动所导致的不同文化之间的冲突。

科学技术的发展和跨国资本的流动导致了人类文化多样性的减少以及不同文化之间差异正逐渐消失的趋势。以语言为例来说明这一趋势，因为语言是文化最重要的载体和象征。世界语言的多样化在逐渐减少，由过去的四千多种语言减少到目前的两千多种。有些仅为少数人使用的语言不久将会被逐步淘汰，就像许多稀有物种灭绝那样。因为我们这个世界是相互依赖的，只有掌握大众的或者是主流的语言才能与其他地区的人们进行交流。随着使用主要语言的通信和广播覆盖地球越来越多的国家和地区，当今的许多少数族群的语言将会迅速减少，随着语言的消失，那些与语言密不可分的人类文化也将随之消失。不管我们如何去努力挽救，也不管我们如何地不愿意承认，世界许多地方的语言正趋于统一，这是全球化的结果，也是全球化的需要。这一切都是由广播、电视和人口的大量流动造成的。

在当今整个世界范围内，促进民族聚合和民族离散的两股力量是并存的。随着当代科学技术的突飞猛进和迅即转化为生产力，商品、贸易、技术、资金、生产、消费的跨国界交流和流通的加速和扩大，跨国公司、多国公司、地区经济合作组织、世贸组织以及其他各类国际组织正在把世界日益紧密地连接在一起，世界变“小”

了，成为人们所说的“地球村”，经济全球化正加速推进。发达的传播工具、频繁的人员往来、广泛的思想文化交流，使信息的传播变得空前迅速、普遍、深入而“透明化”。人类生活一体化趋势正日益发展，各种民族文化体系更加频繁接触、碰撞、交流、吸纳、整合，民族文化正逐步向全球文化缓慢过渡。文化趋于统一的过程，是主流文化同化边缘文化、强势文化同化弱势文化的过程；而这种“同化”的趋势越明显、力量越强，边缘文化或弱势文化的群体的抗拒力量就越大。这就表明，“同化”与“反同化”是共生的，聚合与离散、一体化与多元化是同时并存的。

程人乾等指出：“在一般情况下，一个国家内部各民族是向离散还是聚合哪个方向演变，取决于诸多因素，如：是否具有共同的理想追求、是否有超越于各民族利益之上的共同利益、是否具有强有力的经济纽带、民族发育的程度如何、历史和现实的民族关系是否平等和融洽、主导民族是否执行了正确的民族政策、是否有外来势力的插手和干预，如此等等。如果对上述问题的回答是正面的、肯定的，那么民族聚合趋势将占主导地位，否则离散趋势就可能占上风。”①

一方面，世界上的文化是“多元”的；而另一方面，世界上的文化正趋于“一体”。面对这一矛盾，无论个人、群体还是国家都感到了困惑，从而导致了针对“多元”和“一体化”的争论。作为文化传承工具的教育以及作为文化载体的学校课程必然要对这一矛盾和困惑做出回应。多元文化课程的产生正是这一回应的体现。多元文化课程是在矛盾和困惑中产生和发展起来的，这就是围绕多元文化课程所展开的争论埋下了种子。这粒具有先天缺陷的种子，注定了它所开的花儿和所结的果实不能赢得所有人的偏爱。

① 程人乾等. 涡流——20 世纪民族主义潮汐透视[M]. 北京：西苑出版社，2000：328.

第四节　多元文化课程的哲学渊源

哲学是时代的精神。多元文化课程在20世纪的缘起，必然有背后深层次的哲学原因。存在主义、解构主义、建构主义、相对主义都对多元文化课程理论的形成和发展产生了影响，但对多元文化课程产生直接影响的是基于以上这些哲学派别而发展起来的后现代主义哲学思想。

我国学者张国清指出："后现代主义在欧洲大陆产生的时间确定在1960年左右。"[①]在美国，据科勒的考证，最早使用"后现代""后现代主义"术语的是弗雷德里克·德·奥尼兹（1934）、达德莱·费兹（1942）和阿诺德·汤因比（1947）等人。[②]然而，后现代主义在美国最初是一个社会现象和文化现象，作为一种学术现象比欧洲大陆要晚，因为一般认为它是一种从法国和德国引进的东西。美国学者罗斯诺指出："后现代转折并非土生土长于北美；相反，它是一个出生于欧洲大陆的以德法血统为主的养子。"[③]对于这种影响广泛的文化思想，"历来有两种截然相反的态度：一种是盲目地全身心拥护，不加分析；一种是专断地嗤之以鼻，拿起来就骂。"[④]我们认为，虽然人们对这种思潮有争议，但后现代主义毕竟已经成为一个

① 张国清. 中心与边缘——后现代主义思潮概论[M]. 北京：中国社会科学出版社，1998：30.

② 张国清. 中心与边缘——后现代主义思潮概论[M]. 北京：中国社会科学出版社，1998：30.

③ 张国清. 中心与边缘——后现代主义思潮概论[M]. 北京：中国社会科学出版社，1998：17.

④ 王治河.《后现代理论》导读[A]. 载于（美）道格拉斯·凯尔纳，斯蒂文·贝斯特. 后现代理论-批判性质疑[M]. 张志斌译. 北京：中央编译出版社，2001.

“幽灵”，游荡在我们当代的生活中。作为时代精神的哲学中的后现代思潮，对西方社会的政治和文化等方面的描述基本符合西方社会的现实。按照豪和莱文的著述，后现代主义基本上是20世纪五十年代美国社会的一个真实写照。张国清认为，“后现代主义思潮的学术倾向多少反映了当今西方社会的某些现实，为我们重新认识或加深认识当代西方资本主义的现状提供了一些切入点。”①

后现代主义没有统一的思想体系，其中许多著名人物如福柯、德利达、利奥塔、德勒兹、博德里拉、拉康、哈贝马斯、罗蒂、巴尔特等所关注的方面不同、观点有异，他们的各种立场之间连基本的一致性也没有，但他们都对“真理”“理性”“体系”确定性”“一致性”等概念进行了批判，强调“解构”“非中心化”“差异性”“多元性”“多样性”“异质性”“边缘性”。德国的彼得·科斯洛夫斯基认为，作为思维取向与思维风格的后现代理论，“是无政府主义的变种……同时带有随意性及折中主义的危险，这种折中主义和无政府主义的多元文化是一致的”。②这表明，后现代主义体现了从“一元”向“多元”转变的思想，而“多元”正是文化多元主义的核心，也是多元文化课程的重要理念或指导性原则。

从产生的时间看，多元文化教育也是兴起于20世纪六十年代。我们无法判断，是后现代主义的思想和理念催生了直接导致多元文化教育产生的“黑人运动”，还是“黑人运动”及多元文化教育的理念和做法引发了后现代主义的思想，但从哲学的改造社会的功能看，它确实对多元文化教育的产生和发展起着催化剂的作用。沃尔夫冈·韦尔施（Wolfgang Welsch）指出，后现代理论的多元主义观

---

① 张国清. 中心与边缘——后现代主义思潮概论[M]. 北京：中国社会科学出版社，1998：7.

② 彼得·科斯洛夫斯基. 后现代文化——技术发展的社会文化后果[M]. 毛怡红译. 北京：中央编译出版社，1999：31.

点是一个重大贡献，具有重要的理论和政治意义。[①]我们足可以认为，文化多元主义是后现代思想的庞杂大厦中的一个构成部分，而不属于现代性，或者说是对现代性的一种反动和超越。博德里拉在《遗忘福柯》中说："[现代性是]一种独特的文明模式，它将自己与传统相对立，也就是说，与其他一切先前的或传统的文化相对立：现代性反对传统文化在地域上或符号上的差异，它从西方世界蔓延开来，将自己作为一个同质化的统一体强加给全世界。"[②]利奥塔所强调的多元性、多样性、差异性和他异性等后现代原则，不正是文化多元主义所倡导的吗？"后现代主义对多元性、差异性、他异性、边缘性以及异质性的强调，深深地吸引了那些发现他们自己被边缘化、被排斥到理性、真理和客观性声音之外的人。"[③]我们认为，后现代主义思潮首先影响了那些弱势群体如少数民族，从而激发了他们为摆脱现实的处境而斗争的勇气和力量。这些群体首先就在制度和教育中，努力提升自己群体的地位、声音，进而要求学校课程反映其文化和观点。

文化多元主义理念的产生也得益于后现代主义思潮对知识与权力的关系问题的研究。从后现代主义看，一切知识和真理都不是中立的、客观的、普遍的，福柯将它们视为权力和统治的基本成分。而这些成分导致了对多样性和个体性压制，助长了顺从性和同质性。斯宾塞曾提出"什么知识最有价值？"这一振聋发聩的问题，对学校课程产生了重大而深远的影响。然而，当今社会政治、经济和文

---

① 道格拉斯·凯尔纳，斯蒂文·贝斯特. 后现代理论——批判性质疑[M]. 张志斌译. 北京：中央编译出版社，2001：349.

② 道格拉斯·凯尔纳，斯蒂文·贝斯特. 后现代理论——批判性质疑[M]. 张志斌译. 北京：中央编译出版社，2001：145.

③ 道格拉斯·凯尔纳，斯蒂文·贝斯特. 后现代理论——批判性质疑[M]. 张志斌译. 北京：中央编译出版社，2001：269.

化的发展开始使人置疑“谁的知识最有价值？”这一带有价值倾向的问题。人们对知识的客观性产生了怀疑，开始把“合法性”赋予了知识和真理的判断。“真理”已不再是一个事实问题而是一个价值问题。“现代科学知识在今天便面临着一个‘合法性’的问题。”[①] 福柯在《权力的眼睛：福柯访谈录》中认为，知识是权力的眼睛。凡是知识所及的地方也是权力所及的地方。知识总是以真理的形式为权力辩护，这就是说，知识是高度政治化的。文化多元主义的一个重要思想就是质疑并挑战主流文化，而这正符合后现代主义。杰姆逊在利奥塔《后现代状况》的英译本序言中说：“众所周知，后现代主义与主流文化……是势不两立。”[②]毫无疑问，在一个多元的世界里，人们将以异质的标准来面对各种知识。因此，在文化多元的社会中，权力所主导的主流文化及其标准越来越受到挑战，主流文化所主导的教育和课程也必然受到多元文化的教育和课程的挑战。所谓中立的、客观的和普遍的知识和真理的那种横扫一切的力量，在当今的文化多元的社会中正成为强弩之末，代之兴起的是多元文化及其价值观登上了社会舞台，它们在表现自己的同时，必然将矛头直指主流文化和主流价值观。教育是这场斗争所争夺的焦点，同时教育又是这场斗争的竞技场。人们越来越多地把学校课程看作一种“文化霸权”。世界著名的多元文化教育专家班克斯响亮地提出，学校课程应该传授“具有变革性”的知识，其目的就是要打破这种“霸权”。

后现代主义反对一元主义，认为：既然没有客观真理，没有权威，只有各自不同的意见，因此应该反对一元主义，提倡多元主义，

① 张国清. 中心与边缘——后现代主义思潮概论[M]. 北京：中国社会科学出版社，1998：101.

② 杰姆逊. 序言[A]. 让·弗朗索瓦·利奥塔. 后现代状况：关于知识的报告[M]. 长沙：湖南美术出版社，1996：2.

让不同的意见并存，共同繁荣。后现代主义还接受了费耶阿本德的“多元主义”与“增生原则”。费耶阿本德认为，任何理论都具有“坚韧性”，没有一种理论能永远驳倒另一种理论，也没有一个统一的标准能判定某一种理论比另一种理论好。他还提倡“增生原则”。所谓“增生原则”，就是理论愈多愈好，不应统于一尊，不能因新生理论与既有理论相抵触而加以排斥。后现代主义还提倡“容忍原则”，认为不同的意见应通过平等的对话以寻求局部或暂时的协调或容忍，反对任何把自己的意见强加于别人之上的“专制主义”和“恐怖主义”。

我们认为，关于“一元”与“多元”之间的争论是永远没有结果的，即使出现了一方压倒另一方的局面，那也是暂时的。因为从争论双方背后的动机看，双方都是在为了维护自己的利益，它是主流群体与边缘群体利益冲突的体现。价值观的问题在由不同群体和不同个人组成的社会中始终是个有争议的问题。从早期希腊时代开始，政治思想的历史就在个人与集体、个人与国家的二难困境中蹒跚。“社会本位”与“个人本位”之争，从古至今一时一刻也没有停止过，我相信，这一争论将会永远存在下去。“我们已无法也不能在一与多之间、……社会与个体之间进行选择。我们只能使这些术语开放化，使之通过我们能够重建与再创造的权威性的调解保持协调。”①

“后现代主义是一种反叛的文化和政治学。”②后现代主义几乎没有任何信心十足的出发点的原则，没有也不可能有一种清晰的声明，因此可以说后现代主义是“批判有余而建构不足”。

---

① 黄龙保等. 领域文化[M]. 北京：中国盲文出版社，1988：128.

② 亨利·A·吉罗克斯. 跨越边界——文化工作者与教育政治学[M]. 刘惠珍，张弛，黄宇红译. 上海：华东师范大学出版社，2002：143.

“后现代主义话语为解构白人至上逻辑的主流观点与重新描绘经验和权力建构的界限，提供了理论基础。”[①]后现代主义在批判欧洲中心论和美国对维持同质性权利关系的努力的同时，揭示了压制差异、异质性和多元性的现象。后现代主义不仅提供了理解权力是如何在建构种族主义的身份和主题中发挥作用的新方法，而且也重新界定了差异的多种关系中的文化和经验，因而为人们提供了得以反对种族主义意识形态和实践的广泛的主体地位。通过质疑“低级的异类和附属的边缘”的主题，后现代主义为驳斥白人至上的观点，提供了新的理论工具。另外，后现代主义也为反对种族主义的教育工作者提供了新的认识论，以重新思考和定义民主权威的疆域和特定的关系背景。

贝内特[②]（2001）认为，多元文化课程的哲学基础包括：1．文化多元主义理论，2．社会公平的理念，3．文化因素对教学过程的影响，4．教育公平有助于提高学生的学术水平。[③]班克斯从知识分类的角度阐述多元文化课程的理论基础，他提出了五类对多元文化课程设置有影响的知识：1．关于个人或文化的知识，2．大众知识，3．主流的学术知识，4．具有变革性的学术知识，5．学校知识。他认为：“多元文化教育的一个重要目标就是帮助学生理解知识是如何建构的，应该给学生提供机会以便使其审查和断定文化假设、参照系、观点和学科中的偏见是如何影响知识建构的方式的，也应该给学生提供机会以便使其创造知识和断定个人假设、性情和经历是

① 亨利·A·吉罗克斯. 跨越边界——文化工作者与教育政治学[M]. 刘惠珍，张弛，黄宇红译. 上海：华东师范大学出版社，2002：149.

② 本文涉及贝内特（Christine I. Bennett）和 William Bennett，文中 Bennett 专指 Christine I. Bennett。

③ Bennett C. I. Genres of Research in Multicultural Education[J]. Review of Educational Research. Summer，2001，71（2）.

如何影响和制约其建构知识的方式的。”①

卡拉·科尼利厄斯（Caral Cornelius）的文化观为多元文化课程的设置奠定了基础。他认为，所有文化都有价值、都有一定的世界观、都有固定的知识基础、都具动态性。②因此，对课程的研究就要涉及某一民族的世界观以及该世界观是如何影响其思维和生活方式等问题，当然还涉及跨文化互动以及现有文化和世界观的变化和统一。

中国台湾学者陈美如从哲学、社会学、心理学、现象学、诠释学等理论出发，认为多元文化课程的理论基础包含：社会正义的实践、差异与多样的展开、社会文化的学习、声音历史的再现、沟通对话的建立等五个方面。③我国学者王鉴则从跨文化的人类学理解、现代化理论的演化、“文化自觉”的价值观、教育一体化潮流等四个方面探寻多元文化教育和课程的理论依据。④拉姆·马哈玲格姆（Ram Mahalingam）和卡梅伦·麦卡锡（Cameron McCarthy）（2000）在研究多元文化主义时，常常使之与批判理论如文化研究、后殖民主义、全球化理论、女性主义、马克思政治经济学和后结构主义重新联系起来。⑤探讨分析多元文化课程的理论基础的角度如此不同，说明 20 世纪多元文化课程的缘起是多种因素相互作用的结果，很难说明是由哪些理论和事件导致了多元文化教育和课程的出现。陈美

---

① Banks，J. A. The Canon Debate Knowledge Construction，and Multicultural Education[J]. Educational Researcher，1993，22（5）.

② Cornelius，C. Iroquois Corn in a Culture-based Curriculum：A Framework for Respectfully Teaching About Cultures[M]. Albany，NY：SUNY Press，1999：37.

③ 陈美如. 多元文化课程的理念与实践[M]. 台北：师大书苑有限公司，2000.

④ 王鉴. 民族教育学[M]. 兰州：甘肃教育出版社，2002.

⑤ Mahalingam，R. & McCarthy，C. Multicultural Curriculum-New Directions Social Theory Practice and Policy[M]. Great Britain：Routledge，2000.

如说："在诸多强调差异、多元、尊重、对话、声音与历史的多元文化的时代氛围中，多元文化课程实践的理论基础为何？至今仍未有较具系统性的论述。"①

多元文化教育作为20世纪的一个概念和教育改革策略，是20世纪具体学科发展和政治活跃的结果。20世纪早期文化人类学中的拜厄斯（Boas）革命（认为文化而不是生理才是社会关系的中枢）、二十年代同化主义与文化多元主义的争论、反种族主义的斗争和六十年代推行的种族平等、七十年代"文化主义"对学校教育的批评、七十年代中期的民族复兴主义，这些都直接或间接地推动了多元文化教育和课程的产生和发展。到20世纪七十年代，出现了有关文化多元主义教育的半官方计划，即在课程中包含所有文化及不同族群的经验。多元文化教育的概念建构之初，利用了社会民族理论，该理论把文化的概念置于中心地位。于是，"文化"便成了学校课程建构的评价标准，也就是说，学校课程必须反映社会的各种文化，而且要从文化的角度来建构和评价知识以及社会行为和社会变革。

虽然多元文化课程源于20世纪六十年代的民权运动，已经成为人们的共识——其实这只是导火线，但是分析其社会和学术的渊源和理论依据是件非常困难的事。我们认为，多元文化课程的产生和发展是三个方面因素相互作用的结果：源于欧洲文化的美国民主平等的思想传统，这是深厚的社会历史的背景；各种强调差异、多元、解构等的哲学思想，这是时代精神的反映；以利益冲突为本质的民权运动的事件。这三个方面，其中第一个因素导致了第二个因素的产生，而第二个因素又是第三个因素的思想基础，可以说，第三个因素是前两个因素的集中体现。

---

① 陈美如. 多元文化课程的理念与实践[M]. 台北：师大书苑有限公司，2000：61.

第二章

同化与多元

——多元文化课程的理论张力

“张力”作为物理学的术语，是指物体受到拉力作用时，存在于其内部而垂直于两相邻部分接触面上的相互牵引力，它保持物体结构和状态的完整与稳定。“张力保持”就是把对立的两极联系起来，而不应把二者割裂开来；是使对立的两极互补，而不应使二者相互排斥；是在对立的两极之间保持微妙的平衡，掌握恰到好处的分寸。[①]“同化”与“多元”无论从理论上还是从实践上看，都是对立统一的。科学哲学家I·S·库恩（I.S.Kuhn）的“在对立的两极保持必要的张力”的思想，对于认识多元文化课程理论中的这两种制衡因素提供了较好的角度。

19世纪和20世纪上半叶，西方某些移民国家，如美国、加拿大、澳大利亚等，对少数族群和群体实施的教育基本上是“同化教育”，典型的就是教育的“熔炉”政策，这是当时主流的教育模式。“同化教育”的失败引发了“多元主义教育”的出现，但并不是说，同化教育已被多元主义教育所代替。“多元主义教育”并没有成为当今教育的主流，尽管许多人天真地渴望会出现这一趋势。同化及其向多元文化教育过渡和发展的每一个阶段都充满了强制与反强制、压迫与反压迫的对立、斗争和妥协。可以说，多元文化课程是边缘族群和群体在教育上为争取民主、平等和自由而不断斗争并赢得妥协的结果。在当今社会和教育中，同化主义和多元主义的倾向和势力是同时存在的，二者具有共生性。

从产生看，多元文化课程是不同族群利益冲突与妥协在教育中的反映，从理论看，这种冲突与妥协主要围绕着要么是“同化”要么是“多元”而展开的。

“同化”与“多元”，无论在理论上还是在实践上都是对立的。

---

① 李醒民. 两极张力论——不应抱住昨天的理论不放[M]. 西安：陕西科技出版社，1988：63-68.

虽然研究者从许多方面解释多元文化课程，并试图探索其理论基础，但多元文化课程在产生和发展过程中，一直接受到这两种思想的影响。“同化”与“多元”，在多元文化课程的理论层面上始终保持着一定的张力、处于一种相互制衡的关系之中，这就为多元文化课程在发展过程中不时遭到人们的反对埋了种子。

第一节　同化主义与多元文化课程

所谓“同化”，就是指这样的过程：移居国按照本国的社会和文化传统对移民进行社会化的过程，强势文化对弱势文化的强迫适应的过程，同时也是主流群体对弱势群体压制的过程。多元文化课程是在对同化主义贬斥的情况下产生的，但“同化”作为保持物体一体的两极的一方，始终对多元文化课程的发展发挥着重要影响。多元文化课程只要不走向极端以致分崩离析，就必须受制于同化主义并吸收其积极的思想。

贝内特（1986）认为，“同化”，从少数族群看，就是：1. 放弃固有文化，2. 认同和被吸收到主流的盎格鲁—西欧文化，3. 不再具有独立于盎格鲁—西欧文化的明显特点；从宏观文化看，就是：1. 一旦少数族群放弃其固有文化，宏观文化就接受这些群体的成员，2. 认为其他文化不可接受或者对社会核心和国家统一会产生威胁，3. 压迫其他群体的文化和贡献。①

美国同化主义经历了两个阶段：一是“熔炉论”；一是“以盎格鲁文化为中心论”。

---

① Bennett，C. I. Comprehensive Multicultural Education：Theory and Practice[M]. Boston：Allyn & Bacon，1990：218.

一、熔炉论

熔炉论认为，社会是多个集团的集合，每个集团都拥有各自的特殊利益，并在社会各机构中竞相促进自己的利益，而在这个过程中，社会中现有占主导地位的文化群体接受外来其他文化的人们，然后把他们纳入一个共同的或融合的文化之中。这种共同的或融合的文化是各种文化相互作用所孕育出的一种独特的新文化，这种新文化吸收并整合了其中每一种文化的“最好”成分。在这种融合或整合过程中，不管多数族群还是少数族群，在接受其他文化时必须愿意放弃自我文化的某些成分，而且愿意分享权力和社会地位。

赞格威尔在话剧《熔炉》中所宣扬的“熔炉”思想在教育界引起了广泛的关注并产生了重要影响。约翰·杜威阐述了多元化民主社会同公共教育的关系。在《民主主义与教育》（1916）一书中，杜威探讨了美国种族、宗教派别和经济集团的多样性，指出这些集团具有不同的习俗和追求，从而构成政治制度的“离心力”，因此学校要为来自不同文化背景的学生提供相同的经历和共同的环境，以增强多元社会的凝聚力。他指出，这个同化的过程是混合的过程而非从属的过程。杜威说：“不同种族、不同宗教和不同风俗的青少年混合在一起，为大家创造一个新的和更加广阔的环境。共同的教材使大家习惯于统一的观点，比任何孤立群体的成员看到更为广阔的前景”。[①]在杜威看来，教育机构必须尽力平衡社会中的各种因素，以培养共同的利益和意愿：要发挥“同化力”，以把各种集团联合起来，创造一个“以民主方式构成的社会”。20世纪二十年代，越来越多的教育家、学者和决策者接受了“公共教育是熔炉的必要

① 约翰·杜威. 民主主义与教育[M]. 王承绪译. 北京：人民教育出版社，1990：24.

因素”这一观点。根据熔炉理论，学校课程应该灌输新的文化，把各群体对新文化的贡献看作一个整体，让学生接受。美国全国教育协会社会研究委员会在 1916 年推出了一门课程，使同化式公民教育思想贯穿其中。该课程要求学生不仅要学习古典文明和欧洲文明，还要学习美国历史，包括农业、工业、社会问题和公民问题，其主旨是要同化广大学生，使其对美国的民主理想形成共识。当时的熔炉思想是按照“民主社会的理想”来把各民族和文化群体联合起来，在当时是进步的。

接受熔炉理论的人忽视了这一事实，即熔炉同化从来不是指向每个人的。在美国，它所追求的主要是对非盎格鲁—撒克逊的欧洲裔移民的同化。“把文化、种族、语言和政治认同融合到一种共同的文化中的这种同化的思想，美国的印地安人从来就没有接受过。土著人从来就没有被要求成为熔炉的一部分。”[①]对于土著美国人——印地安人实行的不是同化政策，而是种族灭绝、划定居留地、通过强迫劳动或奴隶制使之服从。对于黑人实行的是“隔离但平等”的政策。美国最高法院在 1896 年的普莱西・V・弗格森一案的判决中宣布，对于黑人的“隔离但平等”的制度是美国的法律。一时间，这一制度渗透到社会的方方面面。直到 1954 年的布朗案才宣布为非法，代之以“取消隔离”制度。19 世纪末、20 世纪初，美国人也对欧洲移民特别是从南部欧洲来的移民形成了偏见和刻板印象。同样，对于亚裔美国人、皮肤较黑的墨西哥裔美国人来说，熔炉也是拒之于外。

这种分种族的“熔炉”同化政策是注定要失败的。克奈尔・皮

① Pewewardy，C. Melting Pot，Salad Bowl，Multicultural Mosaic，Crazy Quilt，Orchestra or Indian Stew：For Native Peoples，It's Your Choice! Or Is It?[A]. 1997. In Fred Schultz. Multicultural Education. 98/99.（Fifth Edition）[C]. Guilford，CT：Dushkin/McGraw· Hill Sluice Dock：21.

威瓦蒂（Cornel Pewewardy）说："在我看来，在熔炉理论中所熔化的唯一的一件东西就是'炉子'。"[①]早期赞同熔炉理论的人认为，美国文化容纳了欧洲的影响，同时还有其他少数族群的成分，如非裔美国人、土著美国人等。但现在更多的人认为，美国社会与其说是个熔炉——其中他们都失去个体的认同，到不如说更像是个"拼盘"，其中每一个成分都保留其明显的特色。

在"熔炉论"遭到批判并在实践中被证明是失败的时候，社会学家鲁比·乔·里维斯·肯尼迪提出了新教集团、天主教集团、犹太教集团"三座熔炉论"。还有一些学者提出了"多元熔炉论"，认为美国外来文化繁多，族源相近的若干族群将熔化成一体，即分别来自西北欧、东南欧、拉美、非洲、亚洲、伊斯兰世界的移民以及土著印地安人各有一座"熔炉"。[②]以上两种"熔炉论"是"一元熔炉论"的变体，是对"一元熔炉论"的发展，意味着铁板一块的"熔炉论"开始松动，它们只不过是"一元熔炉论"和"多元文化论"的调和物而已。这两种"熔炉"理论是同化主义向多元主义的过渡形式。

随着"熔炉"政策和实践的失败，"熔炉"这个词也为其他的具有多元主义色彩的比喻所代替。如"马赛克""色拉盘""碎布块拼成的被面""交响乐"等。美国社会的"马赛克"由五个种族组成：白人、非裔美国人、拉丁美洲裔人、亚洲裔和太平洋岛屿人、美国印地安人及阿拉斯加土著人。"色拉盘"喻指，不同族群即使

① Pewewardy，C. Melting Pot，Salad Bowl，Multicultural Mosaic，Crazy Quilt，Orchestra or Indian Stew：For Native Peoples，It's Your Choice! Or Is It?[A]. 1997. In Fred Schultz. Multicultural Education. 98/99.（Fifth Edition）[C]. Guilford，CT：Dushkin/McGraw· Hill Sluice Dock：23.

② 宁骚. 民族与国家——民族关系与民族政策的国际比较[M]. 北京：北京大学出版社，1995：558.

搅拌在一起，也能保持其明显的认同特点。如果色拉盘中的各种菜增加了味道，那么整体的味道就会更好。“碎布块拼成的被面”喻指，把各种文化拼在一起，以制成较大的被面，各种彩色的线会使整个设计丰富多彩。“交响乐”是指，各种乐器在一起和谐地奏出完整的音乐。这些比喻都说明，“熔炉”已不能解释和处理民主社会中族群文化的多样性，必须用新的词汇来描述社会的多元文化。这些词语表明了由“同化”向“多元主义”的过渡，并具有了“多元主义”的特点，但这里面又都含有“一体”的含义。它们是对文化多样性社会运行的愿望和追求的体现，是处理文化多样性的指导思想，但对于多元文化课程的具体设置缺乏可操作性的建议。

英国于20世纪六十年代也出现了同化主义思想向“一体化”转变的趋势。英联邦移民咨询委员会1964年的第二个报告明确指出：“……国家教育体系的目标应当在于培养能够取得像其他市民一样的、准备正正当当地行使权力和尽义务的社会地位的市民……。不能期望使移民群体不同的价值观念永存。”①这显然是同化主义的思想。事隔两年，1966年5月23日，英国内务大臣罗伊·詹金斯在伦敦会议上提出了被认为是“一体化”的经典的定义：“不是一个同化的延展过程，而是……在一个相互容忍的氛围中，伴随文化多样性的平等机会。”②

当时的熔炉思想体现了不同族群对民主和自由的追求，反映了理想生活画面的设想。早期的“熔炉”理论有些理想的成分在里面，没有提出具体的以何种文化去熔化其他文化的建议和策略。应该看到，“一体化”观点与同化主义比较，只是程度上的不同，而不是

---

① 谢宁. 面向21世纪的基础教育和民族教育[M]. 北京：气象出版社，1992：293.

② 谢宁. 面向21世纪的基础教育和民族教育[M]. 北京：气象出版社，1992：295.

类型的不同。文化的差异当时得到了一定的认可，但是对于少数族群的同化仍作为目的。

二、以“盎格鲁—撒克逊文化”为标准的同化

没有熔化标准的理想化的“熔炉”政策和实践的失败，引发了人们这样的问题：用什么材料和按照何种结构来搭建这座“熔炉”呢？在20世纪二十年代，人们提出了“以盎格鲁—撒克逊文化同化其他文化”的观点。社会学家米尔顿·戈登（1964）将这种同化理论称为“遵循盎格鲁—撒克逊文化的同化”。该同化理论认为，移民和其他少数族群的文化无助于丰富现有文化，它们是外来文化，必须遵循在美国历史中受盎格鲁—撒克逊影响而产生的占主导地位的价值观和行为规范。这一理论的目的是使具有少数族群文化背景的人们融入美国的主流文化，诱使他们放弃本民族的风俗习惯和语言，接受主流文化的语言和行为。该理论视教育为将多元化集团塑造于主流文化之中的必要手段。

以“盎格鲁—撒克逊文化”为标准的同化思想源于“西北欧是优越的”及“族群有优劣之分”的观念。这些观念在19世纪中期就渗透到了英国和其他西欧人的意识中了。根据这些观念，非这些地区的族群会对美国社会构成威胁，因此要么限制移民，要么迫使他们遵从一致的价值观。同化主义是一种单一文化的观点，旨在使美国文化符合盎格鲁的模式。后来，这个词演变为“美国化”（Americanization），实际就是“美国欧洲化”。同化主义认为，族群认同是短暂的，会妨碍个人对长期利益和需要的追求。社会要发展，个人就必须放弃自己的民族认同、语言和伦理观，以赞同更广范围的国家的标准和价值观。根据同化主义，学校课程的目标应该是个人社会化，培养学生按照主流的文化意识发挥作用。这种同化

主义思想与多元文化课程的保守派的思想非常吻合，实际上，后者是前者的重现和延续。

卡尔文·柯立芝总统在1923年向国会提出的国情咨文中阐述了遵循盎格鲁—撒克逊文化的同化观点："美国的制度以良好的公民意识为唯一基础。这些制度是由有自治背景的人们所创造的。我们有资格对新来的人加以限制，吸收他们加入优秀的公民行列。美国必须保持美国的特色。"①

1965年澳大利亚的约翰·艾利森说："在南半球创造一个具有全部欧洲最好的文化和传统的、团结的、多民族国家的新政策，建立一个太阳式的、耀眼的新欧洲，没有民族障碍，具有共同的市民地位。"②约翰·艾利森的言论体现了同化主义的思想，其同化的标准和方向是欧洲的文化和传统。所谓"太阳式的新欧洲"，就是"以欧洲的文化和传统的标准去影响、辐射进而同化其他民族和文化群体"。

根据这种同化理论，学校的历史课程不鼓励对国家历史进行批判性分析，社会研究课程主要灌输有关"优秀公民"标准的条文。这种课程"越来越多地偏离了解决问题和更实际地'调整生活'的目的，只强调单纯地学习有关基本事实的知识和灌输所规定的民族价值观。"③威尔逊（1938）批评这种课程过于注重事实，培养的学生能力低，而且对公民教育的作用微乎其微。④20世纪三十年代末对

① 玛丽·A. 赫伯恩. 民主社会中的多元文化和社会凝聚力问题：美国的经验是一种模式还是一个范例？[J]. 联合国教科文组织：教育展望中文版，1993（1）.

② 谢宁. 面向21世纪的基础教育和民族教育[M]. 北京：气象出版社，1992：327.

③ 玛丽·A. 赫伯恩. 民主社会中的多元文化和社会凝聚力问题：美国的经验是一种模式还是一个范例？[J]. 联合国教科文组织：教育展望中文版，1993（1）.

④ 玛丽·A. 赫伯恩. 民主社会中的多元文化和社会凝聚力问题：美国的经验是一种模式还是一个范例？[J]. 联合国教科文组织：教育展望中文版，1993（1）.

纽约州的学生进行了一次有关知识和态度的调查，发现在学生中普遍存在着对国际主义、政治和种族等难予容忍的现象。

熔炉理论是建立在不同民族和文化群体彼此相互影响和具有共同经历的观点的基础之上的，而遵循盎格鲁—撒克逊文化的同化理论倡导的是：以“盎格鲁—撒克逊文化”为主流，对其他民族和文化群体实行制度限制并使其行为统一于“盎格鲁—撒克逊文化”的标准。在以“盎格鲁—撒克逊文化”为标准的同化过程中，出现了某些偏见和歧视，只有少数群体愿意归化时，敌对态度才会消失。玛丽 A·赫伯恩也说：“对政治差异的恐惧同对文化差异的不友好反应混同在一起。结果，遵循盎格鲁—撒克逊文化的同化理论对公民教育产生了明显的抑制作用。”[①]这种同化虽然对某些少数族群的儿童产生了积极的影响，但从政治上讲，却是文化的极权主义。乔·罗德里格斯（Joe Rodriguez）说：“熔炉创造了美丽的儿童，但却导致了丑陋的政治。”[②]

德克海姆和帕森斯的功能主义为“传授共同价值观”的同化主义的课程观提供了论证，功能主义认为，社会是一种生物模式，其中，社会的每一部分都有限定的功能，并相互配合为一个系统，对于核心价值观的广泛认同，确保了该系统在相对的平衡中运行。任何时代、任何体制的国家都紧紧掌握着“教育权”。教育要传播基本技能和核心价值观，从而保证社会系统持续而一体化地发展，这是教育的最基本的功能。

在心理学和社会学中，同化的过程、前提和性质是非常复杂的。研究多元文化课程，必须对此进行分析，否则就会以点盖面并掩盖

① 玛丽·A. 赫伯恩. 民主社会中的多元文化和社会凝聚力问题：美国的经验是一种模式还是一个范例？[J]. 联合国教科文组织：教育展望中文版，1993（1）.

② Tiedt，P. L & Tiedt，I. M. Multicultural Teaching：A Handbook of Activities，Information，and Resources[M]. Sixth Edition. Boston：Allyn & Bacon，2002：13.

反对或提倡多元文化课程的背后的本质和用意。也就是说，多元文化课程之所以得到提倡或者遭到反对，主要是因为没有对同化进行具体的分析。

同化主义被认为是“统一于大多数的理论”。同化主义认为，随着时间的推移，少数族群作为独立的实体将会消失，他们的价值观、态度和行为将被主流文化的价值观、态度和行为所代替，因此少数族群要逐渐适应主流文化。阿普尔顿（Appleton）（1983）和戈登（Gordon）（1964）认为，同化包括文化同化和制度（structural）同化。在美国，文化同化就是同化于盎格鲁—撒克逊的文化传统，视其语言和文化模式为标准。

美国的菲利克斯·格罗斯对“同化”进行了研究和分类。[①]他认为，“同化”分为强制同化和自愿同化。从历史上看，美国对待移民主要采取了强制同化：而许多移民则采取了自愿同化的态度。因此，对于“同化”应该辩证地、一分为二地分析。强制同化是征服的结果。征服者的文化和宗教通过暴力强加到被征服者身上，拒绝接受就会受到惩罚，甚至引起非常残酷的后果。自愿同化是在异文化中生活，逐渐熟悉该族群的习惯，掌握其语言，并经历与该族群共同的经验，自然而然地适应他们的生活的过程。自愿同化更多的是从自己生存和生活的利益出发的，自愿同化并非有意识地选择和决策的结果，而只是一个社会化过程的结果。

“同化”又分为主观同化和客观同化。主观同化就是自我认同，即一种感情归依，对什么是民族、自己属于哪个民族这类问题的理解。客观同化是教育和社会化的结果。二者有很大区别：主观同化往往是确定自己身份时的有意识的而且艰难的抉择：客观同化的人

① 菲利克斯·格罗斯. 公民与国家——民族、部族和族属身份[M]. 王建娥，魏强译. 北京：新华出版社，2003：238-242.

并不一定在主观意识上也被同化，还可以认同于其他文化族群。在某些情况下，主观同化并非是自愿同化。从个人的长远利益出发的主观同化，不仅是一个心理学和社会学问题，而且也是个伦理学问题。一般来说，个人可以在缓慢地适应其他文化的过程中，继续认同原来的共同体；个人外部文化可以变化，但仍能保持对自己主观选择的民族性和所属群体的认同。格罗斯说："同化过程可以同时在自我认同和文化适应这两个层面上进行。"[①]跨文化生活的人们适应主流文化，并不一定就意味着否定或放弃自我的社会文化背景，或者脱离自己的族群。自我认同可以具有多重性。

在多族群、多文化社会里，"同化"一直在进行着，而且永远不会停止。格罗斯说："在多元主义公民国家里，同化是非常有活力的。……因为没有起码的同化，无论国家还是公民社会，都无法运转。"[②]

实际上，同化并不是一个单向性，而是一种相互作用的过程。当代美国学者托马斯·索绪尔说："美国各族群的同化并不是一个单方面的过程。今天美国社会的许多方言、食品、音乐以及其他文化特征，过去都曾一度是某一族群所持有的，现在却成为共同遗产的一部分。各个族群并没有在熔炉中消失，但是，这些族群也好，美国也好，都不再和原先一样了。"[③]

同化主义不否认西方社会中存在着文化和民族差异，也不否认民族性对某些群体来说是非常重要的，只是认为多元主义对此夸大

① 菲利克斯·格罗斯. 公民与国家——民族、部族和族属身份[M]. 王建娥，魏强译. 北京：新华出版社，2003：238-242.

② 菲利克斯·格罗斯. 公民与国家——民族、部族和族属身份[M]. 王建娥，魏强译. 北京：新华出版社，2003：242.

③ 宁骚. 民族与国家——民族关系与民族政策的国际比较[M]. 北京：北京大学出版社，1995：563.

了。然而，同化主义和多元主义对西方社会民族性的解释不同。同化主义倾向于认为民族依恋在现代化社会中是稍纵即逝的，是暂时的。[①]同化主义者论证说，民族性在现代化的影响下会逐渐淡化或消失。同化主义认为，现代化国家是具有普遍性的，其特点不是强烈的民族忠诚和依恋，[②]民族性在发展中社会比在高度现代化的社会中更为重要，它会在现代化和民主化的压力下瓦解。[③]

同化主义不仅仅认为民族性与现代化社会不相符，而且认为强烈的民族依恋在现代化的公民团体中具有破坏作用。同化主义认为，族群支持群体权利高于个人权利，个人要想在社会上有所选择就必须放弃民族依恋，民族依恋和依附会损害现代民族国家的目标。同化主义者论证说，民族性会促进分裂和民族冲突并导致社会的巴尔干化。同化主义把整合看作是现代化国家的社会目标。要实现这一目标，个人和群体就必须完全社会化，接受并赞同国家共同的公民文化、价值观、思想意识和准则，在美国，这些价值观体现在《美国信条》《美国宪法》和《独立宣言》等文献中。每个社会也都有一套社会中的每一个成功的成员都应该掌握的共同的技能和能力。在美国，这些技能包括会说会写英语。在同化主义看来，少数族群之所以不能在社会上取得成功，就是因为其文化是有缺陷的，是病态的。因此同化主义者在研究低收入家庭学生和有色学生时，常常运用“遗传的”和“文化剥夺的”研究范式。

---

① Patterson，O. EthnicChauvinism：The Reactionary Response[M]. New York：Stein & Day，1977. Schlesinger，A. R.，Jr. The Disuniting of America：Reflection on a Multicultural Society[M]. Knoxville，TN：Whittle Direct Books，1991.

② D'Souza，D. The End of Racism：Principles for a multiracial Society[M]. New York：The Free Press，1995.

③ Apter，A. Political Life and Pluralism[A]. M. M. Tumin & Plotch，et al. Pluralism in a Democratic Society[C]. New York：Praeger，1977：59-81.

从同化主义的角度看，学校的主要目标应该是对个人进行社会化使之进入共同的文化之中，而且应该使他们能够在该文化中更成功地发挥作用。学校起码应该在与学生的民族依恋相关的事情上采取温和中立的立场。[①]如果要提倡民族性和民族依恋，那应该由像教堂、团体俱乐部和私立学校这样的私人机构来进行。

同化主义认为，强调文化差异、民族差异及语言和文化的多样性是对社会整合的威胁，并且不利于少数族群成员社会化到国家共有的公民文化中去，而把青年人社会化到国家的公民文化中去，恰恰是民主社会中学校的重要任务。因此，学校的课程内容及其教学风格主要应该与国家的公民文化联在一起，要帮助学生内化和有效参与国家的共同文化（这里的“共同文化”，主要是指国家的主流文化），并能赞同共同文化的价值观和目标，而且还应该帮助学生获得有效参与共同文化所需要的技能。在同化主义看来，美国社会的方向和性质不会变：而少数族群的问题主要是没有充分参与社会所造成的。他们之所以没有从制度上整合进入美国社会，主要是因为缺乏充分参与共同文化所需要的知识、技能和态度。因此，学校课程应该是帮助其获得参与主流社会必不可少的知识、技能和态度，只有如此，他们才会从组织上进入主流社会。根据同化主义，那些促进维护文化的计划如双语教育和民族研究，是不利于少数族群在美国主流文化中发挥作用的。阿普尔顿提出了同化理论转变为学校政策的方法：首先，课程内容、教学过程和学校的组织结构要反映和提升单一文化的定位；其次，贬抑少数民族的观点、语言和文化。他认为，学校课程反映少数民族的文化和特点对于实现教育目标是没有意义的，因此不应该认可和支持像少数民族研究和双语教育之

① Glazer，N. Cultural Pluralism：The Social Aspect[A]. M. M. Tumin & Plotch，et al. Pluralism in a Democratic Society[C]. New York：Praeger，1977：3-24.

类的计划。[①]

然而，绝大多数西方社会是由相当不同的民族和文化群体组成的，这些群体都有某些作为国家共同文化一部分的独特的文化特点。学校课程改革，要认真审视共同文化的概念，确保不是种族主义、性别主义、民族中心主义的，而是多元文化主义的，即能够客观地反映社会中的民族和文化的多样性。班克斯认为，需要讨论这样的问题："是谁给共同文化下的定义？""这一定义对谁有利？""它伤害了谁？"[②]班克斯说："共同文化需要在不同文化、民族和语言群体的广泛参与下重新定义。被修改的共同文化的思想应该反映国家的社会现实，而不是一种虚构的、理想化的观点。"[③]

第二节　多元主义与多元文化课程

重视个人和对个人权利及地位的关怀，是多元主义的最高价值和古代根源或者说哲学基础。多元主义的起源可以追溯到宗教宽容和宗教多元主义的发展。格罗斯认为，多元主义源于三个方面：1. 言论自由的民主传统，宗教自由和民主社会的传统；2. 解决族际关系问题的实用主义政策和方法；3. 与极权主义统治相对立的政治制度。[④]其中民主主义的政治文化是多元主义概念赖以产生和发展的前提，

① Hernandez，H. Multicultural Education-A Teacher's Guide to Content and Process[M]. Columbus，Ohio：Merrill Publishing Company，1989：34.

② Banks，J. A. Cultural Diversity and Education-Foundation，Curriculum，and Teaching[M]. Fourth Edition. Boston：Allyn & Bacon，2001：116.

③ Banks，J. A. Cultural Diversity and Education-Foundation，Curriculum，and Teaching[M]. Fourth Edition. Boston：Allyn & Bacon，2001：116.

④ Banks，J. A. Cultural Diversity and Education-Foundation，Curriculum，and Teaching[M]. Fourth Edition. Boston：Allyn & Bacon，2001：116.

在某种意义上说，多元主义是民主的扩大。

文化多元主义理论或者多元文化理论（theory of cultural pluralism theory of multi-culture）在美国几乎跟“熔炉论”有同样久远的历史。早在19世纪初，在德国移民、爱尔兰移民、斯堪的纳维亚移民中间就存在着保持其固有文化的主张和要求。从理论上讲，美国的多元主义思想是从英国和欧洲的古典多元理论发展而来的。多元主义在拉丁语中被称为e pluribus unum，它认为一国的多种利益集团应分享国家权力，但同时又为国家利益而共同努力，因此epluribus unum也常常被译为“多元一体”。20世纪初期，卡伦（Kallen）（1924）、博尔内（Bourne）（1916）、德雷斯乐（1924）等人明确提出了“文化多元主义”和“文化民主”的概念，从而向西方同化主义的政策和实践发起了挑战。卡伦从波兰移民到美国，强烈反对移民的强制性的美国化。他认为每一个族群都有保存其遗产的民主权利，个人的民族性取决于祖先、血缘和家庭关系，是不可分割的和不可改变的；美国不仅在地理和行政方面是一个联邦，而且也应该是各族文化的联邦，美国的个人民主也应该意味着各族群的民主，而这是符合美国独立宣言和宪法序言及修正案关于平等的思想的；在民主社会的框架内保持各族群的文化及其相互作用，各族群就可以把他们的文化遗产直接贡献给国家宏观文化，从而使国家宏观文化更加丰富多彩。

但是直接导致多元主义令人瞩目并对社会的政治、文化发生重要影响的是20世纪六十年代美国的民权运动。多元主义这个术语起初是与族群和种族关系的观念相联系的，但后来被用于整个文化、知识、宗教和政治群体的关系的领域。格罗斯指出：“多元主义意味着在政治、人性、科学、经济等等方面的观念和目标上的选择自由，意味着在生活方式和价值观上的选择自由，意味着尊重种族、民族、宗教差异，以及所有人的平等机会和权利。”[①]显然这是一种民主意识，是国家或人类共同的美好的理想，但是各种利益集团应如何参与并分享权力，却是个一直争论不休的问题。正是这一问题，导致了国家内部不同民族和文化群体之间的矛盾和冲突。美国共和政体的创建人之一詹姆斯·麦迪逊认为，不同利益集团和观点的多元化和冲突是民主制度中公民政治生活的根本。他说：“关于政治权力和公众参与的多元化观点……是美国社会政治制度发展的基础。”[②]20世纪六十年代，罗伯特·达尔也从权力分配的角度论证了多元主义的必要性和优越性。

贝内特认为，“多元主义”，从少数族群看，就是：1．保存许多传统，如语言、宗教、艺术和社会风俗，2．采纳主流的盎格鲁—西欧文化的许多方面，如语言、一夫一妻制、军事服务、当地的和州的及联邦的法律、充分的公民权利，3．尊重和欣赏他们有可能经历的不同的民族传统；从宏观文化看，就是：1．尊重和欣赏民族多样性，2．鼓励少数民族使其传统具有生命力，3．可能或不可能采纳社会的不同民族传统和现行的生活方式。[③]

多元主义认为，少数族群的成员只有从制度上融入主流社会，才能在社会中获得平等，因为从社会心理学的刻板印象来看，个人首先被作为群体成员来看待，然后才被作为个人对待，因此同化主义者提出的美国社会的“个人机会”的观点是错误的。在多元主义看来，教育应该促进文化和民族认同，帮助学生获得参与社会所需

① 菲利克斯·格罗斯. 公民与国家——民族、部族和族属身份[M]. 王建娥，魏强译. 北京：新华出版社，2003：225.

② 玛丽·A. 赫伯恩. 民主社会中的多元文化和社会凝聚力问题：美国的经验是一种模式还是一个范例？[J]. 联合国教科文组织：教育展望中文版，1993（1）.

③ Bennett，C. I. Comprehensive Multicultural Education：Theory and Practice[M]. Boston：Allyn & Bacon，1990：218.

要的知识、技能和态度，应该促进社会改革，而不只是把学生同化进现存的社会中去。少数族群学生获得在主流文化中有效地发挥作用所需要的知识、技能和态度固然重要，但国家文化需要新的理想，少数族群的文化和价值观可以丰富它，因此学校课程在帮助少数族群保持文化和语言，并参与社会改革所需要的价值观和技能方面，应该发挥重要作用。多元主义同时认为，反映族群的文化、价值观和历史的课程，将有助于少数族群学生取得较高的成就。多元文化主义对 20 世纪六七十年代美国的课程和教育政策有重大影响。从课程看，为了更准确地反映少数族群的文化和历史，许多教科书被修订，多元文化计划和科研项目在许多学区被建立起来。

多元文化主义自 20 世纪五六十年代的发展经历了两个阶段：一是“拓宽文化基础”阶段，一是“拒绝以西方文化为基础”阶段。

一、拓宽文化基础

对少数族群来说，“同化”意味着其种族、宗教和文化遗产低人一等。一直以来，少数族群拒绝为加入主流文化而放弃他们家乡、居留地或社区的语言和传统。为此，人们提出实行多元文化主义，并视之为扩展美国社会文化基础的手段。与同化论的融合或混合不同，多元文化主义的“拓宽文化基础”的思想倡导 “以西方文化为主、几种文化的共存”，对盎格鲁—撒克逊以外的其他文化，不仅要容忍，而且还要保护和正确评价，其目的是要创造一个由许多族群组成的“马赛克拼合体”，使每个群体都成为联合体的一部分。多元文化主义希望出现文化的色彩纷呈的局面，而合作和对民主社会的忠诚又能同时奏出社会和政治的和谐音。这种多元文化主义很快就转化为教育改革方案，多元文化教育和课程的理论和实践开始出现。

20 世纪五六十年代，人口的多样性和公众对机会均等问题的关注推动了多元主义理论的产生和发展。民权运动是多元文化主义的导火线。民权运动作为一场政治和经济运动，要求取消种族隔离；同时移民政策发生了变化，取消了根据国籍所定的移民配额（而在盎格鲁—撒克逊文化同化时期，采取的是限制移民进入的政策）。人们对多元文化主义给予了更广意义上的认同，对少数民族变得相对开放和敏感了；人们也不那么倾向于保持一致和对社会的依从了。

20 世纪八十年代美国人口结构急剧变化，人们在赞同“教育必须传输共同的知识和共同的核心观点”的同时，还认为知识是动态的，必须反映社会环境的不断变化，因此学校课程应该扩大核心知识的范围，使之包括社会中的所有群体。

多元文化主义认为，社会重建是民主的根本，因而也是公民教育的指导原则，因此它要求扩大课程中的知识和种族范围，将社会中的各种文化都包容进去。

以“拓宽文化基础”为范式的多元文化主义课程理论认为，提高人类尊严、更好地培养劳动大军，有利于社会和政治的稳定；尊重不同文化群体和文化特性有助于拓宽国家的主要文化。因此要对学校课程进行综合和重编，将各种文化的价值观和历史编写进去。这样，各种规范和公民价值观也会更宽阔，不同文化群体的学生相互尊重、自重自爱，有利于培养社会认同和积极参与社会的民主政治。亨特和梅特卡夫（1968）根据对社会的“问题领域”的反思研究，提出了跨学科的中学社会研究课程。他们将种族和少数民族关系列为学生应该研究的重点问题领域。亨特和梅特卡夫告诫人们，注意美国文化中“被夸大的种族中心主义”的威胁，呼吁在研究像少数族群参与等关键社会问题时，要更多地注重讲授高层次的思维过程。[①]

---

① 玛丽·A. 赫伯恩. 民主社会中的多元文化和社会凝聚力问题：美国的经验是一种模式还是一个范例？[J]. 联合国教科文组织：教育展望中文版，1993（1）.

二、拒绝以西方文化为基础

多元文化主义的发展在20世纪七八十年代出现了一种较为激进的思想范式。该范式源于20世纪七十年代某些激进的改革理论，它没有专门讨论族群问题，但却提倡最大程度的种族和宗教的多样性和独立性。持这种观点的人把多元化思想同差异政治等同起来，反对那种认为社会仅需一套普遍为人接受的单一价值观的观点。该范式拒绝以西方文化为基础。在教育上，要求彻底改变教育观念和教育计划，学校课程要平等地反映各种群体的文化和价值观，反对以单一价值观为基础的课程模式。

美国人口的多样性带来了文化的多样性。据1990年统计，美国人口中75.7%为欧洲裔、12.3为非洲裔、9%为拉美裔（名义上的，有可能是任何族裔）、3%为亚洲裔和太平洋裔，只有0.8%为土著美国人。根据人口统计预测，非拉美裔白人将从1990年的76%下降到2050年的52.5%。预计各族群的人口都有增长，其中拉美裔人口增长最快，将从1990年的9%上升到2050年的22.5%。[①]少数民族人口的增长和欧洲后裔在人口中所占比例的缩小表明，人口的多样性使文化多样性程度不断提高，从而使以盎格鲁—撒克逊文化为核心的西方文化的影响力逐渐削弱。文化多样性为“拒绝以西方文化为基础”的范式提供了依据，同时学校中学生的族群人口构成情况的迅速变化对该运动的发展也起到了推波助澜的作用。美国人口结构的变化与学校注册人数的变化有密切的关系。美国教育部（1998）统计表明，1995年，在公立学校一至十二年级中，有色学生占注册学生总数的35%，比1976年增加了11%，增加的这部分主要是由拉

① 席蔚华（Vilma Seeberg）. 美国学校的多元文化教育[J]. 陕西师范大学学报（哲学社会科学版），2000（9）.

丁美洲裔学生比例增加所致。人口统计表明，到2020年，有色学生将占全国在校生的大约46%；[①]到2050年，非西班牙白人将占美国人口总数的53%，有色人种将占人口总数的47.5%。[②]有色学生在学校人数比例的提高，以及有色学生成绩低、辍学率高的事实，引发了学校中的民族紧张和冲突。班克斯指出："提高有色学生和低收入家庭学生的学习成绩，开发和实施反映不同族群的文化、经验和观点的多元文化课程，将会有助于减少美国学校中的种族冲突和紧张并提高所有学生的学习成绩。"[③]美国国家研究委员会发表的一份综合性研究报告强调，人口结构的变化客观上需要学校的课程和教学进行改革，这是公立学校首先要考虑的。

"拒绝以西方文化为基础"的理论范式认为，非欧洲裔的少数族群学生一直是知识和教育的牺牲品，文学和社会研究中现有的许多内容是"以欧洲为中心的"，这是少数族群无法接受的。少数族群需要了解的是本民族的文化，因此他们赞成取消西方哲学、历史、文学、艺术和音乐的中心地位，要求更多地考虑少数族群并从他们的角度来认识历史、地理和社会科学，坚持对历史与文学等课程进行改编。

任何国家的学校课程都必须以一种文化（这种文化可以称为宏观文化、国家文化或者主流文化）为基础，这种文化是每一个生活于该国家的族群成员都必需的，而且是一个国家保持凝聚力的纽带。

---

① Papas，A. M & Natriello，G，et al. The Changing Nature of the Disadvantaged Population：Current Dimensions and Future Trends[J]. Educational Researcher，18：16-22.

② Banks，J. A. Cultural Diversity and Education-Foundation，Curriculum，and Teaching[M]. Fourth Edition. Boston：Allyn & Bacon，2001：28.

③ Banks，J. A. Cultural Diversity and Education-Foundation，Curriculum，and Teaching[M]. Fourth Edition. Boston：Allyn & Bacon，2001：29.

某些激进者以多元文化课程为名，拒绝以西方文化为基础，实为凸显自我族群的文化。多元文化课程的“拒绝以西方文化为基础”的范式是对国家政治和社会凝聚力的威胁。格雷（1991）和斯莫勒（1992）等许多资深的同化论者和赞成较温和的改革者，把这种激进的方法看作“是对二百多年来使美国保持一致的民族风俗和个人主义原则的挑战”。[①]“拒绝以西方文化为基础”的多元文化课程观认为，“拓宽文化基础”方法太软弱，不能充分改革课程和教学，无法满足少数民族儿童的需求。这些激进者不满足于把少数族群历史“纳入”或“融入”以西方历史为中心的课程中，要求编写专门的历史书来颂扬少数族群及其在过去和当今社会中的作用。“拒绝以西方文化为基础”的范式被极端的非洲中心主义者发展为更为激进的“非洲中心课程”的范式。[②]

“拒绝以西方文化为基础”的课程观，背离了在反对“以盎格鲁—撒克逊文化同化其他族群文化”的斗争中所出现的多元文化课程的主旨，在“矫枉”中“过正”了，不免有借多元文化课程来凸显某一文化并使其处于“中心”之嫌。在民族国家中，只有“多元一体”才是多元文化课程所追求的目标，从一个“中心”走向另一个“中心”，从一种文化的“主导”走向另一种文化的“主导”，都不利于多元文化的和谐共进，文化方面的斗争就永不停止。一个国家内部的多元文化，要想和谐共存和共进，就不应出现“不是东风压倒西风，就是西风压倒东风”的局面。

研究多元文化课程的理论基础，必须分清“具有一体意识”的多元文化主义与“强调独立”的激进的多元文化主义的观点及背后

---

① Banks，J. A. Cultural Diversity and Education-Foundation，Curriculum，and Teaching[M]. Fourth Edition. Boston：Allyn & Bacon，2001：30.

② 玛丽 • A. 赫伯恩. 民主社会中的多元文化和社会凝聚力问题：美国的经验是一种模式还是一个范例？[J]. 联合国教科文组织：教育展望中文版，1993（1）.

的意图，否则就会使多元文化课程走向极端。但这种分辨是比较困难的。正如赫伯恩所言："将教育中激进的多元文化论同提倡共存的多元文化论区别开来，却并非易事。人们公认激进的多元文化论者假装成了同化论者或温和的多元文化论者。"①

以"熔炉论"和"以盎格鲁文化为中心论"为代表的同化论起源于民族同化学说；以"拓宽文化基础"和"拒绝以西方文化为基础"为主要代表的多元文化论是以多元文化社会理论为基础。这四种思想是美国历史上面对"多样性"而采取的四种应对方式，尽管说它们的出现和发展大致是按此顺序的，但它们在不同的历史时期，或凸显，或暗淡。当今社会这四种思想此起彼伏，相互斗争，也就是说，这四种思想还是并列存在的。

理解多元文化主义的概念、判断多元文化主义的是与非，必须从具体的社会和文化背景出发。强调以多元文化主义为基础的多元文化课程之所以有赞成与反对之命运、保守与激进之差异，就是因为不同族群对多元文化课程的态度未能离开具体的背景和对自我族群利益的维护和追求。既然如此，多元文化主义及多元文化课程就没有放之四海而皆准的理论和人人都赞成的模式。汉斯-乌利奇·穆佐尔夫（Hans-Ulrich Musolff）（2001）对多元文化的类型进行了分析。他认为多元文化主要有四种类型：1．新世界（北美州、南美洲、澳大利亚和新西兰）中的文化的多样性；2．旧世界（欧洲和亚洲）中文化的传统的多样性；3．最近移民运动所形成的国家的文化的多样性；4．没法划分的国家如以色列、南非等的文化的多样性。②

欧洲大陆的文化多元主义源于三个方面：第一，早期不同语言

---

① 玛丽·A. 赫伯恩. 民主社会中的多元文化和社会凝聚力问题：美国的经验是一种模式还是一个范例？[J]. 联合国教科文组织：教育展望中文版，1993（1）.

② Hans-Ulrich Musolff. Multiculturalism as a Pedagogical Problem[J]. European Education，2001，33（3）：5-18.

或不同族群移居欧洲，从此欧洲就不存在单语的民族国家了，有些国家的官方语言为双语、三语，瑞士是四语；第二，移民带来了宗教的传播，16～18 世纪的宗教改革使欧洲语言、民族、文化和政治面貌更加复杂化；第三，第二次世界大战后经济发展吸引了大量移民。由此可以看出，西方国家的文化多元主义是由移民造成的，以此为基础的多元文化教育和课程也主要是针对当时的移民和移民的后裔的。

旧世界最近几十年出现的经济移民所构成的少数族群，首先考虑的是生存问题，而不刻意去追求其文化和民族特色在东道国教育中的地位和渗透。“作为一个规律，他们的文化离东道国文化越远，他们的生活和教育机会以及他们取得在经济上有力的学校毕业证书的机会就越少。”[①]不论东道国政府，还是少数民族自身都看到了这一点，因此真正意义上的多元文化教育在欧洲的发展，远远逊色于北美和澳洲。这主要是欧洲各国少数族群与北美和澳洲的少数族群相比所关注的重点不同，欧洲社会的多元文化主义更多的是关注生活机会，而北美和澳洲的多元文化主义主要是关注生活方式，当然也不忽视生活机会。

旧世界的多元文化主义不能简单地模仿新世界许多国家发展起来的多元文化主义。除了土著人以外，新世界的所有文化都是移民的结果，他们对移居地没有多深的感情，移居地上的文化对他们来说，也不是多么重要。显然，旧世界的情况正好相反，祖先的土地和文化在国家认同和民族主义（nationalism）的形成方面起着核心作用。

多元文化主义在欧洲和北美的历史渊源和现实表现完全不同，

① 谢宁. 面向 21 世纪的基础教育和民族教育[M]. 北京：气象出版社，1992：377.

因此其结果也不同。首先，欧洲的多元文化主义与大众传播媒介和大众文化联系非常密切。文化具有明显的等级差别。古典知识在学校课程中仍居于特殊地位（法国更为如此）。其次，欧洲民族国家从未扮演过不同文化的熔炉，一直要求整体同化，“多元熔为一体”（many as one）的观念容易被欧洲多元文化主义所接受并付诸实践，而这种观念已被北美多元文化主义所放弃。

多元文化教育不仅有新旧世界之间的差异，即使同为说英语的国家，也存在明显的不同。美国由于人口构成的历史复杂性及移民潮的出现，因此比较关注种族关系；英国只是在第二次世界大期间及之后才明显有有色人种的涌入；澳大利亚与美国一样，历史上白人曾征服过土著人，只是近十年来，才允许少量有色人种移民澳大利亚，而且土著人在地理上与白人分开的程度要比美国大，因此种族矛盾不突出。另外，加拿大和澳大利亚都没有奴役非洲奴隶的经历，也没有占领和吸收其他非白人国家的历史。与美国不同的是，加拿大在历史上两个具有欧洲语言的强大族群（法裔加拿大人和英裔加拿大人）一直存在着斗争。

由于历史和文化背景的不同，多元文化教育在美国比在其他说英语的国家历史更长，思想和学说更为复杂。在多元文化教育的争论中，不同群体的参与各国也不同。在美国，有色人种的教育家始终站在多元文化教育发展的前沿，当然也有某些欧裔美国人参与其中；在英国和澳大利亚，参与争论的主要是白人，有色人种在很大程度上被排除在外。美国联邦政府不参与对多元文化教育的争论；英国、加拿大和澳大利亚的政府则认可多元文化教育。由此，尽管各国学者使用“多元文化教育”这个词汇，但对此认识是不同的。比如，在英国，多元文化教育与反种族主义教学之间存在激烈的争论。在美国，像班克斯（1992）、安东尼娅·达德尔（Antonia Darder）（1991）以及鲍伯·苏祖基（Bob Suzuki）（1984）等人是在多元文化教育的大伞下倡导反种族主义课程及其教学的，因为在某些人看来，“多元文化”只是一面旗，而“种族”这个词容易把更多的人吓跑。D·亚麻内（D.Yamane）（1996）用非常形象的比喻，道出了某些人在多元文化教育和课程“冲突与妥协”本质上的策略，他说：“不要寻找最尖锐的针，更为有效的策略是寻找能缝补衣服的针。”①

对多元文化模式进行类型学分析，具有十分重要的意义。首先可以使我们认识到，不同国家和社会的多元文化具有不同的历史渊源，也就有不同的模式和处理方式。对于当代西方国家多元文化教育的模式，王鉴认为主要有四种：1．同化主义与多元主义共存的美国模式：2．以注重文化嵌合为主导的加拿大模式：3．在多民族社会中，满足各少数民族群体或个体在文化、意识、自我评价方面的需要的英国模式；4．与偏见和歧视作斗争的多种族的澳大利亚模式。②其次也可以使人明确，研究多元文化课程不能脱离具体的社会制度和历史传统，推广多元文化课程的理念和实践模式，只有结合自己多元文化社会的特点，才能成功。

多元文化课程是多元文化主义在教育中的反映和要求。多元文化主义强调教育平等、社会公正、民主、包容及对文化多样性的欣赏，认为学校课程是政治统治的工具，要消除种族主义、性别主义等其他方面的偏见，就必须转变学校知识、推行批判教育学（critical pedagogy）及开设多元文化课程。多元文化主义的倡导者旨在通过改变教育政策，来取得教育机会的平等以及矫正在知识建构、学校和社会中的权力的不平衡。

---

① Sleeter，C. E. Multicultural Education as Social Activism[M]. Albany：State University of New York Press，1996：9.

② 王鉴．当代西方国家对多元文化教育的几种认识[J]．外国教育研究，1994（2）.

多元主义认为，民族国家是由竞争性的文化和族群组成的，其中每一个族群都竭力维护其经济和政治利益。在这样的多元主义社会中，文化和民族认同是非常重要的。这些族群要容纳进并充分地参与到社会中去，就必须团结在一起并争取有利的地位。在多元主义者看来，个人只有在自己特殊的文化群体中，才能发展其语言、生活方式和价值观。因此学校课程应该反映并积极提高不同文化群体的利益。

多元主义者史密瑟曼（Smitherman）（1999）认为，有色学生的文化不是社会地位低下的、异常的或者有欠缺的，其实它们秩序井然、结构完好，只是相互之间有所差异而且不同于主流的占统治地位的文化而已。[①]对此，多元主义者常用文化差异模式来解释，而同化主义者则用亏空（deficit）模式或遗传模式来解释，因此它们得出的结论常常是冲突的。

文化多元主义者同时也假设，有色学生具有独特的学习风格，应该修改学校课程和教学策略使其更符合学生的文化特色（style）、认知模式和学习风格。[②]因此，课程内容应该是特定文化的，课程目标应该是帮助学生在其群体文化中更成功地发挥作用。课程要从特定族群的观点来看待事件，应该促进对文化和民族的依恋和忠诚，而且应该帮助学生获得参与公民行动以帮助其文化群体获得权利所需要的技能及承担相应的义务。

大卫 L·西尔斯（David L. Sills）（1968）说：“文化多元主义从严格意义上说，是两个或两个以上族群之间以相互欣赏和相互尊

---

① Smitherman，G. Talking That Talk：Language，Culture，and Education in African America[M]. New York：Routledge，1999.

② Banks，J. A. Cultural Diversity and Education—Foundation，Curriculum，and Teaching[M]. Fourth Edition. Boston：Allyn & Bacon，2001：112.

重为特点的妥协的过程。”[①]在西尔斯看来，在多元文化社会中，不同群体的成员只要认同社会作为一个整体所需要的那些实践，可以允许他们保持自己的文化方式。可见，对多元文化主义不能顾名思义，多元文化主义并非不强调保持社会一体的那些实践。文化多元主义强调族群认同，由此人们普遍认为，它会导致分裂主义、两极分化和群体之间的对抗，以至对社会构成威胁。该观点忽视了文化多元主义的关键成分：所有群体必须遵守一定的规则，这是一个社会作为一个整体存在的条件，[②]文化多元主义必须有一个核心，即维持一个社会作为整体存在的那些条件，即贝内特所说的“希望所有族群都遵守社会存在所需要的宏观文化的那些成分。”[③]这是文化多元主义的前提条件和关键成分。其实，人们对文化多元主义的反对，主要源于两方面：一是对它的误解，二是在实践中文化多元主义有走向极左的嫌疑和倾向。

多元主义不是要建立一个无冲突社会的方案。对立、冲突和妥协是正常的社会现象。要解决对立和冲突，“必须遵守游戏规则，采取大多数人能够接受的方式”。格罗斯说：“没有一种为大多数人同时接受的程序规则和共同的最高价值核心，多元社会就无法运行。它就会处于一种瘫痪或混乱状态。”[④]一个社会要存在和发展，必然有“差异”，也必然有“统一”的趋势。多元主义并不是旨在

---

① David L. Sills，et al. Pluralism. In International Encyclopedia of the Social Sciences[M]. New York：MacmillanlFree Press，1968.

② Bennett，C. I. Comprehensive Multicultural Education：Theory and Practice[M]. Boston：Allyn & Bacon，1990：38.

③ Bennett，C. I. Comprehensive Multicultural Education：Theory and Practice[M]. Boston：Allyn & Bacon，1990：55.

④ 菲利克斯·格罗斯. 公民与国家——民族、部族和族属身份[M]. 王建娥，魏强译. 北京：新华出版社，2003：228.

凸显“差异”、否定“统一”，而是在二者之间寻求适当的平衡，这种平衡就是大多数人普遍接受的“游戏规则”。相应的，多元文化课程必须在“多元”与“一体”之间寻求平衡，必须在“一体”的原则和框架下追求“多元”，也必须通过尊重“多元”的前提下服务于“一体”。背离了这一核心原则，多元文化课程就会遭到保守主义和激进主义的批判，多元文化课程的目标也就只能成为某些族群的一厢情愿。

多元主义不是独立主义或分离主义，寻求共同性是其应有之意。大多数人遵守的共同行为规范和共同原则，是多元文化社会存在和发展的前提。这些共同的信条、目标、观念和原则，是社会凝聚力的前提，是社会控制的底限。没有这一切，社会简直就不成其为社会了。表达差异的自由是多元主义的另一个前提，“事实上，正是这种表现差异的自由确立了多元主义的范围界限”。[①]自由并不是为所欲为，它必然有一个限度，而这个限度就是维护“一体”。没有“一体”的“多元”是与多元主义水火不容的。格罗斯提出了多元主义行之有效的必要前提：1. 承认并尊重不同行为规范、文化及目标的权利；2. 有一套为人们普遍接受、共同实行的行为规范；3. 对游戏规则和适当程序的普遍承认；4. 多元化行为规范的合法性。[②]

对于多元主义，我们要警惕其极端形式，即彻底的折中主义和自由多元主义以及“什么都行”的极端相对主义。凯尔纳和贝斯特认为，某些自由多元主义理论“很难从理论上说明如资本、性别、种族压迫等宏观结构，很难看清这些总体化趋势是如何渗透到为它

---

① 菲利克斯·格罗斯. 公民与国家——民族、部族和族属身份[M]. 王建娥，魏强译. 北京：新华出版社，2003：231.

② 菲利克斯·格罗斯. 公民与国家——民族、部族和族属身份[M]. 王建娥，魏强译. 北京：新华出版社，2003：229.

们所颂扬的微观结构、多元性以及差异之中的”[①]。阿尔都塞也指出，多元主义完全否认一切因果关系，将所有因素均视为具有相同的结构上的重要性。从政治方面看，这种故弄玄虚、华而不实的多元主义无法确认出统治与压迫的关键位置。不仅如此，极端的多元主义要么无法辨认出重要的斗争力量和斗争主体，要么夸大特定的受压迫个人或群体的力量。[②]文化相对主义认为，既然文化是多样的，而人的社会和心理特征是由文化决定的，文化的多样性就决定了人的社会和心理特征的多样性，从而也决定了价值判断标准的多样性。也就是说，从文化相对主义看，人类社会不存在普遍的价值标准，如果要按照某种价值标准进行跨文化评价，那么必然陷入种族中心主义。文化相对主义的主要依据是人类学对不同文化和不同价值观的发现。王晓升从道德相对主义的方法论基础——理性入手，运用逻辑分析的方法批判了相对主义，他说：“如果说各种文化之间不存在跨文化的道德标准，不同文化之间的理解必然是把一种文化价值观投射到另一种文化价值观，那么这种理解只能在文化的内部进行。”[③]也就是说，如果不承认有普遍的价值标准，那么理解他人的可能性在逻辑上就被否定了。如果坚持文化上的相对主义，认为理解某种文化的标准产生于自身，那么进行跨文化的交流、理解就是一句空话；如果不能理解其他文化的标准，那又如何按照该文化的标准来理解该文化呢？进一步讲，如果不能进行跨文化的理解，那何谈跨文化教育，进而以“文化相对主义”理念为基础的多元文化

---

① 道格拉斯·凯尔纳，斯蒂文·贝斯特. 后现代理论——批判性质疑[M]. 张志斌译. 北京：中央编译出版社，2001：367.

② 道格拉斯·凯尔纳，斯蒂文·贝斯特. 后现代理论——批判性质疑[M]. 张志斌译. 北京：中央编译出版社，2001：367-388.

③ 王晓升. 道德相对主义的方法论基础批判——兼谈普遍伦理的可能性[J]. 哲学研究，2001（2）.

教育也就子虚乌有。由此可以看出，多元文化教育中的文化相对主义是一个悖论。文化相对主义的最终结果是文化虚无主义。

多元文化主义之所以遭到批判，更多的原因是对这个词的理解差异很大，正如马哈玲格姆和麦卡锡所说：“尽管多元文化主义研究资料可谓汗牛充栋，但是作为一个概念，多元文化主义非常明确，而同时又难以理解。”①富勒（Fuller）把多元文化主义看作是一种超越普世主义与相对主义争论的批判哲学；② 马哈玲格姆和麦卡锡把多元文化主义看作是“一个流行的时尚，像风一样变化莫测、转瞬即逝”③；汉斯-乌利奇·穆佐尔夫视多元文化主义为“一个时髦的、高度政治性的表达方式”④；也有人把它看作“一种倒退的、具有怀旧情结的浪漫主义”⑤；多元文化主义还被攻击为一种后现代的、为了自我群体利益的“种族支配”（ethnocractic）的思想意识。

马哈玲格姆和麦卡锡指出：“多元文化主义在对待不同形式的知识方面没有提出“知识政治学”这个观念，而当前的发展趋势常常是以相对的、浪漫的方式对待不同的文化产品。”⑥当前，多元文

① Mahalingam，R. & McCarthy，C. Multicultural Curriculum—New Directions Social Theory Practice and Policy[M]. Great Britain：Routledge，2000：9.

② Fuller，S. Social Epistemology as a Critical Philosophy of Multiculturalism[A]. In Mahalingam R & McCarthy C. Multicultural Curriculum—New Directions for Social Theory Practice and Police[C]. Great Britain：Routledge，2000：6.

③ Mahalingam，R. & McCarthy，C. Multicultural Curriculum—New Directions Social Theory Practice and Policy[M]. Great Britain：Routledge，2000：2.

④ Hans-Ulrich Musolff. Multiculturalism as a Pedagogical Problem[J]. European Education. Fall，2001，33（3）：5-18.

⑤ Hans-Ulrich Musolff. Multiculturalism as a Pedagogical Problem[J]. European Education. Fall，2001，33（3）：5-18.

⑥ Mahalingam，R. & McCarthy，C. Multicultural Curriculum—New Directions Social Theory Practice and Policy[M]. Great Britain：Routledge，2000：9.

化主义忽视了边缘亚文化的历史发展，以一种原始的、非历史的方式对待群体认同和文化的特点，因此就把丰富的多元文化主义误认为了一门新的知识政治学和具有批判意识的学科。结果，人们在对待多元文化主义的课程开发、教师发展和教育政策方面的认识论问题、伦理问题和政治问题时，缺少前后一致的框架。马哈玲格姆和麦卡锡认为，多元文化主义在当今遇到三个方面的挑战：1. 欧洲中心主义的霸权；2. 文化的本质化；3. 全球化。[①]马哈玲格姆和麦卡锡说："多元文化主义不仅是西方在争取自我理解的斗争中经常出现的主题，而且更是全世界教育工作者自我反思的范式。"[②]

多元文化主义在产生和发展过程中有两种基本形式：一是"分离"，即不同族群实行自治，族群之间保持严格的界限，社会对族群特别是较小和在地理上孤立的族群的影响降到最低限度；二是"互动"，即不同族群的个人与主流文化互动并适应主流文化，但同时保持自己文化的某些因素和独立的认同，这些人常常被描述成"归化的"美国人，如非裔-美国人、古巴裔-美国人，华裔-美国人（注：其间往往加连字符）等。多元文化主义的这两种形式对于学校和课程的意义是不同的。"分离"的多元文化主义要求，社区中的学校主要由同一族群的学生和员工所组成，强调社区控制、母语教学和以民族研究为主的课程。"互动"的多元文化主义强调族群文化与主流文化之间的平衡以及不同文化之间的共性和差异，基于此，学校课程强调国家认同和利益及文化多样性和多元价值观，并注意满足个人和群体的需要，教学强调师生互动和平等参与机会。"互动"的多元文化主义理论在当今美国最为流行，因为它比较恰当地反映

① Mahalingam，R. & McCarthy，C. Multicultural Curriculum—New Directions Social Theory Practice and Policy[M]. Great Britain：Routledge，2000：9.

② Mahalingam，R. & McCarthy，C. Multicultural Curriculum—New Directions Social Theory Practice and Policy[M]. Great Britain：Routledge，2000：9.

了美国社会的现状。该理论把同化主义和多元主义看作是正在进行的过程，把不同族群的成员之间的互动看作是一个积极的过程，这有助于多元文化课程对“多样性”和“一体”的关系的把握和协调。但该理论并未解决多元文化之间的目标冲突，也没有揭示有关民族多样性的政策的实质。

美国凭借强大的政治、经济、军事和文化的影响，极力推行多元文化主义和多元文化教育。在全球化的大背景中，这不免有搭载全球化的快车来推行自己的价值观之嫌。亨廷顿“文明冲突”的理论充分证明了：在美国，多元文化主义是一个悖论。他一方面主张在全球范围内倡导并促成“文化的多元”，另一方面又认为在美国国内要实行“文化的一元”。他说：“在多文明的世界里，建设性的道路是弃绝普世主义，接受多样性和寻求共同性。”[①]但他又说：“美国国内的多元文化主义对美国和西方构成了威胁……一个多元文化的美国是不可能的，因为非西方的美国便不成其为美国了。”[②]由此可以看出，亨廷顿是将多元文化主义用于世界文化关系，而将一元文化主义用于西方特别是美国。

“美国多元文化……的包容性一方面说明了美国所具有的比较开放的思想和生活方式；另一方面它也隐含了美国向世界推行美国民主的自我中心意识。”[③]其实，美国的多元文化教育是成功还是失败还很难说。赫伯恩曾撰文“民主社会中的多元文化和社会凝聚力问题：美国的经验是一种模式还是一个范例？”，明确地对美国在民主社会中处理“多样性”和“凝聚力”的经验和做法提出了质疑。

---

① 塞缪尔·亨廷顿. 文明的冲突与世界秩序的重建[M]. 周琪译. 北京：新华出版社，1999：358.

② 塞缪尔·亨廷顿. 文明的冲突与世界秩序的重建[M]. 周琪译. 北京：新华出版社，1999：368.

③ 齐小新. 美国文化研究导论[M]. 北京：北京大学出版社，2001：25.

当前美国和英国没有把多元文化主义视为政府的政策和教育及学校课程的核心，而加拿大和澳大利亚则把多元文化主义当作政府的官方政策。澳大利亚政府在对移民采取了多年的同化和一体化政策后，于 1978 年 11 月正式采用多元文化主义作为官方的多元主义的思想体系，并积极支持发展多元文化教育，在 20 世纪八十年代完善了多元文化教育的组织体系：每个州有一个官方的多元文化教育咨询委员会或相当的组织，国家设有多元文化教育咨询和协调委员会，并对各州的委员会进行领导。

然而，我们应该看到，“多元主义和双文化教育工作者的影响近年来大大减退。”[①]在美国出现的新的保守运动极力推行同化、国家自尊和爱国主义。近年来，许多课程中关于少数族群的内容比 20 世纪七十年代早期的同类课程要少；许多学区弃置了他们的多元文化教育的机构；在许多学校的议事日程上，对于少数民族问题少有优先考虑。

多元主义强调了文化和民族性的重要性，提出了族群文化的本质、有色学生的学习风格和民族认同，这对于教育和课程改革都是很有价值的。然而，多元主义的发展也引起了人们的质疑。班克斯说：“然而，多元主义夸大了文化多元主义在现代社会中的程度，而未能注意到美国社会中出现了高层次的文化（如果不是制度的）同化这一事实。”[②]戈登对美国社会中的文化多元主义的程度提出了严肃的质疑，说：“制度的多元主义……是理解美国社会民族结构的主要因素，而文化多元主义则是个次要因素。”[③]

① 谢宁. 面向 21 世纪的基础教育和民族教育[M]. 北京：气象出版社，1992：287.

② Banks，J. A. Cultural Diversity and Education—Foundation，Curriculum，and Teaching[M]. Fourth Edition. Boston：Allyn & Bacon，2001：115.

③ Gordon，M. M. Assimilation in American life：The Role of Race，Religion，and National Origins[M]. New York：Oxford University Press，1964：159.

对族群文化差异的夸大和忽视，对学校政策是同样有害的。多元主义未能注意到绝大多数族群成员所参与的文化是相当广泛的，这样，多元主义就不太注意培养学生应付族群之外的真实世界。多元主义最致命的地方是，没有说明多元主义国家如何保持社会的凝聚力。

多元文化课程倡导者的一个最重要的理由是，美国社会的人口构成发生了变化，即有色学生的人数的比例在不断增加，因此教育要反映这些有色学生的文化和传统。然而，纽约市昆斯学院的英语教授路易斯·墨南认为，外国出生的人在美国人口中所占的比例比六七十年前低得多；不同族裔之间的通婚率大幅度提高；如果多元文化论是指真正意义上的多样化的话，美国不是更趋向文化多元化，而是反之。当整个文化有意突出多样化时，多样化已经不存在。因此，他认为，美国在种族构成和文化多样化上，像是一桶由不同颜色配好的漆，而不是许多人所谓的马赛克。[①]有色学生占人口总数的比例的确在逐年提高，但不应忽视这一事实：即有些有色学生本身就是出生在美国。这些人的文化认同并不仅仅认同与其族裔有关系的国家的文化，或者说很少认同这些他们从未接触到的文化和传统；其实他们还认同或者更多认同在美国社会中所接触到的文化。现在非裔美国人的祖先在美国生活了几百年，欧洲文化对他们也产生了并将继续产生着重要影响。要想使非裔美国学生脱离欧洲文化而转向非洲文化的想法和做法都是极端的和幼稚的，因此注定是要失败的。另外，由于通婚的缘故，哪一个种族都不是纯种，“美国众多的黑人极有可能有白人、印第安人或拉美人的血统，许多出身于古老家族的白人很可能有他们不知道的黑人或印第安祖先。”[②]“事实

① 威廉·亨利. 为精英主义辩护[M]. 胡利平译. 南京：译林出版社，2000：63-64.

② 威廉·亨利. 为精英主义辩护[M]. 胡利平译. 南京：译林出版社，2000：76.

上，我们常常听到有人说，美国黑人和白人之间根本就无法比较。”[①]所以，多元文化主义者所提出的人口构成的变化是倡导多元文化课程的依据的问题，还应该进行认真的分析。

在多元文化课程开发中，常常错误地把文化认同视为静态的、不变的，其实，文化认同在群体成员当中是复杂的、变化的。社会科学家有时指出，在非裔美国人、妇女、失聪学生或男同性恋学生当中，没有一种可以确定的文化认同，在他们当中只是有许多复杂的、变化着的认同。[②]从这个角度看，文化群体就是高度不同的、复杂的和变化着的实体。多元文化课程应该对学生复杂的文化认同和特点做出反映，并帮助学生探讨和确定其文化认同，进而帮助他们在国家共同文化中成为有能力的参与者。

我们应当看到，多元文化课程倡导者所要求反映的有色学生的文化和传统更多的是来自古代和域外（如黑人文化的源泉是埃及，暂且不论对与否）。许多多元文化主义者把人们认可的“埃及是具有悠久历史的文明古国”的观点有意地进一步引申，认为埃及文化代表了黑人文化，其实埃及结出灿烂果实的文明在时空上都远离大多数美国黑人的祖先的国度。哈佛大学美国黑人研究系的克瓦姆•阿皮亚教授在1993年2月的《泰晤士报》文学副刊上撰文，对非洲中心论展开全面抨击。他首先对单数而不是复数意义上的“非洲文化”一词提出质疑。他写道：“认为只有一种单一的非洲文化，既包括几千年前尼罗河上游的诸文明古国，又涵盖当代非洲大陆一千余个语区的想法实在荒诞可笑。”[①]他进一步阐述了无论西方文化或者非洲文化都不存在一种完全的共性，并说道：“共性论因此不仅令人

① 威廉•亨利. 为精英主义辩护[M]. 胡利平译. 南京：译林出版社，2000：76.

② Banks，J. A. Cultural Diversity and Education—Foundation，Curriculum，and Teaching[M]. Fourth Edition. Boston：Allyn & Bacon，2001：133.

费解，而且可笑。”[②]

威廉·亨利认为，宣扬多元文化主义的另一个借口就是，把一些族群不成功的原因统统归因于他们是受害者（这一点对于黑人无疑是成立的）。他说：“无论这些作者（指多元文化论著作的作者）如何玩弄辞藻，拐弯抹角，用意只有一个，要求成功的人应为这些群体的失败负责，把足资引以为豪的成功说成是应该受到谴责的明证。”[③]在亨利看来，“不成功”有制度上的偏见和歧视的原因，但也有遗传的因素，许多学科对此进行了论证，也有个人的后天努力的因素。归因要全面，否则就会产生偏颇。亨利说：“依我看，在所有文化之间划等号以安抚美国黑人或其他少数族裔，而不是鼓励他们同身处其中的文化中的佼佼者竞争看齐的俯就态度，才是真正的种族主义。”[④]他还说：“多元文化论的理论和课程却给青少年的愤世嫉俗情绪蒙上了一层貌似合理的光环，给予了它一种宗派意义上的肯定。”[⑤]“任何一种社会制度，如果把穷人的命运完全归咎于他们自己的话，显然是有缺陷的。同样，任何一种社会制度，如果不敦促其成员尽其所能改善自己的命运的话，也是有缺陷的。[⑥]

对于社会上种族主义的受害者有两种看法。一是这些受害者应该受到谴责，该观点强调个人的动机、价值观、感受和目标，认为个人的成功或失败是由个人的能力所造成的，许多人把能力和努力与社会上的成功联系起来。赖安（Ryan）（1971）在《谴责受害者》（*Blaming the Victim*）一书中，认为受害者应该为其境况负责，这些

① 威廉·亨利. 为精英主义辩护[M]. 胡利平译. 南京：译林出版社，2000：79.
② 威廉·亨利. 为精英主义辩护[M]. 胡利平译. 南京：译林出版社，2000：80.
③ 威廉·亨利. 为精英主义辩护[M]. 胡利平译. 南京：译林出版社，2000：65.
④ 威廉·亨利. 为精英主义辩护[M]. 胡利平译. 南京：译林出版社，2000：14-15.
⑤ 威廉·亨利. 为精英主义辩护[M]. 胡利平译. 南京：译林出版社，2000：91.
⑥ 威廉·亨利. 为精英主义辩护[M]. 胡利平译. 南京：译林出版社，2000：135.

人应该受到谴责。一是社会制度应该受到谴责，该观点认为成功或失败一般应该归因于社会和经济制度而不是个人自身。西方世界倾向于认为个人应该为其问题负责，并常常把少数群体视为思想和行为上不正常的人。①

M·李·曼宁（M.Lee Manning）和勒罗伊 G·巴鲁特（Leroy G. Baruth）（1996）针对“谴责受害者”的问题，提出了更人道主义的观点。他们认为，教育者有几个方面的义务：第一，教育者应该认识到这一事实，即受害者常常因为其困境而受到谴责；第二，教育者不要运用其中产阶级的背景作为谴责受害者没有努力改变其生活境况的基础；第三，教育者应该为受害者提供个人和职业的帮助。教师必须理解儿童和青少年是如何成为受害者的，以及受害者在改变其生活过程中所遇到的困难；第四，教育者应该在更大范围内尽自己的力量减少种族主义、贫穷、失望、不公正和歧视，这些方面会使人成为受害者。②

第三节　理论张力下的多元文化课程

学校课程设置是对立的同化主义与多元文化主义在教育上争夺的核心和战场，从理论上讲，多元文化课程是这两种对立观点冲突与妥协的结果。在将多元文化主义的价值观融入课程的途径和目的方面，冲突颇多。在文化多元的民主社会中，使文化平等与公民教育处于某种恰当的平衡，是多元文化课程首先要面对的问题，需要

① Sue，D. W. Counseling the Culturally Different[M]. New York：John Wiley，1981.

② Manning，M. L. & Baruth，L. G. Multicultural Education of Children Adolescents[M]. Second Edition. Boston：Allyn & Bacon，1996：329.

认真思考。在多元化的民主社会中，是否应该在任何情况下都认为所有文化都是平等的呢？当少数族群与多数族群存有异议时，如何在目的、方法和内容上确定共同接受的多元文化课程呢？为了“平等”的目的，在多大程度上可以“重编”历史和社会科学课程呢？如果承认历史研究和历史文献需要解释的话，那是否也要承认历史教学应受公民教育目的的支配这一观点呢？公民教育是否培养学生如何获取信息、分析信息并批判地运用信息呢？赫伯恩认为，共存的多元文化论似乎为有效地认识和理解多元社会的种族和族群提供了最大的可能性，为维护民主社会的健康发展所需的民族团结提供了最好的前景。①

同化主义和多元主义是两种相反的力量，是对立的，但二者具有共生性，即一方的出现必然引发另一方的出现。我们不能认为，某些民主国家如美国、加拿大或澳大利亚等已经放弃了同化主义，走向了多元主义；在教育上，同化主义课程发展为多元文化课程。其实，同化主义与多元主义过去是并存的，现在和将来也必然是结伴而行。同化主义课程和多元文化课程始终是两种对立的课程观，同化主义课程在上述这些国家中仍占主导地位，是最有影响力的课程观；多元文化课程是对同化主义课程的反动，从产生至今，一直在左派和右派的夹缝中蹒跚而行，保守派与激进派一直向其发难。由于多元文化课程的理论基础——多元文化主义逻辑上的先天缺陷，多元文化课程也就显得命运多舛。

乔恩·尼克松（Jon Nixon）（1985）认为，多元主义已经陷入了“两难”：一方面，它要求学校课程要承担起政治使命并具有一定的政治目的；另一方面，多元文化课程又把所反对的偏见和歧视

---

① Manning，M. L. & Baruth，L. G. Multicultural Education of Children Adolescents[M]. Second Edition. Boston：Allyn & Bacon，1996：329.

看作是知识和态度问题，忽视了社会制度所造成的偏见和歧视。多元主义的这一两难，进而造成了多元文化课程的两难。“多元主义”这个词是在政治和经济利益斗争中产生和发展起来的，因此不能对其“去政治化”。而多元主义指导下的学校课程一旦“政治化”，也就很难坚持“所有文化都是平等”的了，也就很难倡导不同文化之间的和谐共存了，由此就容易导致多元文化课程的极端范式的出现，如“非洲中心课程”。

对多元文化课程持反对态度的人认为，“学校中的多元文化主义主要是关于控制的”①。法鲁克·丹迪（Farrukh Dhondy）就认为，英国最早出现“黑人研究”课程的根本原因是“鼓励认识自己和意识到自己的权力”②。克里斯·米勒德（Chris Mullard）同样指出，多元文化教育“在实践上只不过是更为复杂的社会控制形式，这一控制试图歪曲和重新界定学校和社会中的种族主义的现实”③。黑兹尔·卡比（Hazel Carby）对于这一点说得更简明，他说：“多元文化课程一开始就是社会控制的国家策略。”④多元主义的批评者认为，平等是不会通过文化多样性来取得的，平等不可能脱离政治领域。“不管是在课堂，还是在整个社会，如果不致力于提高对不平等的现状的理解和坚决反对，要想实现相互容忍，就必须试图进行意识形

① Nixon，J. A Teacher's Guide to Multicultural Education[M]. Oxford，OX：Basil-Blackwell Ltd，1985：23.

② Nixon，J. A Teacher's Guide to Multicultural Education[M]. Oxford，OX：Basil-Blackwell Ltd，1985：24.

③ Mullard，C. Racism in Society and school：History，Policy and Practice[A]，1980. Quoted from Nixon，J. A Teacher's Guide to Multicultural Education[M]. Oxford，OX：Basil- Blackwell Ltd，1985：24.

④ Carby，H. Schooling. in Babylon[J]. In Centre for Contemporary Cultural Studies，1982：194.

态的控制。”[①]

多元文化主义提倡对基本的民主共存的价值观的普遍认可（如“所有人具有平等的自由”“所有人具有平等的机会”等），认为这是多元文化社会存在和发展的必要条件，而“从最广泛的意义上说，多元文化主义是所有群体和个人获得平等机会的政治乌托邦”。[②]因为只要个人的自由受到限制，多元文化主义的理念就不会实现。反过来讲，如果个人的自由毫不受到限制，多元文化主义的理念也同样不会实现。当今，美国的多元文化主义旨在寻求多样性而不是统一性，它所信奉的后现代主义的“去中心化思想”与多元文化主义的“去西方化思想”相结合，正试图剥夺欧洲文化在美国的特权，从而为新的“隔离”铺好了路子。我们知道，多元文化主义是在消除“种族隔离”的斗争中产生的，而它现在又在创造出新的“文化隔离”，因此多元主义不仅面临着两难的问题，而且正在陷入不断循环的怪圈。

文化多元主义追求平等，这不仅体现在族群和文化上，在教育上也要求妇女和有色人种的教育机会的平等。H.普伦蒂斯·小巴蒂泽（H. Prentice Baptise Jr.）和米拉·巴蒂泽（Mira Baptise）说：“文化多元主义的重要原则是平等、相互接受和理解以及道德认同感。”[③]

文化多元主义应该追求平等性原则，多元文化课程也应该追求所有文化都具有平等的地位，但如何界定“平等”就出现了问题。“平等机会可以导致平等的结果，但平等的结果并不是由平等的机会

---

① Nixon，J. A Teacher’s Guide to Multicultural Education[M]. Oxford，OX：Basil-Blackwell Ltd，1985：24.

② Hans-Ulrich Musolff. Multiculturalism as a Pedagogical Problem[J]. European Education. Fall，2001，33（3）：5-18.

③ Baptise，H. P. Jr & Baptise，M. Developing Multicultural Learning Activities[A].

所可以保证的。”[1]课程中描述不同族群的文化并不能保证这些族群的学生拥有平等的结果。基于此，保守派对促进文化平等、反种族主义、反性别主义和双语主义的多元文化课程计划提出了质疑。

弗朗茨·博厄斯（Franz Boas）认为，每一种族都具有一种文化，所有文化都是相对平等的。卡伦也肯定了文化的独特性和均等性。但他们都没有证明在均等的标准内如何比较文化，而“这种比较是文化人类学研究的重要部分”[2]。韦伯斯特（Webster）认为，尽管“平等和不平等的标准不能用于文化，……文化既不是平等的，也不是不平等的”，但“如果不同时对文化的相似性进行观察的话，如何才能看到文化的差异呢？”[3]看不到文化之间的差异，就不可能在课程中渗透多元文化，编制多元文化课程首先要分析文化之间的差异，同时还必须探讨文化之间的共性，这就使追求平等的多元文化主义及其课程陷入了困境。面对多元文化主义的两难和困境，弗莱拉斯（Fleras）和埃利奥特（Elliott）（1992）提出了分析多元文化主义的内涵必须考虑的四个方面：1．客观现实，2．意识形态，3．官方政策，4．过程或实际实施情况。[4]

对于多元文化课程中的同化主义与多元主义的讨论，美国人常常关注以下这些问题：“州所赞助的学校的正当作用应该是什么？美国社会中种族和民族性的性质是什么？公费学校在维护少数民族

① Webster，Y. O. Against the Multicultural Agenda：A Critical Thinking Alternative[M]. Sixth Edition. Westport，CT：Praeger Publishers，1997：24.

② Webster，Y. O. Against the Multicultural Agenda：A Critical Thinking Alternative[M]. Sixth Edition. Westport，CT：Praeger Publishers，1997：24.

③ Webster，Y. O. Against the Multicultural Agenda：A Critical Thinking Alternative[M]. Sixth Edition. Westport，CT：Praeger Publishers，1997：24-25.

④ Eldering，L. Multiculturalism and Multicultural Education in an International Perspective[A]. 1996. In Fred Schultz. Multicultural Education. 98/99.（Fifth Edition）[C]. Guilford，CT：Dushkin/McGraw·Hill Sluice Dock：94-100.

青年的价值观、文化和语言上采取什么态度？”[①]对于学校课程的理论基础，人们存在两个极端：即坚定的同化主义和坚定的多元主义。多元文化教育课程的目标具有二重性。其一是建立在“同化主义”基础上的追求多元文化社会共存所需要的“同一性”或“一致性”；其二是建立在“多元主义”基础上的承认少数族群和群体的文化的重要性并尊重之。其实，二者是辩证统一的，它们始终保持在一定张力的平衡之中。“共同性的观点与区别的概念不可分，因为平等的权利就意味着承认保持差别的权利，无论是个人还是民族都是如此。[②]多元文化教育中所追求的“同一性”的目标并不是由全面同化来把一切扯平，而是承认所有民族文化的持久重要性。“少数民族文化与多数民族文化没有区别，一种文化与另一种文化具有同等价值。”[③]课程设置应该使所有儿童都有同等机会获得关于“自己的文化”的全面而适当的知识。

由多元文化和多民族所构成的社会，要想在多元主义的基础上最有效和谐地运行，就必须使所有族群——不管是少数族群还是多数族群——的成员聚合为一个整体，就必须有一套共同接受的价值观和实践的标准；同时也应允许甚至支持少数族群保持其独立的民族和文化特征。然而，我们必须清楚，这种“统一”与“多样”之间要保持某种平衡是极其困难的。如果一个社会要为所有成员提供利益和机会的话，其中的少数群体和多数群体都必须承担义务。在一个民主的多元社会中，宪法和法律是所有成员都必须遵守的。要

---

① 谢宁. 面向 21 世纪的基础教育和民族教育[M]. 北京：气象出版社，1992：285.

② 托比亚斯·吕尔克尔. 多文化教育、课程及其改革战略[J]. 联合国教科文组织：教育展望中文版，1993（1）.

③ 托比亚斯·吕尔克尔. 多文化教育、课程及其改革战略[J]. 联合国教科文组织：教育展望中文版，1993（1）.

想改革，只能通过和平和民主的途径，但是政府也要根据宪法和法律，确保他们平等地接受教育、参加工作和参与社会和政治生活的机会和自由，也要确保所有群体和个人有同等的表现文化和信仰的自由。文化是变化的、发展的，而且也不存在纯粹的从不接受其他文化的文化。多数族群要以积极的态度与少数族群接触，丰富的少数民族文化的存在有利于多数族群的文化的发展。同样，少数族群也不应而且也不可能全盘僵化地保持其文化和生活方式，否则他们就不能分享社会的共同利益。要使既有社会凝聚力又有文化多样性的真正的多元主义社会得以健康运行，就必须取得保持和积极支持所有族群文化和生活方式的基本要素与使所有族群成员接受社会作为一个整体而共有的价值观之间的平衡。瑞典经济学家纲纳·缪达尔（Gunnar Myrdal）（1962）指出："黑人问题实质上并非黑人问题，而是白人对黑人的态度问题。"[①]由此可以推出，少数族群或弱势群体的教育问题不是其固有的，而是多数族群或强势群体的问题，或者是少数族群或弱势族群与多数族群或强势族群之间的关系问题。

我们应当看到，"多元文化主义"不管是作为一种理论还是作为一项政策，既没有完全被美国政府所接受，也没有普遍地被美国社会所接受。美国政府从来就没有公开声明，它现阶段实行的是多元文化政策。L·格尔森指出："移民的文化适应和同化的记录表明美国是一个熔炉国家。确曾有过熔炉冷却和凝固的时刻，但文化适应和同化的进程从未出现停顿的危险，尽管每年吸收大批合法的和非法的移民。[②]宁骚认为，熔炉论和多元文化论"在同一历史过程中

① 理查德·D·范斯科德，理查德·J·克拉夫特，约翰·D·哈斯. 美国教育基础——社会展望[M]. 北京师范大学外国教育研究所译. 北京：教育科学出版社，1984：214.

② 宁骚. 民族与国家——民族关系与民族政策的国际比较[M]. 北京：北京大学出版社，1995：559.

相互斗争，从总体上来看前者取得了决定性的胜利，而后者只争得了一些有限的地盘，并且主要是在最近三四十年里争得的”。[1]美国政府现阶段的民族政策，仍然是以民族同化为根本原则的，只不过多了一点自然同化，少了一点强迫同化。在美国的民族政策和民族关系上，依然是“熔炉”与“拼盘”的对立统一、“同化”与“多元文化”的对立统一，而且种族和民族歧视仍然根深蒂固。这是学校多元文化课程面临的社会现实，而且这两种力量都曾对并正在对多元文化课程发挥着作用、产生着影响。

对同化主义与多元主义之间存在的紧张关系，布利范特指出：“……允许民主充分主宰可能迎合作为社会多元主义组成部分的个人和团体的需要，但是这样做会削弱民族的凝聚力，因为它要通过干涉适合时尚的规则的手段，而这种规则是为了把足够的通俗文化传递给每一代儿童所必须的。[2]同化主义着眼于社会的凝聚力，而多元主义着眼于社会的多样性，虽然二者存在着某种紧张关系，但其实是对立统一的。多样性是民主社会所向往和追求的，但没有一定的凝聚力和某种一致的可靠措施，多样性很可能导致社会的崩溃；反过来，不认可或者不尊重多样性而仅强调凝聚力的社会，也是没有生机和活力的，而且这种凝聚力背后必然隐含着多样性追求分裂的隐患。在文化多元的社会中，教育必须处理好同化对多样性的压制，也必须明确在什么情况下停止对多样性的称赞和追求，以免潜在性地引起分裂。一些人用“多元主义的限制”这一措辞来说明这一两难问题。杰夫科特（Jeffcoate）（1984）说：“每个社会都要发展一种已取得一致的核心价值观念，它被概括地包括在宪法中，并

---

① 宁骚. 民族与国家——民族关系与民族政策的国际比较[M]. 北京：北京大学出版社，1995：560.

② 谢宁. 面向 21 世纪的基础教育和民族教育[M]. 北京：气象出版社，1992：307.

往往反映在它的重要机构中。”[①]这些核心价值观必须在一定程度上容忍不同文化群体之间的价值观的冲突。

哈贝马斯说：“不同种族共同体、语言集体、宗教群体和生活方式之间的平等共存，不能以社会的零散化为代价。”[②]同时，他还认为，共同的政治文化必须保持强大的约束力，只有这样才能保证公民国家不会四分五裂。J•拉兹（J. Raz）（1994）说：“多元文化主义在承认一个政治社会中永远都会存在着若干文化群体的同时，也要求确立一种共同的文化，……所有文化群体的成员将不得不接受一种共同的政治语言和公约，因为它们可以有效地促使人们参与资源竞争，参与保护集体和个体的政治利益。”[③]尽管多元文化主义可以看作是后现代主义在文化上的体现，但像后现代主义大师哈贝马斯也不赞同“什么都行”和“为多元而多元”的多元文化主义。激进的多元文化主义者容易走向极端的相对主义，这不仅把多元文化主义引向了泥潭，而且招致众多的批评。批评者主要担心的是，多元文化主义可能造成分离主义，并导致民族国家的分裂，加拿大“魁北克问题”的出现，就是激进多元文化主义者所为。我们认为，不管多元文化主义者如何要求文化的多元和平等，以及向主流文化提出挑战，有一点是必须坚持的，那就是要确立并维护一种“核心文化”，以及建立在“核心文化”基础之上的“统一的政治文化”。这是任何一个民族国家在实施多元文化主义时都必须坚持的。每个国家的教育之所以存在和发展，就在于它维护国家的统一和发展，

---

① 谢宁. 面向21世纪的基础教育和民族教育[M]. 北京：气象出版社，1992：308.

②尤尔根•哈贝马斯. 包容他者[M]. 曹卫东译. 上海：上海人民出版社，2002：167.

③尤尔根•哈贝马斯. 包容他者[M]. 曹卫东译. 上海：上海人民出版社，2002：168.

以及促进个人的全面充分的发展，这是教育的两个最基本的功能。从教育目的看，长期以来，教育目的的“社会本位论”和“个人本位论”存在着争论。从辩证的角度看，无论是“社会本位论”还是“个人本位论”都必须以国家的稳定和统一为基础。这二者的辩证统一关系，在集权或民主国家中都没有很好地解决。在许多民主国家出现的多元文化主义及其指导的教育改革，如果企图借此否定主流文化及教育的核心价值观，那都有偏执狂之嫌，如此，不仅葬送民族国家及其教育，而且也会断送积极健康的多元文化教育的未来。“多元一体”或“和而不同”，无论在什么情况下，都是多元文化主义和多元文化教育必须坚持的指导思想。即使世界多元文化教育的核心人物班克斯也提醒，不要使多元文化教育走向极端。“一体”和“和”即“同一性”，是“总摄多样性之纲”。[①]彼得·科斯洛夫斯基认为，文化是个人和社会的历史之网，“多元主义没有回答文化的意义问题，因为它没有严肃地对待这个问题”。[②]

“在20世纪六十至七十年代期间，当多元主义昂首向美国生活中的同化主义的主导地位挑战时，同化主义者们赢得了战斗的胜利，并控制了国家的学校，像过去有过的情况一样。”[③]但是我们应该看到，尽管同化主义在与多元主义斗争中占了上风或者说赢得了胜利，但这时的同化主义的理论和实践已不同于各地移民移居美国时所出现的同化主义。也就是说，同化主义的胜利不是完全的，20世纪六七十年代的强大的多元主义运动毕竟留下了一笔持久的遗产。基于

---

① 彼得·科斯洛夫斯基. 后现代文化——技术发展的社会文化后果[M]. 毛怡红译. 北京：中央编译出版社，1999：82.

② 彼得·科斯洛夫斯基. 后现代文化——技术发展的社会文化后果[M]. 毛怡红译. 北京：中央编译出版社，1999：188.

③ 谢宁. 面向21世纪的基础教育和民族教育[M]. 北京：气象出版社，1992：287.

多元主义的星星点点的学校改革悄然进行着，而且正慢慢地制度化。例如，现在美国的历史和社会学科中的有关黑人和西班牙裔美国人的内容，比20世纪七十年代早期民族复兴运动鼎盛时期时少，但都包含一些少数民族文化和历史的资料。正如人所经历的每一件事情都会在人的记忆中留下一撇，社会历史发展的长河中的每一件事情同样也会对现实和未来产生影响。“有迹象表明，20世纪六十年代和七十年代的民族运动给美国社会留下了一个标记，国家再也不能把民族问题从议事日程上去掉了。”①

同化主义与多元主义围绕着民族认同和国家课程内容的激烈争论，一直在持续着，这反映了美国日益紧张的种族危机。进入21世纪，对于新的种族熔炉的多元文化的讨论还是非常热烈的。我们应当看到，“同化主义”与“多元主义”的争论双方都把自己的价值观看作是评价主张的最终标准。每一方都在自己的价值观参照系中证明其观点，而没有注意到自己观点的无数的缺点和漏洞。多元文化课程从萌芽至今已有几十年了，但今天，影响强大的同化主义、爱国主义和民族主义的课程观依然蔓延于美国学校，而且正在向多元文化课程的理想和发展提出严峻的挑战。然而，美国社会中的民族和文化的多元主义是压抑不住的，已处于牢不可破的地位。同化主义和多元主义的课程观之间的冲突将继续在美国学校中存在，两种力量将永远不会经历完全的胜利。摆钟将不断地从一种力量摆向另一种力量。同化主义与多元主义注定要以微妙而又紧张的“张力”平衡，支撑起美国学校课程的理论基础。在这种微妙而又紧张的平衡中，多元文化课程的健康发展必须面对三个问题：即社会凝聚力、文化特性和机会均等，这三个方面在某种意义上说，是对立统一的。

① 谢宁. 面向21世纪的基础教育和民族教育[M]. 北京：气象出版社，1992：287.

多元文化课程就是要妥善地处理这三者的关系，并使这三者处于一种相对平衡的状态。

班克斯认为，多元主义和同化主义都提出了些有用的假设，并提出了学校课程改革的一些建议，但是“这两种思想意识从其理想形式上看，都不足以指导教育改革”[①]。因此他提出了“多元文化思想意识”（multicultural ideology）。他认为，这一思想既反映了二者的立场，又避免了它们的极端，而且更符合西方社会的现实。多元文化思想意识居于文化多元主义与同化主义的中间（如表 2-1 所示）。

表 2-1　西方社会关于少数民族和多元主义的思想意识

文化多元主义思想意识	多元文化思想意识	同化主义思想意识
分离主义 最初的单一主义 强调少数民族 群体权力是根本 共同的祖先和遗产的统一	开放的社会；多元文化论 普遍化的原始论 多数民族和少数民族享有的权利 群体和个人受限制的权力 民族依恋和共同公民文化观念与个人忠贞的竞争	完全整合 普遍化 强调多数民族 个体权力是根本 共同文化统一观念
研究假设	研究假设	研究假设
少数民族文化有完善的次序、严密的结构，但却不同（语言、价值观、行为等） 文化差异研究模式 少数民族拥有独特的学习风格	少数民族文化拥有一些独特的文化特点，然而少数和多数群体共享了许多文化特征、价值观和行为风格 双元文化研究模式 少数民族拥有一些独特的学习风格，但也共享了其他群体的许多学习特点	亚文化群体所具备的特点使其成员在共同文化中不能成功地发挥其作用，它们是被剥夺、病理的、缺乏必要的功能性特点、社会病理研究模式和（或）起源研究模式 人类学习网络和特点是普遍的

① Banks，J. A. Cultural Diversity and Education—Foundation，Curriculum，and Teaching[M]. Fourth Edition. Boston：Allyn & Bacon，2001：115.

（续表）

课程	课程	课程
采用与独特文化相匹配的材料和教学风格。课程的目标应是帮助学生在他们自己的民族文化中更成功地发挥作用，并帮助他们把他们的民族群体从压制中解放出来	课程应尊重儿童所属的民族，采用积极的方式对待它；课程的目标应帮助学习学习如何在共同的文化他们自己的民族文化和其他民族文化中更有效地发挥途径	采用与共同文化相关的材料和教学风格，课程应帮助学生履行有关共同的公共文化和它的理想观念的义务
老师	老师	老师
少数民族学生需要与他们有相同种族和民族角色模式的熟练的老师，要更有效地学习且更积极地发展自我概念和认同	学生需要老师对他们的民族文化拥有广博的知识，保持敏感性并具有良好的认知风格	一个熟悉学习理论并且能够有效实施这些理论的熟练的老师对于任何群体的学生来说都是一个好老师，他不在意学生的民族、种族或社会阶层。其目标是培养好的老师

（资料来源：Banks, J. A. Cultural Diversity and Education—Foundation, Curriculum, and Teaching[M]. Fourth Edition. Boston: Allyn & Bacon, 2001: 118.）

多元文化思想意识的理论建构水平不如另外两个高，但它也对现代社会的本质、国家目标及教师教育和学校课程提出了许多假设。多元文化思想意识认为，文化多元主义夸大了个人社会化过程中族群的重要性，而同化主义则极大地掩盖西方社会和个人生活中的文化和族群的作用，这样，二者都未能真实地描述社会现实。纵然族群在个人社会化的过程中非常重要，但个人在早期社会化过程中同样会受到国家共同文化的强烈影响，即使他们从来也没有离开过该族群。另外，即使族群有某些独特的文化特点，但是社会中的所有群体都有许多共同的文化特点和价值观。社会流动使某些族群的特点就显得不那么重要了，但这些特点不会消失。许多在文化上被高度同化的族群成员仍保留着各自的民族机构和象征。①

班克斯说："多元文化理论家认为，分裂主义（多元主义者所主张的）和整合主义（同化主义者所主张的）都不是理想的社会目标，而应该展望一个开放的社会，在这样的社会中，不同文化、民族和社会阶层群体的个人都拥有平等发挥作用和参与的机会。"②在开放的社会中，个人可以充分地利用所有社会、经济和政治机构中的机会和便利条件，而不用考虑自己的血统和民族认同。他们在保留其独特的民族和文化特性的同时还可以充分参与社会，并能够自愿地、最大限度地与他人接触而不用考虑血统、性别或阶层的资格。但这个多元文化的、开放的社会，必须拥有一套符合国家理想的核心价值观如正义、平等和人的尊严，而且社会中的所有成员都必须遵守这些价值观。这些价值观是文化中保持并促进社会凝聚力的因素。

在这样的理想社会中，学校课程的目标就应该是使学生在自己的民族文化、国家主流文化和其他民族文化中有效地发挥作用。然而，多元文化理论家强烈地感到，学校课程不应该使学生疏远对他们文化和民族的依恋，而应该帮助他们明确他们的文化和民族的身份并意识到其他的文化和民族。多元文化理论家认为，课程应该反映不同族群的文化和共同的国家文化；学生需要学习所有这些文化，以便在民主多元的国家中成为有效的参与者和决策者；学校课程应该尊重学生的民族文化和知识并积极地利用它们。多元文化的思想意识是既反映同化主义立场又反映文化多元主义立场但又避免二者

① Gordon，M. M. Assimilation in American life：The Role of Race，Religion，and National Origins[M]. New York：Oxford University Press，1964.

② Banks，J. A. Cultural Diversity and Education—Foundation，Curriculum，and Teaching[M]. Fourth Edition. Boston：Allyn & Bacon，2001：117.

的极端的折中主义的思想意识。班克斯认为，这种思想意识能够最好地指导教育政策和课程改革。

然而，多元文化思想意识在指导学校课程改革时，如何处理学校与学生民族文化之间的关系问题，仍是个难题。学校课程应该反映学生的民族文化，也应该反映社会的共同文化，但这两种文化在准则、价值观和期望等方面有时是冲突的，个人如何在这两种文化中发挥作用呢？班克斯说："尽管我支持多元文化思想意识并提出在该思想意识的框架中进行课程改革的建议，但是要想满意地解决该思想意识中所固有的所有难题也是非常困难的。"①在班克斯看来，学校应该允许不同文化群体成员实践其特有的文化行为，但这些行为必须与学校的主要目标不发生冲突。他还说："学校的主要目标之一是教给学生阅读、写作、计算和思维。学校不能鼓励禁止学生学习这些基本技能的文化或民族行为。"②班克斯倡导的多元文化思想意识，确切地说，是强调"一体"框架中的"多元"和"多元"条件下的"一体"。这一思想意识较好地解决了多元文化课程中"同化"与"多元"的张力平衡的问题。

在班克斯看来，同化主义和文化多元主义的产生都是对美国社会中的民族性本质的错误的或者肤浅的分析所导致的。同化主义源于对美国社会中民族性的两种概括："与盎格鲁一致（Anglo-conformity）"和"熔炉"；文化多元主义源于对美国社会中的民族性的被称为"多元主义"的概括。班克斯认为，这两种概括都是不

① Banks，J. A. Cultural Diversity and Education—Foundation，Curriculum，and Teaching[M]. Fourth Edition. Boston：Allyn & Bacon，2001：120.

② Banks，J. A. Cultural Diversity and Education—Foundation，Curriculum，and Teaching[M]. Fourth Edition. Boston：Allyn & Bacon，2001：120.

恰当的。于是，他提出了“多元的文化适应”（multiple acculturation）的概括。[①]

“与盎格鲁一致”就是，少数族群放弃其文化特点而接受盎格鲁一撒克逊新教徒的文化，这是一种单向的同化方式。“熔炉”就是，不同的民族文化融合在一起并合成为一种不同于任何原有民族文化的新文化。“文化多元主义”从其极端的形式上看，认为美国是由不同的民族亚社会构成的，其中每一种亚社会都有一套独立性程度很高的准则、风俗、价值观和信念。

这些概括都有严重问题。“与盎格鲁一致”误认为：盎格鲁—撒克逊人在美国的变化很少而其他族群则发生了全面的变化。这种认识是不完全的、单向的和静态的。人类文化是复杂的、动态的，不可能像铁那样熔化，因此熔炉也是一个不准确比喻。而文化多元主义则否定了这一现实，即有一种所有美国人不管其为何种族群在很大程度上都共有的普通的美国文化，“这种文化包括美国信条的价值观，如理想、美国英语、技术化和工业化程度很高的文明、资本主义经济以及对物质主义和消费的崇拜”[②]。

科登（Cordon）认为，制度多元主义（structural pluralism）最好地说明了美国社会民族的现实。据科登研究，虽然美国的族群已经经历了文化同化的高层阶段，但是该国的特点是制度多元主义。换句话说，虽然族群在文化上被高度同化（同化进主流的盎格鲁—美国文化），但都有独立的亚社会如非裔美国人互助会、犹太人社交

① Banks，J. A. Cultural Diversity and Education—Foundation，Curriculum，and Teaching[M]. Fourth Edition. Boston：Allyn & Bacon，2001：120.

② Banks，J. A. Cultural Diversity and Education—Foundation，Curriculum，and Teaching[M]. Fourth Edition. Boston：Allyn & Bacon，2001：120.

俱乐部和奇卡诺人电影院。[①]

“多元的文化适应”比较准确地说明了美国文化的过去和目前正在发生的情况。盎格鲁—撒克逊新教徒的美国白人（WASP）的文化在美国已发生了一定的变化，同样亚洲移民文化也发生了变化，这些文化的变化就是多元的文化适应。那种认为美国共同文化就是 WASP 文化的观点，是不准确的。

由图 2-1 可以看出，WASP 文化对美国文化的发展影响最大，每一种民族文化都影响了并正在影响着 WASP 文化并受其影响。多元的文化适应表明，每一种文化都受其他文化的影响并影响其他文化，这就形成了美国普通文化，而且这一过程今天仍在继续。帕特森（Patterson）（1877）说：“除一些小的人群如新英格兰文人雅士（Brahmin）精英，绝大多数祖先是英国新教徒的美国人都放弃了他们原有文化的民族特性，反过来支持美国普通文化中的精英的看法。”[②]由此可以看出，班克斯的“多元的文化适应”恰当地揭示了多元文化社会中共同文化与各种亚文化之间的相互作用的关系，对于调和处于两极的同化主义与多元主义的平衡关系具有重要的启发和指导意义。

---

① Gordon，M. M. Assimilation in American life：The Role of Race，Religion，and National Origins[M]. New York：Oxford University Press，1964.

② Patterson，O. Ethnic Chauvinism：The Reactionary Response[M]. New York：Stein & Day，1977：167.

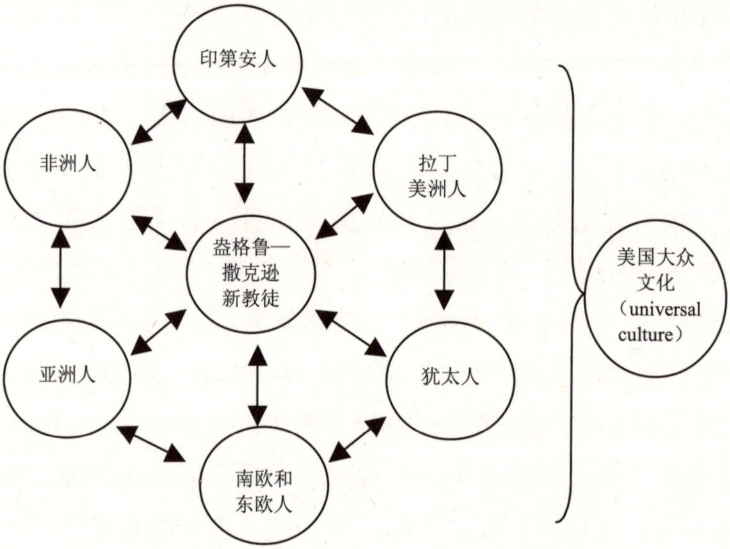

图 2-1　美国大众文化对各民族的影响

第三章

理性与激进

——多元文化课程的对立范式

多元文化课程是不同族群利益冲突与妥协在教育和课程中的反映，这种冲突与妥协，从理论上讲，主要是围绕着“同化”还是“多元”展开的。无论“冲突”与“妥协”，还是“同化’与“多元”，在多元文化课程的理论和实践中都引发了对立的范式，这两种对立的范式表现为“多元文化课程的理性范式”与“多元文化课程的激进范式”。它们各有自己的理论基础、假设、目标和概念体系等。

第一节　范式及相关研究

库恩（1970）给“范式”的定义最有影响。他认为，范式就是“一定（科学）团体成员所共有的信念、价值观、技巧等所组成的一个完整的集合”[①]。从该定义可以看出，不同的科学团体具有不同的范式，也就是说，范式具有个人倾向性；另外，一门学科的规律、原则、解释和理论也都是该学科范式的组成部分。库恩所论证的范式的定义主要是从自然科学出发的，绝大多数实例也是取自自然科学。因此，尽管库恩认为新范式取代旧范式是“科学的革命”，但是在社会科学中并非如此。社会科学缺乏普遍的规律、原则和理论，而且社会科学的特点是许多解释体系都具有竞争性。在社会科学中，要取得公认的范式是不可能的，特别在多元文化课程中更是如此，因为多元文化课程是冲突与妥协的结果，不同群体都会从自身利益出发来对待多元文化课程，所以即使把多元文化课程的假设、理论、原则等看作多元文化课程的范式，这些范式之间也存在矛盾和对立。其实，库恩也怀疑社会科学发展起了真正的公认的范式。库恩写道：“到底是社会科学的哪些部分已经获得了这样的范式，这仍然是个公

① Kuhn，I. S. The Structure of Scientifc Revolutions（second edition）[M]. Chicago：University of Chicago Press，1970.

开的问题。历史表明，研究要取得坚定的一致将是极端困难的。”①

尽管巴尔内斯（Barnes）（1982）基于库恩的研究也提出了一个范式的概念，但他也是从自然科学出发的。基于库恩的范式的定义，我们认为，社会科学的范式可以这样理解：解释人类行为或社会现象以及表明政策和行动的一组相关的事实、假设、概念和理论，而同时也是一组解释，即具有可以描述出来的具体的目标、原则和价值观。在社会科学和公共政策领域，不同范式之间是相互竞争的。

班克斯对多元文化教育的范式进行了研究，提出了十种范式，即民族附加范式、自我概念发展范式、文化剥夺范式、语言范式、种族主义范式、激进（radical）范式、遗传范式、文化多元主义范式、文化差异范式、同化主义范式（如表 3-1 所示）。

表 3-1　多元文化教育范式

模式	主要假设	主要目标	学校计划与实践
民族附加	民族内容可加入课程，但无需进行重新概念化或结构化	通过附加特定单元，课时和民族假日以完善课程	开设特定的民族研究单元，民族研究课程主要包括民族食物和假日；介绍民族英雄
自我概念发展	民族内容可以帮助提高少数民族学生的自我概念。少数民族学生具有很低的自我概念水平	提高少数民族学生的自我概念和学术成就	开设特定的民族研究单元，其重点强调族群对组建国家所作出的贡献；开设特定单元介绍民族英雄
文化剥夺	许多贫穷的少数民族青少年所进行社会化的家庭和社区，都阻碍他们习得学校中需要完成的认知技能和文化特点	将这些贫穷和少数民族青少年送入学校，使其弥补认知赤字和造成交际障碍的文化特点	接受行为主义的和集中的义务教育，例如美国的“学前儿童启智和坚持”（Head Start and Follow Through）计划

① Kuhn，I. S. The Structure of Scientific Revolutions（second edition.）[M]. Chicago：University of Chicago Press，1970.

（续表）

模式	主要假设	主要目标	学校计划与实践
语言	少数民族和语言占少数的青少年经常在学校取得较低成就，这是因为在他们的母语中并没有教育要求	在儿童的母语中提供起码的教育要求	作为第二语言教授英语；双语-双文化教育计划
种族主义	种族主义是非白种人少数民族群体的教育问题的主要原因。学校能够并且应该在消除制度上的种族主义中发挥主要作用	在学校和较大的社会中减少个人和制度上的种族优越感	减少偏见，为老师开展反种族主义专题讨论及相关课程，为学生开展反种族主义课，测查整个大环境以明确减少某种种族主义的方法，包括课程材料，老师态度和学校标准
激进	学校的主要目标是教育学生，使他们愉快的接受他们自己在社会阶层中的地位。学校不能帮助解放受压制的民族和文化群体，因为在继续对他们的压抑中，学校起了关键的作用。在分阶层的资本主义社会，较低阶层的少数族群是不可能获得平等机会的。对社会结构进行激进改革是贫穷和少数族群学生获得平等的先决条件	提高学生和老师关于资本主义本质，阶级分层社会的意识水平；帮助学生和教师改造在资本主义社会中对社会和经济体制进行种族改革的义务	
遗传	较低阶层和少数民族青少年在学校常因为他们的生理特点而成就低微，教育干涉计划也无法减少这些学生与多数群体学生之间在成就上的差异，因为他们有着不同的遗传特点	创设一种以标准能力测验而测得的智力为基础的英才教育	按能力划分班级，根据智商（IQ）测验明确学生的学业目标，根据标准测验的不同分数为学生们制定不同的学生梯级

（续表）

模式	主要假设	主要目标	学校计划与实践
文化多元主义	学校应该促进民族认同和忠诚。教育计划应反映出少数族群学生的特点	促进群体维护，促进少数族群的解放，以不脱离自己文化的方式来教育少数族群学生	民族研究课程以意识形态为基础，民族学校应着重对民族文化和传统进行维护
文化差异	少数民族青年拥有丰富而不同的文化，这些文化具有各自的价值观、语言和行为方式，而这一切都会作用于他们，而且对国家来说也是非常宝贵的	对学校进行改革，对不同族群和文化的学生要尊重并使其合法化	教育计划要反映少数族群学生的学习方式，在制定教育方针时要结合他们的文化。将民族内容整合到主流课程中去
同化主义	少数族群青少年应放弃某种种族认同和义务，以便可以成为国家文化的完全的参与者。若学校培养民族义务和认同，这将妨碍少数族群青年的学术成长并助长族群紧张和巴尔干化	教育学生放弃他们的民族特点，并且教会他们习得主流文化的价值观和行为	一些教育计划以同化主义的假设和目标为基础。例如，文化剥夺计划，大多数作为第二语言讲授英语的计划和大多数西方国家的主流课程计划。尽管在二十世纪七十年代，他们受到了挑战，但西方国家的课程仍主要遵循同化主义的目标和观念

（资料来源：Banks, J. A. Cultural Diversity and Education—Foundation, Curriculum, and Teaching[M]. Fourth Edition. Boston: Allyn & Bacon, 2001: 93-95.）

在班克斯看来，多元文化教育的这十种范式不完全符合库恩的定义，也就是说，这些范式是“准范式”或“不完全范式”。[①]但是其中一些范式，如文化剥夺范式、语言范式和激进范式，构成了信念、价值观和技巧的集合，而且被一定科学团体成员所共有，人们

① Banks，J. A. Cultural Diversity and Education—Foundation，Curriculum，and Teaching（Fourth Edition）[M]. Boston：Allyn & Bacon，2001：91.

还是把它们看作有效的解释和解决问题的方法。每一种范式都有一定的观点，而这些观点都是基于判断社会好与坏的具体的价值观、假设和概念。这些范式不仅反映具体的思想意识，而且会导致不同的教育政策和课程实践。某些范式，如文化剥夺范式和语言范式，都支持主流族群的霸权和不平等的现状；也有些范式，如激进范式和种族主义范式，都暗示了政治经济制度的重建，以使那些边缘族群和社会阶层群体能够体验到平等和公正。

班克斯对多元文化课程范式的分类是全面的、具体的。这些范式从本质上来说，是多元文化课程发展史上各种解释多元文化课程的角度。这些分类只能使我们了解到人们对民族课程和多元文化课程的各种观点和解释。尽管他也提出了各种范式的主要假设、目标、学校计划和实践，但从多元文化课程的本质——不同族群和文化群体的利益冲突与妥协在学校课程中的反映——来说，这些范式的提出并不能从客观和本质上认识和阐述多元文化课程背后的动因，也没有揭示这些范式之间的矛盾和冲突。

1988 年，斯里特和格兰特提出了多元文化教育的五种理论范式：同化、人类关系、集中的群体研究、课程的整合研究和社会重构主义。[①]他们在对前四种范式进行批评分析的基础上，认为社会重构主义是多元文化教育的最合适的基础。P・泰德特和 I・泰德特，认为除了这五个方面外，还应该考虑到“全球和国际研究的影响”[②]。

斯里特对多元文化教育的范式进行了总结，认为主要有四种：1．作为治疗（therapy）的多元文化教育；2．作为教学技巧（teaching techniques）的多元文化教育；3．作为学术（academic discourse）的

① Sleeter，C & Grant，C. Making Choices for Multicultural Education：Five Approaches to Race，Class and Gender[M]. Columbus，OH：Merrill，1988.

② Tiedt，P. L & Tiedt，I. M. Multicultural Teaching：A Handbook of Activities，Information，and Resources（Sixth Edition）[M]. Boston：Allyn & Bacon，2002：14.

多元文化教育；4. 作为社会运动的多元文化教育。[①]

1. 作为治疗的多元文化教育

该范式认为，种族主义、性别主义、异性恋主义（heterosexism）或者阶层主义都容易产生如偏见、刻板印象、仇恨和低度自尊等心理疾病，纠正和治疗这些心理疾病被视为为多元文化教育的主要或者唯一的目标。

该观点长期以来非常普遍。在这种观点的指导下，教师或者咨询者就承担了治疗者的角色，课程也就成了治疗的工具——帮助学生检视自己的偏见和态度、认识对自己和（或）他人的否定的感觉、认识自己用来判断人的错误观念、用肯定的表象取代否定的表象。为此，无论教师还是课程和教学，都必须帮助学生发现自己的偏见、歧视等其他具有罪恶性的问题，然后对其进行长期的痛苦的治疗。该观点认为，儿童比成人更容易治愈，因此强调个人早期的多元文化教育。

基于该观点，多元文化课程就应该向儿童介绍非欧洲人的文化传统、物品及生活习惯。例如为发展学生对黑人文化的欣赏，儿童就需要尝试建立祖鲁人的房子、制造他们传统的器物，并学习斯瓦希里语的某些单词。这种猎奇外来差异的“观光性课程（tourist curricula）”，遭到了绝大多数多元文化教育者的批评。这种多元文化课程并非无助于纠正偏见和刻板印象，而是这种做法常常与政治参与脱节。这种减少偏见的“去政治化”范式，“把政治问题转化为心理问题，即认为偏见和刻板印象只是人类的认知活动，这些活动可以通过教给人们新的思维方式得到纠正（有了更好的信息，我

① Sleeter，C. E. Multicultural Education as Social Activism[M]. Albany：State University of New York Press，1996：218-228.

们将会拒绝刻板印象并放弃偏见）”[①]把种族主义、性别主义、异性恋主义或者阶层主义降低为心理感受和观念错误，可以帮助个人以一种更肯定的方式与他人互动，也可以为教授某些重要概念提供一种环境。然而，“这种降低把主要问题掩盖了，这就不可能导致采取旨在达到真正转变的行动”。[②]在不平等的权力关系的环境中，被压迫群体斗争所依赖的物质条件，是社会正义运动和学校改革背后的主要动力。

2．作为教学技巧的多元文化教育

该范式认为，多元文化教育是一套教学技巧，即一套提高不同文化的学生的课堂技能的课程和教学策略。该范式与“治疗”范式有些重叠之处，但它更强调掌握教授不同文化的学生的特殊的技巧。这种观点在教师中非常普遍。许多教师认为，合作学习可以促进不同文化的学生的了解和友好相处。

林・古德温（Lin Goodwin）（1994）调查了120名师范生，旨在发现他们是如何看待多元文化教育的。71%的学生把多元文化教育视为一种治疗种族不和谐的方式；16%的学生把它看作在儿童中阐述个人差异性的方式。总之，绝大多数学生把多元文化教育描述为一套教师在教学过程中用来应对不同学生的基本程序或技巧。[③]

教师应该发展某些技巧来应对学生的多样性并有效地对他们施教，这一点人们形成了共识。然而，古德温研究发现，大多数人没

① Peck，J. Talk About Racism：Framing a Popular Discourse of Race on Oprah Winfrey[J]. Cultural Critique，1994，27：101.

② Gurnah，A. The Politics of Racial Awareness Training[M]. Critical Social Policy，1984：6-20.

③ Goodwim，A. L. Making the Transition from Self to Other：What do Preservice Teachers Really Think About Multicultural Education?[J]. Journal of Teacher Education，1994，45（2）：119-131.

有把这样的技能与更广泛的政治问题联系在一起。调查中只有一人认为，多元文化教育应该包括“以批判的眼光看待现有的政治、经济和社会结构”[①]。这种批判分析包括：学校是如何再生产出特权的等级制？如何改变这样的结构？而且要明确大多数被压迫者不希望继续受压迫，个人应该参与与被压迫群体的成员的对话，以及考虑到他们希望自己的孩子接受教育。而这种批判分析的能力，与教师在书本上或者培训班上学来的技巧有很大不同。

3．作为学术的多元文化教育

把多元文化教育视为“学术”问题的，是某些知识分子。他们大谈多元文化问题而不实际参与社会变革：围绕着某些词进行争论而不关心社会的变化。澄清思维、分享思想和进行辩论是有价值的，但这些学者常常用文本和词汇来代替真正的对话和斗争。关注词语的辨析和进行语义的争论，对改善弱势群体的生活条件并无多大帮助。当然，批评和争论与社会斗争之间的关系是显而易见的，但离真正的社会斗争还有一定距离。象态度测验和多元文化教学技巧的发展等方面的学术问题，常常与为追求社会正义而进行的有组织的运动没有直接的联系。

斯里特指出：“多元文化主义绝不只是一项有关学生、全体教员和思想等方面的多样化的特殊计划或者零碎的改革。我们需要使整个大学认识到，现存的机构和有关种族关系的论述不适合于我们面临的危机。”[②]

---

① Goodwim，A. L. Making the Transition from Self to Other：What do Preservice Teachers Really Think About Multicultural Education?[J]. Journal of Teacher Education，1994，45（2）：122.

② Platt，A. M. Beyond the Canon，with Great Difficulty[J]. Social Justices，1993，20（1-2）：77.

4. 作为社会运动的多元文化教育

斯里特认为，多元文化教育应成为“社会运动”的范式。她认为，作为社会运动的多元文化教育，还多元文化教育产生和发展的历史本貌，也就是说，把多元文化教育看作社会运动，是从其历史产生的角度探讨其本质。斯里特认为，“社会运动”才是多元文化教育的本质，而且这也是多元文化教育未来发展的基础和方向。所谓“社会运动”，就是把权力从权力拥有者手里转移到社会中被剥夺权力的人特别是有色人种、低收入人群、残疾人、同性恋及其支持者和女性的手里。也就是说，社会运动就是权力的再分配，多元文化教育就应该促使这些群体获得权力。

作为社会运动的多元文化教育就是：“父母和其他关心社区的人以及教育家联合起来，向学校施压，以使学校服务于他们及其孩子的利益。”[①]社区人员要走进学校，仔细观察教师对学生的态度、对纪律问题和家庭作业等问题的处理的变化。这些人员要针对具体问题，提出学校改善的思想，他们应该直接与学校交流这些思想。

斯里特认为，尽管多元文化教育产生于社会运动，但今天它常常采取了前三种方式，而前三种观点和做法背离了多元文化教育发展初期的目标，即几乎与追求“平等”和“社会正义”的以社区为基础的运动无关。斯里特提倡第四种，即“作为社会运动的多元文化教育”，并认为只有该范式才符合多元文化教育的初衷。斯里特认为，“作为治疗的多元文化教育”把种族主义视为心理感受和观念错误，因此强调知识的学习；“作为教学技巧的多元文化教育”坚持，只要在课堂教学中运用适当的教学策略如合作学习，就可以化解多元文化的冲突；“作为学术的多元文化教育”更是关注词语

---

① Sleeter，C. E. Multicultural Education as Social Activism[M]. Albany：State University of New York Press，1996：230.

的辨析和语义的争论，而不重视社会变革。这三种范式是典型的多元文化教育和课程的理性范式。我们知道，教育和课程是通过传授知识进而影响人来参与社会变革的，也就是说，教育和课程是社会运动和变革的中介因素。而斯里特认为，“社会运动”才是多元文化教育的本质，这实际是放大了教育的功能，是不现实的，因此其“作为社会运动的多元文化教育”属于多元文化教育和课程的激进范式。

斯里特、格兰特、P·泰德特和 I·泰德特等人对多元文化教育的范式的理解不同于班克斯的理解。班克斯的划分是从“解释”的角度进行，即对少数族群面临的困难的原因进行分析和解释；而以上几位的划分是从“发展”的角度进行的，即从多元文化教育和课程的历史发展的阶段和过程进行的。班克斯所分的各种类别在历史发展过程中虽有所侧重，但主要是“横向”的；以上几位的类别说明了多元文化教育和课程范式的历史进展或者是发展趋势，因此是“纵向”的。

在多元文化课程产生和发展的历史上，不同族群和文化群体从各自的利益出发，对学校课程资源进行了激烈的竞争。在这个过程中，优势群体极力维护自己的既得利益；而弱势群体极力使学校课程反映自己的群体特点和文化，甚至完全否定现有的课程内容和模式，并提出学校课程只能反映他们自己的文化的观点。在这种争论中，我们从多元文化课程的本质出发，认为多元文化课程有两种范式，即理性范式和激进范式。

第二节　多元文化课程的理性范式

理性，从含义上讲，就是理智地控制行为的能力。所谓多元文化课程的“理性范式”，就是从使所有族群和文化群体成员体验到平等和公正并维护国家的共同利益出发，理智地对学校课程进行改革的范式。理性范式的多元文化课程重视帮助所有学生理解和欣赏自己社区文化，而且使其理解、接受和欣赏其他种族、民族和群体的文化和社会经济背景；同时，还要帮助他们消除文化的界限，使其创造和保持为了共同利益而运作的公民团体。理性范式的多元文化课程追求实现国家的“多元一体”的理想，并创建一个认同和尊重所有人的文化，使人们在民主价值观的框架中团结在一起。因此只有重视反映各种群体的声音、斗争、希望和梦想，而且还致力于创造国家和社会凝聚力的多元文化课程才属于理性范式的多元文化课程；除此之外，理性范式的多元文化课程还要反映国家和世界的种族、民族和文化的多样性，帮助学生掌握跨种族、跨民族和跨文化所必需的知识、技能和价值观。一个民主的、理性的多元社会客观上要求其公民必须能够超越民族和文化的界限，积极参与公共对话和行动。理性范式考虑到了社会上所有族群和文化群体的利益，并考虑到了国家和个人利益的平衡问题。理性范式是多元文化课程中的主流范式。

一、多元文化课程理性范式的主要假设

社会是由不同的群体组成的，国家宏观文化是由许多不同的微观文化构成的，少数族群拥有丰富而不同的文化，这些文化对于国家的宏观文化来说是非常宝贵的。文化是识别不同群体和个人的主要因素和标志。追求民主、自由和平等的社会，就应该把各种弱势群体如妇女、残疾人、同性恋、低收入者、老年人等的文化和特点添加进课程中，使课程反映这些失落的声音。所有学生都应该具有在学校学习进而延伸到社会的平等的机会，不管其性别、社会阶层、残疾情况、语言背景或民族、文化、宗教的认同如何。

二、理性范式的多元文化课程的含义

绝大多数多元文化课程的倡导者和专家都对多元文化课程的定义进行了界定和分析。理性范式的多元文化课程观认为，学校课程要包含所有种族、民族、宗教、语言、社会阶层、性别、残疾人和不同年龄等群体的文化。

华盛顿大学多元文化教育中心教授日内瓦·盖伊（Geneva Gay）认为，多元文化课程在整个教育中，其本质更被看作是一种独特的思想和方法论，而不是一门独立的课程和计划。[①]在盖伊看来，多元文化课程在发展初期被认为是不连续的研究计划，特别强调课程内容设计中有关有色人群的历史、遗产和贡献。在几十年的发展中，这一概念被重新审视、修订和提炼。多元文化教育的发展过程可以被看作是自我反思、批判性质疑、知识的重构、元分析或元认知和多元化观点。从许多著名多元文化教育者如班克斯（1993，1995）、霍林斯·金（Hollins King）和海曼（Hayman）（1994）、贝内特（1995）及福斯特（Foster）（1999）等人的研究中，可以看到多元文化教育发展的大致轨迹。这些学者正在修正和详细阐述他们的某些早期思想，同时运用其他学科的知识来丰富、阐述和扩大多元文化课程的概念范围、特点和原则。多元文化教育的这些理念和倾向对多元文化课程的发展和研究产生了重要影响。

桑迪·伯拉瓦斯基（Sandee Brawarsky）（1995）基于多元文化教育的培养目标是“多元文化能力”的观点，认为多元文化课程应

---

① Gay，G. Bridging Multicultural Theory and Practice[A]. 1995. In Fred Schultz. Multicultural Education. 98/99.（Fifth Edition）[C]. Guilford，CT：Dushkin/McGraw ·Hill Sluice Dock：101-105.

该包含主流文化之外的所有文化。[①]Leonard Davidman 指出，“含有与多元文化教育相关主题的课程应该包括知识的交流和增长、态度的形成和改变以及与多元文化教育相关的策略的模式化。”[②]

布莱恩 M·布里万特（Brian M.Bullivant）（1993）从语义学和构词学的角度来给多元文化教育下定义。他把“multicultural”分解成“multi-”和“cultural”，“multi-”是“多”的意思，这一点很明确，所以布里万特主要分析了“cultural（文化的）”这个词。他认为，“文化”是“一个社会群体为了在其环境中生存和适应而进行的设计”。[③]基于这一定义，他进一步提出了多元文化课程应该“教授有关社会群体及其在多元化社会中生活的各种设计的知识”。[④]

布里万特的定义过于狭窄，没有在美国的社会背景中来考虑“多元文化教育”这个词及其相关的改革运动。多元文化教育产生于民权运动，是政治在教育中的反映，而他是从词的构成和词根角度来分析其含义，不免有点为学术而学术的倾向。“通过分析‘多元文化’或更具体的‘文化’这个词，来引申出多元文化教育的含义，

---

① Brawarsky S. Toward a Common Destiny[A]. 1995. In Fred Schultz. Multicultural Educatian. 96/97.（Fifth Edition）[C]. Guilford，CT：Dushkin Publishing Group/Brown & Benchmark Publishers Sluice Dock：9-11.

② Davidman，L. Multicultural Education：A Movement in Search of Meaning and Positive Connections[A]. 1995：66-70. In Fred Schultz. Multicultural Education. 96/97.（Third Edition）[C]. Guilford，CT：Dushkin Publishing Group/Brown & Benchmark Publishers Sluice Dock：66.

③ Bullivant，B. M. Culture：Its Nature and Meaning for Educators[A]. 1993. In Banks，J. A & Banks，C. A. M，et al. Multicultural Education：Issues and Perspectives[M]. Second Edition. Boston，MA：Allyn&Bacon，1989 ：29.

④ Davidman，L. Multicultural Education：A Movement in Search of Meaning and Positive Connections[A]. 1995：66-70. In Fred Schultz. Multicultural Education. 96/97.（Third Edition）[C]. Guilford，CT：Dushkin Publishing Group/Brown & Benchmark Publishers Sluice Dock：66.

看起来是符合逻辑的，但这种分析方法是违背历史的。断言可以引申出一种含义，也是有点武断。”[①]

多元文化课程中的“多元文化”这个词，是指在国家宏观文化中的各种少数族群和群体的文化。在布里万特看来，某些群体，如贫穷者、无家可归者、学校中的同性恋者、妇女、残疾人或具有天赋的人的群体，缺少所谓的“文化”。但是正是这些“缺少文化”的群体，才是多元文化课程所主要关注的群体。其实，这些群体有共同的文化，他们的文化是宏观文化的一部分。因此多元文化课程与其说应该关注文化的问题，到不如说更应该关注拥有共同的文化的各种群体。

美国多元文化教育运动的某些创始人并未从文化的定义直接引申出多元文化教育和课程的概念和实施方式。班克斯（1992）等人指出，多元文化课程改革运动起初是某些个人和群体对经济不平等以及文化中的种族主义和性别主义的反应。[②]总地讲，这些反应产生于20世纪的黑人团体。从历史上看，正是这些被压迫群体成员为多元文化教育和课程改革运动做了些基础性工作。因此我们认为：首先，多元文化课程的产生（roots）比多元文化课程的定义要早：其次，多元文化课程的早期定义与文化的具体定义不存在一一对应的关系。多元文化课程开始主要关注少数族群和其他群体的利益问题，

---

① Davidman，L. Multicultural Education：A Movement in Search of Meaning and Positive Connections[A]. 1995：66-70. In Fred Schultz. Multicultural Education. 96/97.（Third Edition）[C]. Guilford，CT：Dushkin Publishing Group/Brown & Benchmark Publishers Sluice Dock：66.

② Davidman，L. Multicultural Education：A Movement in Search of Meaning and Positive Connections[A]. 1995. In Fred Schultz. Multicultural Education. 96/97.（Third Edition）[C]. Guilford，CT：Dushkin Publishing Group/Brown & Benchmark Publishers Sluice Dock：68.

进而关注其文化问题。可以说，布里万特对多元文化教育下定义的方式和角度，忽视了多元文化教育产生和发展的根源和现实。从“文化”分析的角度，即选择或创造“文化”的某种定义，来引申出多元文化教育的定义和目标，进而得出多元文化课程的定义，是看不到多元文化课程的冲突与妥协的本质的。

多元文化教育的重要先驱班克斯（1981）给多元文化教育下了一个有影响的定义，即“多元文化教育是旨在为一系列文化和族群提高教育平等的教育改革运动”。[①]从该定义可以看出，多元文化教育和课程最为关注的是教育平等，而且是所有文化和族群的平等。多元文化课程意味着尽可能地包含有关族群及其文化的知识，以便更好地为这些群体的成员创造平等的学习环境。

P·泰德特和 I·泰德特等人提出了界定多元文化教育的两个维度：从地理上看，多元文化教育是研究其他国家的文化，建立地球村的概念；从民族研究看，多元文化教育是使学生认识特定语言或宗教族群的文学和传统。他们主张，多元文化课程应该包括对残疾人和老年人文化的认识，扩充学生对人类的认识，了解人类的需求、希望和梦想，并消除刻板印象的思维方式。他们的定义是基于多元文化教育的整体目标是“世界和谐”的观点。他们认为，学校课程必须补充学生的文化经验，提高学生的文化素养，从认识自己的文化开始，激发强烈的价值感和自尊心，进而理解和尊重其他族群的文化和其他国家的文化。[②]

格兰特认为，多元文化教育首先是一个哲学的概念，其基础是哲学中的自由、正义、平等、公正和人的尊严等理想，这些理想在

---

① Banks，J. A. Multiethnic Education：Theory and Practice[M]. Boston：Allyn & Bacon，1981：32.

② Tiedt，P. L & Tiedt，I. M. Multicultural Teaching：A Handbook of Activities，Information，and Resources[M]. Boston：Allyn & Bacon，1990：34.

“美国宪法”和“独立宣言”中都有所体现；其次是学校和其他教育机构的一个变革的过程，该变革过程旨在使学生积极追求制度的平等，帮助学生发展积极的自我概念和在群体中正确认识自我，这就涉及学校中的所有学科和课程的所有方面。[①]因此学校课程就必须提供对社会历史、正义和文化具有影响的各种群体的历史、文化和贡献的知识及他们的观点；教学方式也必须建立在学生不同的学习方式之上。总之，多元文化教育和课程就是要着重培养学生的批判性思维、民主决策、社会行动和追求权力的技能。这些方面是相互印证和相互支持的，忽视哪个方面都不是完整的多元文化教育。

美国国家教师教育评定委员会（NCATE）（1986）认为，多元文化教育有两个正式的定义。1．多元文化教育的本质是要认可：（1）在文化多元和复杂的人类冲突中个人所经历的政治、社会和经济的现实，（2）文化、种族、性别、民族性、宗教、社会经济地位和教育过程中一些特殊问题；2．多元文化教育是一种教学范式，多元文化教育主要强调学生作为个人的独特的能力和教学的需要，多元文化课程的理念整合进各学科中，特别强调学术成就及社会和个人的发展。[②]苏祖基（1984）认为，“多元文化教育是一个提供与学生的学术、社会和语言需要相匹配的多元学习环境的多学科的教育计划。”[③]

美国监督与课程开发学会（ASCD）多元文化教育委员会认为，

---

① Grant，C. A. Challenging the Myths About Multicultural Education[A]. 1994. In Fred Schultz. Education. 97/98.（Twenty-Fourth Edition）[C]. Guilford，CT：Dushkin/McGraw • Hill Sluice Dock，：185-189.

② Hernandez，H. Multicultural Education—A Teacher's Guide to Content and Process[M]. Columbus，Ohio：Merrill Publishing Company，1989：4-5.

③ Hernandez，H. Multicultural Education—A Teacher's Guide to Content and Process[M]. Columbus，Ohio：Merrill Publishing Company，1989：5.

多元文化教育产生于对美国文化内部不同文化互动的基本的理解，从含义上看，多元文化教育不仅仅是为了“有色人种”的教育。[①]希尔达·赫尔南德斯（Hilda Hernandez）（1989）说：“多元文化教育是在多元文化中具有不同文化背景的所有学生所接受的教育。”[②] 加利 H·多德（Garley H.Dodd）认为，多元文化课程的核心成分是“对多样性和个人差异性的尊重”。

多元文化课程的理性范式强调“认识文化”的重要意义，认为“认识文化”是界定多元文化课程含义的基础，多元文化课程要学习各种微观文化和国家的宏观文化，还要学习其他国家和地区的文化。虽然他们对多元文化教育的范围在观点上稍有差异，但大都认为多元文化课程不应仅限于民族或种族方面，还应纳入性别、宗教、社会阶层、特殊性等方面。另外，多元文化课程的理性范式把视野从关注本国的族群和群体的文化，放眼到了世界这个层面，如强调对其他国家文化知识的学习、关注世界和谐、强调多元文化能力等。多元文化课程旨在通过持续不断的课程改革，使学生不仅学习自己的文化，而且也学习、理解并欣赏其他微观文化、国家宏观文化和世界文化；消除性别、种族、民族、宗教、社会阶层、年龄、特殊性等方面存在的偏见和歧视，使每个学生都具有同等的学习机会，都能够体验到学习的成功，使族群之间的关系和谐，促进人类的和谐共进，达成世界一家的理想。

理性范式的多元文化课程观认为，美国社会是由许多微观文化构成的一种宏观文化。那么该观点就引出了问题：如果宏观文化是由许多不同的微观文化组成，那么是什么使该宏观文化“美国化”？

---

① Hernandez，H. Multicultural Education—A Teacher’s Guide to Content and Process[M]. Columbus，Ohio：Merrill Publishing Company，1989：5.

② Tiedt，P. L & Tiedt，I. M. Multicultural Teaching：A Handbook of Activities，Information，and Resources[M]. Sixth Edition. Boston：Allyn & Bacon，2002：14.

或者是否存在明显的美国文化，而且是否存在其他的微观文化？哪一种微观文化最为美国化？在有关宏观和微观文化的论点中，“文化”这个词是否能相互替用？这些问题将继续困扰着理性多元文化课程范式的支持者和反对者。

三、理性范式的多元文化课程目标

由于理性范式是多元文化课程的主导范式，因此绝大多数多元文化教育和课程专家都对此进行了探讨，多元文化课程目标是探讨的重点之一。在这个问题上，学者们所提出的目标虽有分歧，但共同之处居多。

美国教育学院协会（AACTE）（1973）坚持认为，多元文化课程应具有四个主要目标：1．传授支持文化多元性和个人独特性的价值观；2．鼓励现存的民族文化进行质的扩展并整合到美国社会经济和政治生活的主流中去；3．支持对不同的生活方式和正在出现的生活方式进行探索；4．鼓励多元文化主义、多元语言主义和多方言主义（multi-dialectism）。[①]

班克斯（1987）认为，多元文化教育的目标有两个：1．改变整个教育环境，以促进对各种文化群体的尊重，并使所有文化群体都能够体验到平等的教育机会；[②]2．发展跨文化的能力包括在自己的民族文化和美国宏观文化中的能力，以及在其他民族文化和跨文化之间生活所需要的技能、态度和知识。[③]后来，班克斯和 C·A·M·班

---

① AACTE. Commission on Multicultural Education. No One Model American[J]. Journal of Teacher Education. Winter，1973. 24（4）：264.

② Banks，J. A. Teaching Strategies for Ethnic Studies[M]. Boston：Allyn & Bacon，1987：29.

③ Banks，J. A. Teaching Strategies for Ethnic Studies[M]. Boston：Allyn & Bacon，1987：35-36.

克斯(C. A.M.Banks)又从其多元文化教育的定义，衍生出多元文化教育的目标。他们认为，多元文化教育的目标应该是：1. 增进所有学生的学业成就，以体验到平等的学习机会；2. 帮助所有学生发展对不同族群的更积极的态度，因为学生在社会化过程中，形成了族群上的消极态度、偏见和刻板印象，所以学校要致力于消除这些影响族群关系的消极因素；3. 培养并提高弱势群体学业上的自信心；4. 帮助学生发展了解各种观点的能力，并能从其他群体的角度看问题。①

拉姆奇（Ramsey）（1987）提出的多元文化课程的几个目标，与班克斯和美国教育学院协会的目标略有不同。她认为，多元文化课程首先要帮助儿童发展积极的性别、种族、文化、阶层和个人的认同，并认可和接受许多不同群体的成员的身份；其次是鼓励“对其他人保持开诚和兴趣、愿意容纳他人和合作”的态度和愿望；再次是使学生有权在其社会环境中成为独立的批判的分析家和活动家。②

曼宁和巴鲁特认为，多元文化教育既是一个概念，也是一个审慎的过程，其旨在：1. 培养学生认识、接受并欣赏文化、民族、社会阶层、宗教和性别方面的差异；2. 在学生发展的关键期，灌输一种责任意识和为公正、平等和民主的理想而奋斗的意愿。③

英国学校委员会（School Council）在“多元种族社会的教育”计划中提出了多元种族教育的目标，这个目标体系是很有影响的，常常被许多人认为是多元文化课程的目标（如表 3-2 所示）。

---

① Banks，J. A & Banks，C. A. M，et al. Multicultural education[M]. Boston：Allyn & Bacon，1989：19-21.

② Ramsey，P. G. Teaching and Learning in a Diverse World[M]. New York：Teacher's College Press，1987.

③ Manning，M. L. & Baruth，L. G. Multicultural Education of Children Adolescents[M]. Second Edition. Boston：Allyn & Bacon，1996：3.

表 3-2　多元种族教育目标体系

尊重他人	尊重自己
认知领域（知识） 所有学生都应知道： 1．种族和种族差异的基本事实； 2．英国主要文化的风俗、价值和信念，尤其是地方社区的文化； 3．过去为何不同团体移民到英国，更具体地说，为何地方社区变成目前的人口构成	认知领域（知识） 所有学生都应知道： 自己文化的历史和成就及其特色
认知领域（技能） 所有学生都应能够： 1．区别事实和意见，并评估其所见所闻所读的事实内容； 2．冷静地评鉴自己的文化	认知领域（技能） 所有学生都应能： 1．用英语有效沟通，若英语非其母语，则能善用母语； 2．熟练在学校习惯学习的其他基本技能
情意（态度、价值和情感） 所有学生都应该接纳： 1．每一个体的独特性； 2．我们共有的人性； 3．公平权利和正义的原则； 4．其他文化和国家的成就； 5．陌生人而不会感到威胁； 6.1 不列颠是一个多族群的社会； 6.2 没有哪一种文化是静止的，组成多元文化社会（如不列颠）的所有文化应不断相互调适 7.1 在英国偏见和歧视是普遍存在的，其中有历史和社会经济上的原因； 7.2 偏见和歧视对被排斥团体具有伤害性； 8．发展多元忠诚是可能做到的	情意（态度、价值和情感） 所有学生都应发展： 1．积极的自我形象； 2．对自己的身份具有自信感

（资料来源：Lynch, J. The Multicultural Curriculum[M]. London: Batsford Academic and Educational, 1983.）

该目标体系属于典型的多元文化课程的理性范式，因为它强调尊重他人和尊重自己，这是多元族群和多元文化社会及多元文化的世界要和谐共处的最起码的要求。不管哪个族群和团体对此目标都没有异议，因此影响深远。

P·泰德特和 I·泰德特（1990）认为，多元文化教育的整体目标是要增进学生的自尊及其对社会上其他人的理解和欣赏，深化对国人和世界人类需求的关怀。因此，多元文化课程要由学生自我研究开始，认识自己的文化背景、信念态度、饮食习惯和其他行为方式。他们认为，多元文化教育的目标应该包含认知、情意、技能等方面，而且在整个课程之中要融入这三个方面（如表 3-3 所示）。

表 3-3　多元文化教育目标

学习的种类	主 题
1．了解概念	自我；生活方式；文化；个人和团体的改变；文化技能作为改变的媒介；个人的文化遗产；人和团体的异同；能力；职业多样性；刻板印象、偏见、歧视
2．获得价值	自我尊重；欣赏自己和他人；尊重自己和他人的价值尊严或优点；尊重异同；接纳文化多元性；接纳不同的生活方式；愿意追求公道或消除刻板印象；建立对学校和生活的积极态度
3．发展技能	分析文化遗产的影响；分析异同；区别迷思、刻板印象和事实的不同；认识偏见的行为；确定媒体中的偏见；解释个人的文化遗产；澄清个人的价值；运用冲突解决的技能
4．表现个人和社会行为	从事于消除不平等的现象；对抗偏见的行为；与不同的人合作；运用社区人力资源；运用校内人力资源；从事冲突解决的工作；参与学校生活或使他人参与；运用人际技巧

（资料来源：Tiedt, P. L & Tiedt, I. M. Multicultural Teaching: A Handbook of Activities, Information, and Resources[M]. Boston: Allyn & Bacon, 1990: 22.）

后来，P·泰德特和 I·泰德特（2002）又提出，多元文化课程都要有助于所有学生：1．发展一种强烈的自尊意识；2．对不同文化背景的人表现出移情；3．体验最大限度发挥自己潜能的平等的机会。①

美国监督和课程开发协会多元文化教育委员会认为，多元文化教育的基本目标是：1．认可并珍视多样性；2．对其他文化模式进行更好的理解；3．尊重所有文化中的个人；4．发展人与人之间以及不同文化群体的经验之间的积极的和建设性的互动。②

尼克松认为，多元文化教育的课程目标是："1．提高学生的种族主义意识，使其把种族主义看作文化之间权力关系的关键因素和对自己和他人生活的主要影响力；2．更加认识和理解当地社区和整个英国社会中的少数族群的历史、文化遗产和价值观；3．使学生能够以一种全球的观点来看待当前所关心的问题，以及能够把英国的多元文化放在世界背景中去理解。"③

伯拉瓦斯基认为，所有学校课程都应该渗透各种文化的内容，使学生认识到知识是如何产生的和如何被影响的，鼓励民主态度和价值观的发展，以及运用各种教学技巧来提高不同背景的学生的学术成就。④

在韦伯斯特看来，多元文化教育是保持美国多元遗产和平等理念的最有效的方法，因此多元文化课程的目标就应是：形成有色学生的自尊，提高对文化差异性的尊重，祛除教科书中的种族主义、

① Tiedt，P. L & Tiedt，I. M. Multicultural Teaching：A Handbook of Activities，Information，and Resources[M]. Sixth Edition. Boston：Allyn & Bacon，2002：17.

② Webster，Y. O. Against the Multicultural Agenda：A Critical Thinking Alternative[M]. Sixth Edition. Westport，CT：Praeger Publishers，1997：18.

③ Nixon，J. A Teacher's Guide to Multicultural Education[M]. Oxford，OX：Basil-Blackwell Ltd，1985：36-37.

④ Brawarsky S. Toward a Common Destiny[A]. 1995. In Fred Schultz. Multicultural Educatian. 96/97.（fifth Edition）[C]. Guilford，CT：Dushkin Publishing Group/Brown & Benchmark Publishers Sluice Dock：9-11.

性别主义和种族中心主义的偏见，确保教育结果的成就和平等。①

堂娜·高尼克（Donna Gollnick）和菲利普·钦（Philip Chinn）（1990）提出的多元文化课程的目标：1．学习基本的学术技能；2．获得有关美国社会的历史和社会现实的知识，以便理解种族主义、性别主义和贫穷；3．克服对导致文化误解和跨文化冲突的差异的恐惧；4．在自己和他人的文化环境中有效发挥作用；5．重视人与人之间的文化差异，以及在平等的而不是在低级和高级模式中看待差异；6．理解他们所生活的多元文化国家和相互依赖的世界。②

凯茜A·伯翰（Cathy A. Pohan）和诺尔玛J·贝莉（Norma J. Bailey）则把多元文化主义看作一个柜子（closet），认为应该把它打开，使其更具包容性。美国多元文化教育协会（NAME）及某些多元文化教育的先驱如尼托（Nieto）（1996）、斯里特和格兰特（1993）等人倡导多元文化教育要关注性别倾向性。伯翰和贝莉基于对同性恋的思考，提出了多元文化教育的目标：1．反对狭窄的和（或）单一维度的课程，确保课程中包含不同群体及其贡献，并使之合法化；2．提升对不同人群、价值观、观点和生活方式的欣赏；3．减少偏见，努力消除教学和社会中的歧视；4．努力为所有人赢得平等和公正；5．尊重所有人的权利和尊严；6．在教育制度中支持多元主义；7．扩大学校所提倡的价值观，并使之多样化。③

---

① Webster，Y. O. Against the Multicultural Agenda：A Critical Thinking Alternative[M]. Sixth Edition. Westport，CT：Praeger Publishers，1997.

② Gollnick，D. M & Chine，P. C. Multicultural Education in a Pluralistic Society[M]. Second Edition. NewYork：Merrill. 1990：255-256.

③ Pohan，C. A. & Bailey，N. J. Opening the Closet—Multiculturalism That is Fully Inclusive[A]. 1997. In Fred Schultz. Multicultural Education. 98/99.（Fifth Edition）[C]. Guilford，CT：Dushkin/McGraw·Hill Sluice Dock：134-137.

贝内特认为，学校中一切课程的核心是发展学生的理解力、价值观、态度和行为。在多元文化社会中，多元文化课程的目标应该包括：1. 发展历史的观点和文化意识；2. 发展跨文化能力；3. 减少种族主义、民族偏见和歧视；4. 提高社会行动技能。[①]这些目标是相互联系的。把这些目标总合起来，可以帮助学生发展对不同信念和行为的认知方式、评价和理解的能力。贝内特对以上这四个目标进行了论证，并提出了相应的教学策略。

1. 发展历史的观点和文化意识

该目标的理论基础是：（1）人们在与他人的相互交往中产生移情之前，必须具有一定程度的自我的和群体的尊严以及安全感；（2）意识到自己文化群体的成就，可以提高自我和群体的尊严；（3）纠正对某一民族的误解（例如非工业化民族比工业化民族的文明程度差），可以帮助摧毁欧裔美国人优势的神话；（4）人们可以在文化自豪和认同与对不同文化的欣赏之间取得心理的平衡。

历史、文学和艺术课程可以提供对族群的现代文化和世界观的理解，以及对人类事件的不同解释。为培养学生的自豪感和民族认同，教师要利用传统的民族研究课程，如黑人研究、墨西哥裔美国人文学、土著美国人文化、白人民族和世界文化课程。在传授这些内容时，教师要鼓励学生学习某一种文化的社会化的重要的价值观和模式，而不是仅仅强调文化的外部标志（如食品和节假日）、英雄和历史事件。布告牌、某些名人的生日、多元文化日历等也是一些生动活泼的多元文化课程。

2. 发展跨文化能力

该目标的理论基础是：（1）语言是文化和认知的核心；（2）发

---

① Bennett，C. I. Comprehensive Multicultural Education：Theory and Practice[M]. Boston：Allyn & Bacon，1990：207.

展文化的自我意识（按照自己的认知认识文化差异性的能力），可以有效地改善人们多元文化的交往；（3）人类的交往具有跨越文化障碍的模式；（4）社会中不同文化的某些方面是固定的，可以被确认、限定和教授；（5）人们可以在文化的自豪和认同与对不同文化的欣赏之间取得一种心理的平衡（即跨文化接触不一定导致文化的同化）。

“跨文化能力是解释有意识的交往（语言、姿态和手势）、某些无意识的线索（如身体语言）和不同文化中的习惯的能力。”①跨文化能力强调移情和交往。该目标认为，人的行为和认知方面的文化条件的假设会阻碍不同文化背景的人之间的交往。该目标也基于这一事实，即“文化条件的影响有时是很普遍的，仅具有自己文化标准经历的人根本不能理解基于一套不同的标准所进行的交往，也不能理解‘非常自然’的交往为何他人不会理解”②。

虽然该目标很明显与上一目标有某些重叠之处，但培养跨文化能力不是使学生学习某一特定群体的世界观、遗产及其贡献，而是使学生理解人们是如何受价值观、优先权、语言和文化标准的影响的。人们一旦明确了语言、经历和认知模式与其文化之间的关系，那么就会理解其他文化的人的认知模式为何不同了。跨文化能力的培养是联合国教科文组织所倡导的国际理解课程的主要目标。尽管联合国教科文组织强调国与国之间的跨文化能力，但其理论和实践同样可以为国内多元文化课程中跨文化能力的培养所借鉴。

哈里·特里安德斯（Harry Triandis）及其助手提出了一种被称为“文化同化者”（culture assimilator）的跨文化训练的形式，这是

---

① Bennett，C. I. Comprehensive Multicultural Education：Theory and Practice[M]. Boston：Allyn & Bacon，1990：207.

② Kraemer，A. J. A Cultural Self-Awareness Approach to Improving Interatltural Communication Skills[J]. ERIC ED，1973，7：2.

一个旨在提高两种文化成员之间相互理解的程序性的学习方式。[①]这里的"同化者"是一些学习材料，类似于心理学中的"先行组织者"。在学习完这些材料之后，学习者要知道其中哪些方面应该接受，哪些应该忽略（歧视性学习）。这项训练强调同一事件在不同的文化中有不同的评价和特点。学生在训练之后，要找出一些共同的东西，这些不变的因素被称为"文化原则"。培养学生的跨文化能力，就需要教师在多元文化课程中开发大量的"文化同化者"。

3．减少种族主义及民族偏见和歧视

该目标的理论基础是：（1）现在社会和世界的某些权威部门都重视减少种族和民族偏见及歧视，教师应该把精力集中于此；（2）人道主义价值观（如种族和民族的偏见和歧视具有消极的影响）的传授，有赖于学校去完成；（3）种族、民族偏见和歧视是可能通过适当的教育经历来减少的。

该目标是使学生明确意识到社会中的种族主义及民族偏见和歧视的存在和影响，分清个人种族主义与制度种族主义。学校课程应注意澄清学生的价值观、培养与社会基本理想如自由、正义和平等机会相一致的理解、态度和行为的更具推理性的技能。所有课程都要培养学生识别和深入挖掘课程中存在的偏见和歧视的的能力，在教学中添加与种族主义和偏见相关的资料供学生讨论。如果学校中存在种族和文化的多样性，那也不必通过修改课程来促进积极的跨种族的态度的形成，因为只要学生有机会为实现一个共同的目标在一起工作，就可以促进相互尊重和欣赏。体育小组、艺术活动、合作学习计划都可以丰富不同种族之间的经历。

---

① Bennett，C. I. Comprehensive Multicultural Education：Theory and Practice[M]. Boston：Allyn & Bacon，1990：209.

4．发展社会行动技能

该目标的理论基础是：（1）对文化群体的征服和不公正对待，使每个人丧失人性；（2）大多数人在一生中总有些时候发现自己在政治上处于少数；（3）社会中的所有群体都应该有变革社会和政治的平等机会；（4）“文明”重视所有公民的政治参与；（5）学习者在课堂外越积极地参与决策活动和努力解决自选问题，他们越有可能增加个人和政治力量的感觉。

发展社会行动技能不仅是多元文化教育而且也是公民教育的内容。考虑到某些少数群体在社会生活中不能获得、保持和有效利用政治权力这一事实，因此发展社会行动技能就必须成为多元文化课程的目标之一。

布拉德伯里·西肖尔（Bradbury Seashores）说：“教育者对将要成为明天成人公民的在校学生所能做的最大贡献可能就是，重新定位他们有关发展和运用政治策略的思维。”[①]现在的学生要成为能够在未来社会中有效发挥作用的公民，就必须学习参与政治生活的那些成功的技巧和策略。这就需要从幼儿园到大学的课程及教学，为学生提供作决策和评价决策的机会，以训练他们表达自己的观点和解决问题的技能。

实际上，这四个目标存在内在的相互联系性。例如，提高文化意识而不发展跨文化能力的理解、技能和态度，可能会导致更大的民族中心主义和两极分化。不发展个人的认同感和安全感——它们是与文化意识相伴随的，就不可能发展跨文化能力（如移情）。而且，提高文化意识和发展跨文化能力这两个目标，应该促进对人类相似性和民族多样性的欣赏。第四个目标旨在使人成为社会的改革

① Bennett，C. I. Comprehensive Multicultural Education：Theory and Practice[M]. Boston：Allyn & Bacon，1990：210.

者，它强调消除歧视及政治参与所需要的技能和行为。

这些目标并非要求在一门课程中均衡地得以重视和追求，实际是要努力融合在整个课程设计中。这种课程设计可以采取分科制，一种学科侧重一个目标。例如，文学和艺术可以强调历史观点和文化意识，语言和交往强调跨文化能力，生物学及世界和美国历史强调减少种族和民族偏见和歧视，管理、商业或经济学强调社会行动技能。

利特尔·罗克（Little Rock）（1988）从文化多元化和复杂的社会、政治和经济的现实出发，认为多元文化课程的目标应该包括：1. 认识、理解和尊重文化之间差异性和相似性的本质；2. 知晓在不同或相似的文化的家庭成员中也存在差异；3. 更好地理解种族主义的本质以及积极或者消极影响的意义；4. 发展对自己民族的积极态度，接受并运用自己的文化，为社会做出巨大贡献。①

阿萨·希利亚德（Asa Hilliad）（1991）认为，多元文化课程的目标是，传播关于“人类记录（human record）”的真理，并通过使教育环境复杂化的方式发展批判意识。他说：“多元主义课程的主要目标就是，真实地、有意义地提供整个人类的经验。如果课程的核心是真理，那么它将是多元主义的，因为一个简单的事实是，人类文化是所有人类斗争的结果，而不是为一个种族或民族群体所拥有。”②其实对 “人类记录”的知识和真理的追求，在很大程度上还是受利益左右的。

尼克松认为，培养学生适应多元文化社会的生活，关乎“1. 所有学生，而不仅是来自少数族群的学生；2. 所有的领域，而不仅是

---

① Rock，L. Multicultural education：A Position Statement[M]. Southern Association for Children Under Six，1988.

② Hilliard，A. Why We Must Pluralize the Curriculum[J]. Educational Leadership，1991. 49（4）：13.

与多种族人口相关的领域；3．整个学校，而不仅是正式课程。”[①]多元文化课程除了帮助学生理解和确认其社区文化外，还要帮助他们消除文化的界限，使其创造和保持为了共同利益而运作的公民团体。多元文化课程追求实现国家的“多元一体”的理想，并创建一个认同和尊重所有人的文化，使人们在民主价值观的框架中团结在一起。因此多元文化课程要反映不同群体的声音、斗争、希望和梦想，只有这样的课程才是民主的、理性的，才能创造出国家和社会的凝聚力；除此之外，多元文化课程还要反映国家和世界的种族、民族和文化的多样性，帮助学生掌握跨种族、跨民族和跨文化所必需的知识、技能和价值观。对于一个民主的多元社会来说，其公民必须能够超越民族和文化的界限，积极参与公共对话和行动。

谢宁认为，从更广泛的全球化背景中看，多元文化教育和课程需要：1．重视民族国家之外的人权和自由等问题；2．在国际上树立文化多样性的认识，并努力使文化的多样性在协商的氛围中和谐地发展；3．向其他国家和文化学习，以发现丰富和发展全球化所需要的价值观的新的启发的源泉；4．探讨和平解决人类争端的途径和方法；5．重新强调文化间的类似性和共同性，而不仅仅是差异性。[②]

四、评价与反思

以上这些学者和机构所提出的多元文化教育和课程的目标有许多共同之处：1．颂扬文化的多样性；2．促进教育机会的平等；3．帮助学生获得不同文化群体的知识并发展在自己的微观文化、国家的宏观文化、其他的微观文化中和在全球社会内发挥作用所需要的知

① Nixon，J. A Teacher's Guide to Multicultural Education[M]. Oxford，OX：Basil-Blackwell Ltd，1985：16.

② 谢宁. 面向21世纪的基础教育和民族教育[M]. 北京：气象出版社，1992：225.

识、态度和技能；4. 培养积极的族群态度，提升全球人类意识，使族群关系和谐、人类共存共荣；5. 培养多元文化的态度、情感和价值观，发展学生与其他文化群体成员的移情以根除偏见、不容忍及刻板印象的行为，尊重自己进而尊重他人，最大限度地促进所有学生的学术、个人和社会的发展；等等。多元文化课程理性范式的这些目标是基于社会文化的日益多样性而提出来的，目的是培养学生适应并保持这种多元文化的社会，对于这些目标人们基本达成共识。

然而，多元文化课程有些有争议的目标被忽略了，即多元文化课程应该让那些“失落的声音”（silenced voices）得以表达，例如过去受到忽视的妇女和有色人种的经验和观点。在学校课程中添加哪些群体的经验和观点的问题上，人们一直存在着争论；再如高尼克和菲利普·钦所提出的目标就受到了某些学者、教师和社区活动家的挑战，原因就是，他们的目标没有提到消除教育的不平等以及被压迫群体和边缘群体的权力的不平等。理性范式的多元文化课程还要通过课程中的文化和权力结构的转变，维护所有沉默的、边缘的和被压迫群体如妇女、有色人种的正义，以便提高其自尊并激发改变不平衡的权力关系和不公正的生活的动力。一句话，多元文化课程改革不仅应该强调共同文化，而且也应强调冲突群体的文化。斯里特的“社会运动”的多元文化教育的观点，重视学校课程中的社会重构的主题，这标志着多元文化课程不再平等地展示文化和对文化差异的欣赏。这符合多元文化课程产生和发展的历史特点，还多元文化课程产生之初所追求的目标以本来面目，还多元文化课程原有的棱角。

多元文化课程是多元文化主义在教育和学校课程中的渗透和反映，而多元文化主义的目标是非常宽泛的，根据对目标的分类，可以把多元文化主义划分为以下几种类型和趋势：主流的、激进的、批判的、反抗的、保守的、自由的、左派自由的（Left-liberal）、对抗的、差异的和百科全书式的。罗伯特·斯塔姆（Robert Stam）和艾拉·斯高哈特（Ella Schohat）说："人们公认，多元文化主义的概念可以有不同的解释，易受各种政治力量的影响；它已成为一个难以捉摸的符号（signifer），不同群体对此既充满了希望也满怀畏惧。"①不同文化和利益群体借多元文化课程所追求的目标也有差异，甚至是有明显冲突的。这些差异和冲突在很大程度上是从个人的立场或者说是利益出发的，因此多元文化课程的目标也就呈现出了多样性。有人认为，多元文化课程的目标是摆脱传统教科书中的种族主义、性别主义和偏见，提高有色学生的自尊和对他们进行补偿教育；有人把其目标限定为对文化多样性的欣赏，尊重所有文化，认识妇女和有色人种对美国和世界文明的观点及其贡献；也有人认为其目标是保护包括美国欧洲智力遗产在内的"共同文化"。我们应当看到，这些不同目标的制定和提出，都是不同时代的客观需求或者是不同群体利益的反映。

以包含所有群体为特征的多元文化课程的理性范式同样引发了某些具有挑战性的问题：颂扬美国种族/文化的多样性，是否会促成分裂和分离主义？文化多元主义是否就是课程开发的一个鲜明的基础？在有限的课程中，哪些群体的经验和观点应该包含在内？除了认识到每一个群体应该知道其历史经验和文化这一点外，再如何证明这种"包含"是合理的呢？对于这些问题，不同群体有不同的观点，而他们的观点大都从社会学、历史、人类学和哲学中寻求证明。针对不同群体在教育改革上的意见相左，韦伯斯特提出了"批判性思维"的概念，认为"批判性思维"是解决这些争论的最关键的条

① Webster，Y. O. Against the Multicultural Agenda：A Critical Thinking Alternative[M]. Sixth Edition. Westport，CT：Praeger Publishers，1997：102.

件，进而是多元化课程的目标。[①]

特丽萨·佩特里（Theresa Petry）和詹姆斯 W·弗雷泽（James W. Fraser）在《自由的耕耘》（*Freedom's Plow*）一书中也对多元文化教育和课程的理性范式提出了不同的看法。他们说："如果在国家教育制度中促进和预想涵盖所有美国人的民主的话，那么多元文化教育就必须是这个国家对教育进行的所有讨论的核心，而不是处于边缘。在这种情况下，多元文化教育就不是一个简单地把新的材料添加到学校课程中的问题，而是要从根本上修正学校教育与民主社会的关系问题。"[②]同样，美国马萨诸塞州西蒙斯（Simmons）学院社会学系教授伊莱恩 C·哈格皮恩（Elaine C. Hagopian）认为，多元文化教育和课程原本致力于改善不平等的地位，"不平等"支持文化多元主义的理念，但没有触及阶层和权力的结构问题。[③]在某些人（如盖伊）看来，多元文化课程的理性范式把注意力从种族主义和种族歧视的真正受害者的非白人族群身上转移了，因此不能解决某个族群特有的问题，因为这样的问题太具有个别性，一般化的途径是不可能解决的。盖伊（1983）担心多元文化教育正在变得过于宽泛，她写道："对多民族教育的另一个潜在威胁来自内部。虽然任何教育思想，如果要经受住时间的考验，必须发展和变化，但这

---

① Webster，Y. O. Against the Multicultural Agenda：A Critical Thinking Alternative[M]. Sixth Edition. Westport，CT：Praeger Publishers，1997.

② Hagopian，E. C. Cultural Pluralism，Multicultural Education，and Then What?[A]. 1994. In Fred Schultz. Multicultural Education. 96/97.（Third Edition）[C]. Guilford，CT：Dushkin Publishing Group/Brown & Benchmark Publishers Sluice Dock：84.

③ Hagopian，E. C. Cultural Pluralism，Multicultural Education，and Then What?[A]. 1994. In Fred Schultz. Multicultural Education. 96/97.（Third Edition）[C]. Guilford，CT：Dushkin Publishing Group/Brown & Benchmark Publishers Sluice Dock：83-89.

样的发展一定要保持在合理的限度内，并且要保有一定程度的连续性，如果许多新的领域增加得太快，原来的概念就可能被曲解到超出识别的范围。多民族教育可能正在开始发生这种情况。”①

第三节　多元文化课程的激进范式

多元文化课程是在反对白人种族主义的黑人运动进而成为民权运动中诞生的。种族主义给黑人和其他有色人种带来了极大的痛苦和创伤。为了争取平等、自由和公正，这些少数族群进行了无数的抗争，然而，在这个过程中，出现了“矫枉过正”的现象。多元文化课程的激进范式正是多元主义“矫枉”中所显露出来的“过正”现象在学校课程中的体现。多元文化课程反对盎格鲁—撒克逊的同化主义，反对白人种族中心主义，倡导多元主义，但后来出现了“拒绝西方文化为基础”“非洲中心主义”“激进女性主义”等否定“多元”意识的思潮，致使多元文化教育和课程出现了一种激进范式。“非洲中心主义课程观”是多元文化课程中典型的激进范式。

“激进，非理智也。”多元文化课程的激进范式是从反对白人种族主义走向黑人种族主义的范式，是从反对盎格鲁—撒克逊文化的同化走向非洲文化的同化的范式，是从反对父权制走向女权制的范式。一句话，多元文化课程的激进范式是从一个极端走向另一个极端的范式。多元文化课程的激进范式认为，尽管多元文化教育和课程有了某些发展，但课程和教科书改革的表面化非常明显。要想使课程体现出真正的多元文化特色，就必须进行某些激进的改革。学校课程在过去既然是以盎格鲁文化为中心，使有色学生遭受了无尽

① 谢宁. 面向 21 世纪的基础教育和民族教育[M]. 北京：气象出版社，1992：282-283.

的不平等和不公正，因此现在就应该使有色学生及其文化处于国家文化价值观和公立学校课程的核心。多元文化课程的激进范式强调某些族群的文化及族群特点并以“反种族主义”特别是追求“非洲中心主义”为主旨。

非洲中心课程的教育改革的主要动力不仅来自于20世纪六十年代的反映黑人经验的文化民族主义的作品，而且也来自几十年来“文化主义”对学习组织和功能的批评。正如 麦卡锡和迈克尔·阿普尔（Michael Apple）所说：“美国教育在 20 世纪七十年代中期采取了更具有决定性的文化主义的取向，其部分原因是出于对学校教育和社会的结构性的经济解释的不满。”[1]非洲中心教育改革的运动认为，黑人在社会经济中地位低的主要原因是他们的“基因”比白人差并由此导致了在经济生活中得不到好的工作以及较低的社会地位的观点，是典型的白人优势理论，并提出“文化”是所有教育和政治组织在解放非裔美国人的努力中处于第一位的因素。黑人民族主义者坚持要凸显黑人文化，而且认为黑人文化的重新定位是黑人解放的前提。

黑人解放的文化教育计划可以在 20 世纪六十年代的“黑人民族主义者”及 19 世纪末的泛非主义者和 20 世纪中期的“黑人文化民族主义者”的作品中发现。非洲中心教育改革是近年来“黑人文化民族主义”的重现。这场运动最著名的倡导者莫莱菲·阿桑特（Molefi Asante）（1989）认为，非洲中心主义（Afrocentricity）是“一种解放的意识形态”。[2]非洲中心主义就是在所有方面都给予黑人利益以优先权。

---

① McCarthy，C & Apple，M. Class，Race，and Gender in American Educational Research: Toward a Nonsynchronous Parallelist Position[A]. 1988.

② Asante，M. Afrocentricity[M]. Trenton，N. J：Africa World Press，1989：43.

一、多元文化课程激进范式的主要假设

少数族群学生普遍具有较低的自我概念，而学校课程中有关少数族群的内容可以帮助他们提升自我概念。纳尔逊（Nelson）等人指出，任何熟悉学校的人都知道，教学的最有效的办法是使学生的经验处于学校知识的核心。当学生在教科书和所读的故事中发现与自己相似的人物时，课程就更有意义；当课程反映学生及其家庭的文化经验时，教学就能够更好地吸引学生。发现自己和自己的历史被排除了学校课程中时，学生就会有被疏远的感觉。所有学生都应该被允许学习反映其经验、抱负和问题的课程。儿童发现自己及其文化在学校课程中不被重视时，他们就不禁有种失落感并产生愤怒。“当前的学校知识结构使非裔美国儿童及其他少数群体的儿童都有种局外人的感觉。”[①]阿桑特也说道：“非裔美国学生很可能在反映非洲中心观点的学校中，取得好的学术成就。”[②]阿桑特认为，欧洲中心主义课程对历史和文化的许多解释，从学术和教学中看都是错误的，在学校课程中注入非洲中心主义不是使课程政治化，而且追求真理和准确性的表现。只有非洲中心主义课程才能纠正过去对历史和文化的描述的错误。[③]非裔美国学生之所以成绩差，是因为他们有着较低的自尊和动机，而这二者又是由于在学校课程中缺乏肯定的黑人历史的表象。只有当课程向他们提供其自己的历史模式、神话和英雄时，他们才有较高的学习动机。

少数族群的家庭和社区对其学生进行的社会化都背离了他们作

① Nelson，J. L.，Carlson，K，et al. Critical Issues in Education—A Dialectic Approach[M]. Second Edition. Guilford，CT：McGraw-Hill，Inc，1993：175.

② Asante，M. The Afrocentric Idea in Education[J]. Journal of Negro Education. Spring，1991，60（2）：175.

③ Asante，M. Afrocentricity[M]. Trenton，N. J：Africa World Press，1989：43.

为少数族群学生所应该具备的认知技能和文化特点。种族主义是阻碍非白人少数族群取得较高学术成就的主要原因，学校能够并且应该致力于消除制度上的种族主义。学校是政治统治的工具，而现有学校课程是为现有的社会制度服务的，这些课程无助于受压迫群体的解放。按照这样的制度，少数族群学生不可能获得平等的机会，对现行学校课程进行激进改革是少数族群学生获得平等的先决条件。非洲中心主义是激进范式的多元文化课程的核心。

非洲中心主义者认为，美国社会是多种族和多元文化的，各种族和文化应该是一律平等的，但白人种族在文化上占据了主导地位，这对其他种族来说是不公平的；另外，美国社会的确不存在什么“共同文化”。学校课程常常是在促进所谓共同文化的幌子下，把欧洲中心的这种错误认识变成了知识，而且在努力歪曲古埃及在西方文明进化中所起的作用。

斯里特对“欧洲中心主义的主流的课程主题”进行了总结。1. 美国是充满财富和机会的土地；它向所有努力的人开发；任何人都会得到他所争取得到的东西。2. 美国历史从欧洲流动到北美的东海岸，又从东海岸向西流去。3. 美国文化源于欧洲；欧洲是有价值的文化成就的主要来源。4. 国家理想是（而且应该）包括：个人的发展、私人积累、由大多数人而且也由市场需求来统治、忠于美国政府以及言论自由。5. 某些社会问题在过去存在，但现在已经解决。6. 社会所面临的大多数问题都可以通过技术解决，对此科学和数学会提供最好的答案。7. 美国人在绝大多数事情上拥有一致意见；差异是个别的，可以通过对话得以解决（通常通过一个故事）。8. 世界的其他地方拥有贫穷现象和问题，但美国不存在；我们愿意解决其他国家的问题。9. 美国基本上是白人的、中产阶级的和异性恋的（heterosexual）；富有的白人男性是世界上最好的思想家和解决问题的专家，而且其行为常常是为了每个人的最好利益。[①]美国文化是种族主义的，学校中存在着“欧洲中心的霸权主义”，建立在这种意识形态基础上的教科书、课程和教学实践保持着白人霸权的模式。学校传播的文化是代表和有利于白人学生的传统和表象的，这样的学校课程无论在智力上还是在文化上都不可能保持中立。“欧洲中心主义”课程排除了其他有色人种的观点，忽视了非裔美国学生的文化遗产，而且把非洲对世界和美国历史所做出的贡献轻描淡写，这一切都对非裔美国人和其他有色学生造成了压制并在心理上造成了损害，而且影响了他们对族群的积极认同，并削弱了他们的动机。盖伊说：“忽视少数族群贡献的课程是文化上的种族主义。”[②]她还说：“学校课程常常完全忽视黑人、波多黎哥人、美国印地安人、古巴人、墨西哥裔美国人和亚裔美国人，或者以否定的方式来描述他们。多元文化课程可以通过解释这些少数群体对美国历史和文化所做的贡献，以及通过真实而全面地描述他们的生活经验，来纠正这些曲解。这就意味着，要在课程中包含从当代和历史的角度所看到的这些群体在美国社会中的地位的信息，以及作为功能文化实体的特点及其贡献。”[③]

种族主义意识形态之父亚瑟·德·加蒂诺（Arthur de Gohineau）从生理角度把人划分成三类：白人、黄种人和黑人。[④]他把黑人说成

① Sleeter，C. E. Multicultural Education as Social Activism[M]. Albany：State University of New York Press，1996：93.

② Clay，C. A. Campus Racial Tensions：Trend or Aberration?Thought and Action 5. Fall，1989，2：26.

③ Webster，Y. O. Against the Multicultural Agenda：A Critical Thinking Alternative[M]. Sixth Edition. Westport，CT：Praeger Publishers，1997：26.

④ Webster，Y. O. Against the Multicultural Agenda：A Critical Thinking Alternative[M]. Sixth Edition. Westport，CT：Praeger Publishers，1997：33.

是劣质的，其目的是提升在自然对人类选择过程中白人的地位。迪奥普（Diop）跟加蒂诺一样，也对人类进行了划分，即黑人、白人和黄种人。然而，在迪奥普的作品中，加蒂诺的梯子颠倒过来了，黑人处于了人种优劣阶梯的最上层。迪奥普的理论成为非洲中心主义进而非洲中心课程的理论基础，并以古代埃及的文明来佐证黑人文明在世界文明发展史上的贡献和作用。

迪奥普的著作是非洲中心主义的哲学和理论基础。迪奥普提出了一种跨文化的人类观点。他对古代的研究延续了早期“种族划分”的传统。他认为，古希腊是“白人”文明，古埃及是黑人文明，而且希腊和罗马的文明在很大程度上应该归功于埃及文明。反过来，埃及曾受埃塞俄比亚的殖民和文化影响；古代的许多文明之间有复杂的相互影响。因此没有一个种族、一个国家或者一个大陆宣称有一种文化或文明。

二、激进范式的多元文化课程的含义

激进范式的多元文化课程是建立在以非洲中心主义为代表的激进主义基础上的、以黑人或非洲文化取代欧洲中心传统文化的一种所谓的多元文化课程。其实，它不是真正意义上的多元文化课程，因为它强调学校课程的反种族主义的内容，拒绝西方文化为基础，不考虑其他族群和群体的文化及特点，最为重要的是渗透或者干脆以“非洲中心主义”统领整个课程。

阿桑特说：“非洲中心主义是一种从非洲人的观点来看待各种现象的参照系。非洲中心范式就是在各个方面致力于非洲人处于适当的中心。”[①]以非洲中心主义为核心的激进范式的多元文化课程观

---

① Asante，M. The Afrocentric Idea in Education[J]. Journal of Negro Education. Spring，1991，60.（2）：171.

认为，学校课程中的阶层、性别等问题只是些暂时性的主题，而民族问题才应该是多元文化教育和课程始终关注的主题，盖伊（1983）指出："多元文化教育研究领域的不断扩展，其后果是忽视了这一领域的原来的焦点一民族。"[①]她认为，性别和阶层固然重要，但把它们包含在多元文化教育这一标题下，就会损害民族和种族作为这一领域中心问题的地位，而至于民族问题的内容，首先应该努力把非裔美国人的观点及其贡献添加进学校课程中去。

非洲中心课程的倡导者主要是黑人学者，他们要求修改表述"过去"和"现在"的方式，以便把非洲文化遗产和非裔美国人置于学校课程的中心位置；要求改写历史，确定非洲文明的首要地位。同时，他们"还否定西方历史和西方价值观，包括那些曾有助于巩固国家政治思想的'纯男性白人'制宪元勋的哲学"。[②]这些激进主义者提出"只有黑人学者才是以非洲为中心的课程材料的适当提供者"。[③]他们认为，克利奥巴特拉、大仲马、贝多芬、普希金以及其他西方文化名流均是黑人的祖先。

三、激进范式的多元文化课程的目标

激进范式认为，多元文化课程必须向欧洲中心主义、包容各群体的文化和观点的"理性"学校课程提出挑战，打破以欧洲为中心的课程的不平衡，使黑人种族的成就在所有文明和学校课程中处于核心地位。有关黑人在历史上的作用的知识对于黑人心理和政治复

---

① 李瑾瑜，负平清. 对多元文化教育的四种误解及其分析[J]. 民族教育研究，1999（3）.

② 玛丽·A. 赫伯恩. 民主社会中的多元文化和社会凝聚力问题：美国的经验是一种模式还是一个范例？[J]. 联合国教科文组织：教育展望中文版，1993（1）.

③ 玛丽·A. 赫伯恩. 民主社会中的多元文化和社会凝聚力问题：美国的经验是一种模式还是一个范例？[J]. 联合国教科文组织：教育展望中文版，1993（1）.

兴是至关重要的，因此对事件的非洲中心的观点是黑人学生教育经验的核心，古代黑人文明及其对现代文明的贡献必须成为课程的一部分。要使非裔美国学生与白人学生取得平等的地位，学校课程就必须注入非洲中心的价值观、标准和概念，以使白人认识到他们与黑人应该是平等的，不要再去怀疑现代非裔美国人的智力。

斯里特认为，多元文化课程常常不太注意白人种族主义（而且常常忽视父权制和阶层的等级制度），而主要集中于文化差异。文化和文化差异当然是很重要的，应该成为多元文化教育的核心，但白人种族主义和种族压迫以及资本主义的和父权制的压迫也应该成为核心。[①]

在激进范式的多元文化课程目标的影响下，首先，课程和教科书中的某些词汇进行了更改。如先天性聋子先被称作“听觉受损的人”，后来又改为“天生有权保持沉默的人”。[②]有些聋子坚持认为，他们代表了一种不同的文化，与任何其他人的文化一样丰富多彩，一样有价值。“当今美国社会一味追求‘赋予残疾人权利’，为此不惜睁眼说瞎话，称这些人没有残疾，只不过与正常人不一样罢了。”[③]有人认为，“残疾人”这一称呼不妥，而应该称为“身体具有挑战性的人”（being physically challenged）。激进女性主义也要求英语语言中的某些称谓进行变化，如与 everyone，everybody，anyone，anybody，no one，nobody 等代词相对应的物主代词，在标准英语中是 he，his，him，口语中也可用 they，their，them，而现在女性主义者则坚持用 she，her。她们认为，用 he，his，him 是父权制和男性主义的表现，但她们连反映不出性别的 they，their，them 都不用。

① Sleeter，C. E. Multicultural Education as Social Activism[M]. Albany：State University of New York Press，1996：137.

② 威廉·亨利. 为精英主义辩护[M]. 胡利平译. 南京：译林出版社，2000：120.

③ 威廉·亨利. 为精英主义辩护[M]. 胡利平译. 南京：译林出版社，2000. 122.

弗吉尼亚州的“英语优先”组织执行主任特里菲亚蒂斯认为，这种所谓的文化多元主义“已走火入魔”。[①]

其次，学校课程中的许多童话故事被重新改写，以便读起来更符合女性主义者的口味，较少暴力色彩。例如，新出版的《小金声丛书》删除了《三只小猪》和《小鸡》故事里的骇人情节。如此一改，这两个故事所含的处世需谨慎的寓意也就荡然无存了。新版的《小红帽》不仅删除了老狼吃小女主人公和她外婆的情节，而且还完全删除了一个樵夫把狼肚子一割两半，救出小红帽和她外婆的内容。原文的描写显得太血淋淋，而且对老狼过于残忍，令动物保护主义者不满。最重要的是，妇女不应该依赖男人去解救她们，就算是年幼无知的女孩或是年迈体衰的老太婆也不例外。在改写后的《小红帽》里，为逃避老狼的追逐，外婆藏到了衣帽间里。小红帽出来后，外婆身披一件鬼装，一下子从衣帽间里跳了出来，老狼吓得落荒而逃。一老一小于是为自己的力量陶醉不已。[②]马克·吐温的名著《哈克贝里·费恩历险记》，由于其中对黑人的称呼是“黑鬼”，因此自 1957 年就被许多州的中小学开列的书单中删除。墨西哥裔美国人也成功地把 1847 年的美国与墨西哥战争说成是“美国的侵略战争”。

最后，学校课程从肩负着传承人类文化的使命滑向了完全屈从于“特别研究科目”的僵硬教条。[③]美国大学普通文学概况课程课本的新版《希思美国文学选》，醒目地将美国印第安人的歌和西班牙水手写的诗，而不是早期英国清教徒移民留下的文字列在卷首，目的就是为了否认美国文化源于欧洲。以后的章节也是大量的妇女和黑人作家的作品。许多学校课程设置，“从巴尔的摩市公立学校里

① 威廉·亨利. 为精英主义辩护[M]. 胡利平译. 南京：译林出版社，2000：89.

② 威廉·亨利. 为精英主义辩护[M]. 胡利平译. 南京：译林出版社，2000：159-160.

③ 威廉·亨利. 为精英主义辩护[M]. 胡利平译. 南京：译林出版社，2000：5.

讲授的非洲中心论课程，到旧金山州立学院研究同性恋的副修科目，完全是为了使学生自我感觉良好，好像上学与接受心理咨询是一回事似的。获得职业技能和提高思辨能力已无关紧要。”[①]亨利认为，教材的编写者和出版社为了政治上不出错，不重事实，不重致知，甚至降低了课程的难度。康乃尔大学唐纳德·海斯教授通过分析得出结论：在过去两代人的时间内，课本的语言难度下降了大约20%。在抽样分析了1860—1992年的788部课本后，他说：“一流高中使用的课文难度相当于第二次世界大战前八年级学生的课文。”[②]据一位著名的课本出版商讲，课本中有些最严重的讹传是有意加上去的，目的就是为了安抚施压团体。[③]亨利指出：“受此教育的孩子愤世厌人，甚至患有多疑症。它培养了一种基于仇恨的虚假的民族自豪感。”

四、评价与反思

以非洲中心主义为核心的多元文化课程的激进范式是在“矫枉”过程中出现的“过正”的一种范式，它主要是某些激进的黑人学者提出和倡导的，它是弱者面对强者的压迫或者可能出现的压迫表现出的一种“极度自卑导致极度自尊”的变态心理，是一种压抑已久而爆发出来的改变了正常音质的歇斯底里的尖叫。该范式没有也永远不会成为学校课程或者是多元文化课程的主流范式，因为在理论上它是偏激的，在实践上是有害的，甚至它永远也不会走向实践。因此人们对它的研究较少，批判较多。

非洲中心主义反对社会只需一套普遍接受的单一价值观的观点，但同时却又创造仅适合于非裔美国人的文化价值观，这从一个

---

① 威廉·亨利. 为精英主义辩护[M]. 胡利平译. 南京：译林出版社，2000：40.
② 威廉·亨利. 为精英主义辩护[M]. 胡利平译. 南京：译林出版社，2000：42.
③ 威廉·亨利. 为精英主义辩护[M]. 胡利平译. 南京：译林出版社，2000：43.

极端走向了另一个极端。激进的非洲中心主义意味着另一种形式的一致性，并会导致独裁主义。非洲中心主义是多元文化主义的衍生物，但它从根本上否定了多元文化主义。非洲中心主义课程是多元文化课程发展的一种畸形，背离了多元文化课程的宗旨。它必将成为同化主义课程观的另一种翻版。多元文化课程在探讨文化多样性的同时，必须考虑到教育本身的目的、价值和功能。“在当今社会中，文化多样性的模式本身具有无限的多样性。不同地区、不同学校和不同儿童的文化多样性的模式是不同的。对这种多样性进行大致的二分法（dichotomy）——只分为黑人文化和白人文化，说明缺少判断和分辨。”①多元文化课程应该探索二分法背后的原因、揭示人与人之间的不同，而这种不同是任何多元文化社会中的力量所在。

激进范式的支持者不是在扩展传统的美国价值观，而是将其取而代之。他们所追求的是：倘若美国的价值观和习俗与他们的发生冲突，美国的传统要让位于新的种族多元主义，不得只有一个中心。这种观点看似平等和民主，但这些人缺少一种国家的认同。没有国家的认同，就没有爱国主义的情感，就会造成感情的扭曲，也就会导致国家的分裂。这是极端的多元文化主义，不管它有多么完美的逻辑和推理，对于以民族国家为划分实体的当今世界来说，这种思想还是极端的感情主义压倒了理性主义，因此它在很大程度上不免有空想的成分。

多元文化课程不是一门独立的课程，而是一种理念渗透进学校所有课程中；它的教育对象不仅仅是少数族群和群体的学生，而是全体学生。这些观点已经得到了共识。激进范式所倡导的旨在提高有色学生的民族认同和民族自豪感的观点，并不适合于白人学生，

① Nixon，J. A Teacher's Guide to Multicultural Education[M]. Oxford，OX：Basil-Blackwell Ltd，1985：11.

"在白人团体中，多元文化计划一般不太向学生灌输民族自豪（尽管很明显这种情况常常出现），而是比较强调培养对美国和国外不同文化、种族和民族传统的欣赏"[①]。多元文化课程要在学校中取得一定位置，就必须使之符合各个群体的利益及其追求。斯里特指出：在围绕多元文化课程内容添加方面的讨论中，主流群体的成员常常会感到被排除在外，她的一位白人学生在讨论中就抱怨道："我想我没有一种文化。"[②]

小阿瑟·施莱辛格在《美国的分裂》（1991）一书中感慨地说："黑人史、非洲史、妇女史、拉美史和亚洲史当然要讲，但要作为历史讲，而不是对它们阿谀奉承。研究历史不是为了提高哪个群体的自尊，而是为了了解世界和明鉴过去，为了客观地分析、判断、理解和尊重不同的文化和传统，为了坚定地捍卫宽容、民主和人权等人类共同的思想观念。正是后者才使我们得以自由地探讨历史。"[③]学校课程就是要传授知识，为现实社会和未来培养各行各业所需要的合格人才，这是课程的本质功能所在。然而，遗憾的是，许多多元文化主义者"关心现在和过去甚于关心未来"[④]。

非洲中心主义坚持认为，黑人孩子只有对自己的根怀有自豪感，才会认真学习并学有成就。为此，故意在课程中增加些不正确的内容，如黑人发明了电话、电梯、电灯泡及其他许多成果。其实，黑人并没有发明这些现代技术。黑人孩子带着这种错误的认识长大无助于今后改善种族之间的关系。另外，非洲中心主义的错误还在于：

---

① Ryan，F. f. The Perils of Multiculturalism：Schooling for the Group[J]. Educational Horizons. Spring，1993，71（3）：135.

② Sleeter，C. E. Multicultural Education as Social Activism[M]. Albany：State University of New York Press，1996：112.

③ 威廉·亨利. 为精英主义辩护[M]. 胡利平译. 南京：译林出版社，2000：51.

④ 威廉·亨利. 为精英主义辩护[M]. 胡利平译. 南京：译林出版社，2000：55.

美国黑人孩子从非洲文化中学到的东西超过从欧洲文化中学到的，这完全是无稽之谈。这种所谓的多元文化课程缺乏起码的“学术”，这也是多元文化课程遭到批评的原因之一。韦伯斯特认为，在多元文化主义指导下的学校“历史”和“社会科”的某些文本缺乏最起码的学术中立。他说：“历史的教学不能成为反复灌输对祖先崇拜的过程。”[①]非洲中心主义者建构了一个主导的、白人的、男性的欧洲中心的教育的神话（myth），把西方文明魔鬼化，其结果是滑进非洲中心的世界观中，这种世界观除了提高黑人学生的自尊的令人怀疑的保证外并不具有可信性。

反对“欧洲中心主义”的一种普遍流行的观点是：理性和科学不是绝对的，只不过是文化上的抉择而已。“赞扬非理性从反面证明了多元文化论的谬误。凡在学校玩过球的人都可以看出它的荒唐之处：赢不了球，就改变游戏规则。”[②]黑人也好，拉美族裔或任何其他少数族裔也好，摆脱被排斥在主流社会之外的途径只能是鼓起勇气，增强自信心，而不是在学术上另搞一套，或是在体制上另起炉灶。

多元文化课程的一个主要假设是，每一个学生都代表一种特有文化，而且他们会把自己的文化认同和经验带进课堂。然而，人可以是跨文化，不管哪种文化的学生在课堂上都“渴望老师把他仅仅看作一个学习者或者一个人”[③]。不同文化的学生并非事事、时时、处处都意识到或者旨在凸显自己的文化。虽然文化对人的影响是广泛的，但并不决定人的一切行为。文化决定论是错误的。

---

① Webster，Y. O. Against the Multicultural Agenda：A Critical Thinking Alternative[M]. Sixth Edition. Westport，CT：Praeger Publishers，1997：46.

② 威廉·亨利. 为精英主义辩护[M]. 胡利平译. 南京：译林出版社，2000：85.

③ Webster，Y. O. Against the Multicultural Agenda：A Critical Thinking Alternative[M]. Sixth Edition. Westport，CT：Praeger Publishers，1997：56.

多元文化课程不应该以“中心主义”为核心。非洲中心主义课程的代表人物阿桑特在批判欧洲中心主义课程时说：“教育中的多元文化主义是一种尊重和赞赏对世界现象的各种文化观点的非等级的范式。多元文化范式认为，尽管欧洲文化是美国的多数人的文化，但这不是向不同学生灌输‘共同’文化的充分理由。多元文化主义者坚持认为，教育从完整性上说，必须首先接受这一假设，即所有人类都为世界的发展及知识和信息的流通做出了贡献，而且大多数人类的成就是相互影响、国际努力的结果。”[①]他的这一番论述也恰好是批判非洲中心主义课程的论据。阿桑特在攻击“欧洲中心主义课程”时强调了“多元文化教育要关注所有人类”这一共识性问题，但在确立非洲中心主义课程时却又故意忽视了这一点。这说明，某些族群在利用否定欧洲中心主义课程时所出现的多元文化课程来凸显本族群文化的意图。由此可以看出，以非洲中心主义为代表的任何多元文化课程的激进范式，都仅仅是“冲突与妥协”的产物，缺乏坚实的理论基础和严密的逻辑推理。

拉维奇把多元文化课程的非洲中心的概念描述成一种极端的中心主义，它的实施会损害非裔美国学生的教育利益。她认为，非洲中心的概念是没有必要的，因为美国社会从对多样性的容忍方面看有一种比较多元主义的文化。没有官方或非官方的法规规定某一特别文化是优越的，或者禁止某些群体表达其文化。相反，国家与文化之间有一种公开的分离，而且没有哪一个群体的文化是有特权的。多元文化课程的非洲中心范式努力在脱离多元主义的神圣传统，它追求与文化自由或教育成就根本不相干的社会政治目标。然而，在阿桑特看来，拉维奇的观点“根本不是多元文化主义，而是欧洲中

① Asante，M. The Afrocentric Idea in Education[J]. Journal of Negro Education. Spring，1991，60（2）：172.

心的霸权主义的一种新形式”[①]。另一方面，拉维奇坚持认为，在多元文化主义的旗帜下不能倡导非洲中心课程，因为从定义上看，多元文化主义不能使任何种族或民族群体处于中心地位。在理性范式看来，在课程中西方传统的中心化并不意味着贬低了其他传统。某些非西方的传统肯定应该包含在课程中，但必须把“包含”与“代替”区别开来。美国的核心文化源于西方传统，西方文化不可代替，公共教育必须保证传授这些传统和文化。“美国的欧洲文化的根基（roots）体现了希腊的民主理想和理性主义、个人自由、平等和普世主义的启蒙遗产，这一切是公民社会的基础。”[②]在课程中所添加的内容应该是对美国历史和文化多元主义发展有所贡献的东西。

韦伯斯特说：“有理由相信，阿桑特对黑人教育成就低的解释犯了不根据前提的推理的错误。首先，如果种族问题是在知识同化和未来的动机中是个重要因素的话，那么如何解释非洲人和非裔美国人信奉基督教的‘白人耶稣’。其次，正如拉维奇所观察到的，这种解释把复杂的认知、学习动机和自尊问题降低为一维的历史种族的表象。在课程中呈现积极的、历史的希腊人表象并不能使希腊裔美国学生取得很高的成就，而没有积极的、历史的亚洲人的表象也不会导致亚裔美国学生的低的学术成就。”[③]

人类学家弗雷德里克·巴斯（Frederik Barth）（1969）反对通过文化来界定族群，他认为，尽管民族分类考虑到了文化差异，但民族单位（ethnic units）与文化相似性和差异之间不是简单的一一对应

---

① Asante，M. Multiculturalism：An Exchange[J]. The American Scholar. Spring，1991，60：270.

② Webster，Y. O. Against the Multicultural Agenda：A Critical Thinking Alternative[M]. Sixth Edition. Westport，CT：Praeger Publishers，1997：46.

③ Webster，Y. O. Against the Multicultural Agenda：A Critical Thinking Alternative[M]. Sixth Edition. Westport，CT：Praeger Publishers，1997：32.

的关系，而且那些差异也不是客观的，而仅仅是行动者（actors）自己所认为明显的那些特征。[①]在多元文化教育中，“非裔美国人”和“黑人”是可以换用的，表明非裔美国人仅仅是“黑人”的一个文化派别。“但是大约 80%的所谓黑人声明自己是‘白人’血统，而且所有人都参与到了被称为 ‘白人’的文化之中。”[②]而且黑人团体也并非完全一致的。其中有中产阶级的黑人和贫穷的黑人，前者竭力想与后者拉开距离，尤其是不想和后者住在一起。另外，黑人团体还有“保守派”和“主流派”之分。前者认为，黑人也许要对自己的问题负一定的责任；而主流黑人社团则坚持，黑人的一切不幸归根结底都是白人的过错。因此不加分析地刻板地看待黑人和黑人文化的观点和做法，是不正确的。

非洲中心主义者通常把非裔美国人与非洲文化联系在一起，甚至把他们定义为非洲人，这实际就否定了他们作为正式美国人在美国社会中的地位。拉维奇认为，自我分离的自我实现的循环源于非洲中心主义者所坚持认为非裔美国人认同古埃及。拉维奇说：“如果教给学生他们的真实认同必须在另一个大陆或者在已经消失的文明中才能找到，那么他们就会感到强烈的边缘化意识的痛苦。”[③]

朱莉娅·克里斯蒂娃（Julia Kristeva）（1991）曾研究过这种“作为外国人”对幸福的感受。他认为，“外国人”的幸福是被强烈地意识到的，但这是强装的、忧惧性地谨慎的。[④]对于非洲中心主义者

---

① Webster，Y. O. Against the Multicultural Agenda：A Critical Thinking Alternative[M]. Sixth Edition. Westport，CT：Praeger Publishers，1997：61.

② Webster，Y. O. Against the Multicultural Agenda：A Critical Thinking Alternative[M]. Sixth Edition. Westport，CT：Praeger Publishers，1997：36.

③ Ravitch，D. Diversity and Democracy：Multicultural Education in America[J]. American Educator. Spring，1990，14（1）：47.

④ Webster，Y. O. Against the Multicultural Agenda：A Critical Thinking Alternative[M]. Sixth Edition. Westport，CT：Praeger Publishers，1997：66.

来说，非裔美国人是美国的外国人，他们的幸福在古埃及，灾难产生于奴隶制和欧洲中心主义的教育。与非洲中心主义者一样，克里斯蒂娃预料到了：当外国人“寻求那个看不见的、有指望的疆域，以及那个不存在的但只是在梦中的、的确必须称为来世的国家时”，他们会感到在建构神话般的过去和想象中的家园时的极度的痛苦。[①] 韦伯斯特说：“反复灌输非洲中心主义的思想就会导致一种不处于美国核心的信念，也就不再去追求美国的教育了。非裔美国人教育的失败然后就归咎于白人种族主义，而不归咎于非洲中心主义的去美国化和去中心化的结果。”[②]

非洲中心主义者坚持认为，教育的成功依赖于种族或民族的中心化以及种族或民族认同与课程内容的吻合，而正是这一吻合才使“白人”学生取得了高成就。话又说回来了，那么非洲中心主义课程又如何使白人学生受益呢？实际上，非洲中心主义的课程改革会损害白人学生的利益，白人学生会反对这样的改革，而非洲中心主义者又认为这是种族主义的表现。其结果是，“白人”课文和白人学生就会脱离公共教育，而只有“黑人”学生才上非洲中心主义的学校或者学习非洲中心主义的课程。也就是说，“非洲中心主义的课程的结果在某些学校中就会造成黑人和白人学生的课程的分离”。[③] 在过去，正是这种“分离”或“隔离”才引发了多元文化课程的出现，而多元文化课程的激进范式又导致了这种“分离”或“隔离”，这不能不说激进范式的矫枉过正。

---

① Webster，Y. O. Against the Multicultural Agenda：A Critical Thinking Alternative[M]. Sixth Edition. Westport，CT：Praeger Publishers，1997：66.

② Webster，Y. O. Against the Multicultural Agenda：A Critical Thinking Alternative[M]. Sixth Edition. Westport，CT：Praeger Publishers，1997：46.

③ Webster，Y. O. Against the Multicultural Agenda：A Critical Thinking Alternative[M]. Sixth Edition. Westport，CT：Praeger Publishers，1997：47.

面对人们对非洲中心主义及非洲中心课程的指责，阿桑特辩称："非洲中心主义不是反对白人的，而是为了人类的（pro-human）；非洲中心主义课程的目标不是分裂美国，而是使美国焕发应该焕发出的活力。"[①]韦伯斯特说："实际上，通过非洲中心的教育改革，黑人和白人都会在智力和社会上得到解放。"[②]非洲中心主义旨在通过教育改革创造一个繁荣的美国，使其中黑人与白人能够在平等的基础上进行参与，这种良好的意图和"为了人类"的观点实际是个挡箭牌而已。

为了尽量消除理性范式与激进范式的对立，班克斯（1989）、贝内特（1990）、韦伯斯特（1997）、L·博德（L. Border）和N·奇兹姆（N. Chism）（2002）等人试图找出更合理的理论基础和更宽泛的概念，把这两种范式调和在一起。

班克斯把多元文化教育概括为三方面内涵，即它是一个观念或概念、一场教育改革的运动和一个教育过程。首先，多元文化教育是一个教育观念，认为所有学生不论性别、社会阶层、民族、种族、宗教或特殊性，在学校中都应获得平等的机会。其次，多元文化教育是一场教育改革的运动，旨在改变整个教育环境，以便来自不同种族和民族群体、不同性别的学生和来自不同社会阶层的学生都能够在中小学和大学体验到平等的教育机会。最后，多元文化教育是一个持续不断的过程，它所追求的目标如教育机会均等和根除各种歧视，是人类永远追求的理想，而在人类社会中是无法实现的。[③]

---

① Asante，M. The Afrocentric Idea in Education[J]. Journal of Negro Education. Spring，1991，60（2）：179.

② Webster，Y. O. Against the Multicultural Agenda：A Critical Thinking Alternative[M]. Sixth Edition. Westport，CT：Praeger Publishers，1997：28.

③ Banks，J. A. Multicultural education：Characteristic and goals[A]. 1989. In Banks and Banks. Multicultural education—Issue and Perspectives[C]. Boston：Allyn & Bacon：2-26.

贝内特认为，多元文化教育是基于民主价值和信念上的教学途径，希望在文化多元的社会和相互依赖的世界中促进文化多元主义。他认为，一个综合性的多元文化教育的定义应该包括四个方面：它是一场运动、一种课程设计途径、一种转变过程和一种承诺。说是一场运动，它旨在改革学校整体环境尤其是潜在课程，以促进教育机会均等；说是一种课程设计途径，它旨在将各民族和全球的观点整合进传统课程之中；说是一种过程，它旨在培养学生接纳和欣赏不同文化的差异，以及能够在不同文化中有效发挥作用：说是一种承诺，它旨在通过态度和技能的培养，来反对种族主义和各种歧视。①

韦伯斯特认为，多元文化教育是强调有色学生、妇女等群体的经验、文化和观点，以努力提高其自尊、动机和学术成就，并激发改变不平衡的权力关系和不公正的社会的动力的一系列学校改革。②

博德和奇兹姆认为，多元文化教育和课程应该以下面几个方面为理论基础：“‘道德性’——整个人类的平等；‘人口统计’——不同学生群体的需要；‘公民’——民主所要求的受教育的公民；‘增加’（enhancement）——可以丰富知识的多元文化的观点；‘政治’——所有学生都拥有权力。”③

为了避免多元文化课程走向激进，威廉·贝内特（William Bennett）在《美国的贬值》（*The Devaluing of America*）一书中提出了要培养“道德能力（moralliteracy）”，以保证社会秩序。亨利·路

① Bennett，C. I. Comprehensive Multicultural Education：Theory and Practice[M]. Boston：Allyn & Bacon，1990：11-13.

② Webster，Y. O. Against the Multicultural Agenda：A Critical Thinking Alternative[M]. Sixth Edition. Westport，CT：Praeger Publishers，1997.

③ Border，L & Chism，N. Teaching for Diversity. Jossey-Bass. 1992：1. Quoted from Tiedt，P. L & Tiedt，I. M. Multicultural Teaching：A Handbook of Activities，Information，and Resources[M]. Sixth Edition. Boston：Allyn & Bacon，2002：17.

易斯·小盖茨（Henry Louis Gates Jr.）提出要通过“人文学科”的真正人的观念来改革学校核心课程，以培养学生发挥世界文化的公民的作用。[①]韦伯斯特也指出：“人文学科应该展示人类的成就，并且必须剥夺其种族和性别的解释。”[②]

然而，我们应当看到，理性范式的多元主义者对激进范式的非洲中心主义的批评有些也是不准确的。多元主义者没有认识到，非洲中心主义是种族社会化的逻辑的结果。这就使多元主义者陷入了一种矛盾之中，既认可对学生进行白人和黑人的划分，而同时又拒绝该划分的逻辑的结果——非洲中心主义要求黑人学生“中心化”的课程。

无论是理性范式还是激进范式，在实践上都是对人进行种族划分、对文化和文明进行区域的划界。非洲中心主义者走得较远，把知识的拥有权归于“种族”，他们提出了以下问题：谁的知识主导课程？为什么白人对黑人历史所形成的知识和观点要灌输给黑人学生？多元主义者也提出了与此对立的问题：为什么美国社会的欧洲根源应该遭到毁谤或者拒绝呢？如果美国社会是民主的结构并且容忍文化差异，那么该社会难道能够被描述成白人至上主义吗？如果美国公民对法律、个人权利的尊重和平等的理想取得明显的共识，那么怎么能说没有一种共同的美国文化呢？另一方面，非洲中心主义者宣称，西方价值观明显地使黑人学生遭到了失败。多元主义者反驳道，这种失败既不是完全的也不是长久的，美国社会在某些方面是存在缺点的，但其中的许多美德是要追溯到西方遗产。多元主义者拒绝非洲中心主义的计划，指出他们会破坏共同的美国文化。

---

① Gates H. L. Whose Cannon is it，Anyway[N]. New York Times Book Review，February 26，1989：45.

② Webster，Y. O. Against the Multicultural Agenda：A Critical Thinking Alternative[M]. Sixth Edition. Westport，CT：Praeger Publishers，1997：58.

反过来，非洲中心主义者谴责所谓的多元主义的计划，认为这是企图在保持欧洲中心主义的霸权。在这种评价的框架中，多元文化教育的多元主义与中心主义的分歧是“无法解决的政治观点的分歧”[①]。然而，人们认为，这些观点的分歧是哲学或方法论方面的。它们的根源是关于知识的一种理论，该理论提出在对争议的观点进行评价时，要关注个人和真实世界。这样，在智力交换（intellectual exchanges）和对“现实”的描述方面的参与者的“文化”和政治，可以被引证来判断观点的正确与否。因为真实世界的实质是不会被人掌握的，而且因为个人的无数的道德和政治的特性只能间接地提到，因此多元文化课程中的多元主义与非洲中心主义范式的对立会一直存在，不可调和。

理性范式更多是从学术上来界定多元文化课程，这些定义常常反映出教育学、人类学、社会学和心理系等学科的观点；而激进范式则是站在政治的角度来界定多元文化课程，其定义常常反映出历史学、政治学的观点。

多元文化课程始终是而且主要是边缘群体为了获得更多的自由和民主以及在社会和政治中取得更大权利，而在教育领域提出的策略。尽管从多元文化课程的广义和后来的发展看增加了“文化”的因素（其实，在这里，“文化”是各族群赖以斗争并凸显自我群体的工具和载体），但“权利争夺”在教育中的反映，才是多元文化课程的本质所在。主流群体（或强势群体）及其文化与边缘群体（或弱势群体）及其文化之间的始终存在着紧张和你进我退、你退我进的局面。迈耶·温伯格（Meyer Weinberg）说：“在美国历史上，多元文化主义时起时落。它从来没有像今天这样强大，但是它的未来

① Webster，Y. O. Against the Multicultural Agenda：A Critical Thinking Alternative[M]. Sixth Edition. Westport，CT：Praeger Publishers，1997：47.

是很难确定的。”[①]这种状况极大地决定着多元文化主义在学校课程中的地位的强与弱的不断反复和波动；而且也使多元文化主义成为学校课程的主流思想并使所有课程都变为一致公认的真正意义上的多元文化课程难上加难。

多元文化课程的范式在“反种族主义”与“包含所有群体”之间不断波动。首先，多元文化课程源于反种族主义，当反种族主义成为多元文化课程的主要内容和目标时，保守派和某些白人学者有意或无意地使其包含所有群体，以把它引向他途，削弱其锋芒，并从广义上界定多元文化教育和课程，当然，也可能是由于民主和人权社会的发展和完善缓解了社会不同群体之间的矛盾。此后，当多元文化课程不断发展而旨在包含所有群体时，反种族主义的趋势又在多元文化课程中浮现出来，这是激进范式所极力倡导的；然而，就在这时，新的保守主义又同时或者相继出现了。因此以“包含所有群体”为主旨的多元文化课程的理性范式与以“反种族主义”为主旨的多元文化课程的激进范式，是并列存在的。

多元文化课程是在族群冲突的背景中产生的，是对“同化”进行矫枉过程中发展起来的，在这样的背景和过程中，难免会出现“过正”的偏差和现象。多元文化课程的核心特点是平等地展示种族和民族群体。非洲中心课程认为，纠正“欧洲中心”课程的有效措施就是在课程和学习过程中注入非洲中心的观点。实际上，这里并不仅仅是“注入”，而是对“欧洲中心课程”取而代之。这是从一个极端又偏向了另一个极端。“矫枉”的同时“过正”了，这是一种新的极端主义，而不是真正意义上的或者更确切地说就根本不是多

---

① Weinberg，M. Diversity Without Equality=Oppression[A]. 1994. In Fred Schultz. Multicultural Education. 96/97.（Third Edition）[C]. Guilford，CT：Dushkin Publishing Group/Brown & Benchmark Publishers Sluice Dock：8.

元文化课程。非洲中心主义课程的出现对真正意义上的多元文化课程的发展有两方面的作用：一是深刻地揭露了美国长期以来学校课程中的欧洲中心主义的倾向，使人们开始反思并着手对此进行改革；二是面对强大的“枉”，从某种意义上和某种程度上也需要“过正”，只有这样才能使二者在斗争中取得平衡，使平等地对待不同文化和不同群体的真正意义上的“多元文化课程”得以产生和健康发展。因此多元文化课程的理性范式与激进范式就是一个过程中的两段，二者是对立统一的。就像摆钟一样，它总要经过三个点：即左——“非洲中心主义”、中——“理性”、右——“盎格鲁中心主义”。在否定盎格鲁同化的过程中出现的多元文化课程的理性范式和激进范式（以非洲中心主义为代表），是在钟摆过程中不可避免的两种范式。

第四章

批判与反思

——多元文化课程的问题与走向

多元文化课程是不同群体利益“冲突与妥协”在学校课程中的反映。从理论上看，多元文化课程时刻在同化主义与多元主义的张力的平衡中发展着，在发展过程中，又出现了理性与激进两种对立的范式。这说明，多元文化课程无论在理论上还是在实践上，始终存在着争议。在争议过程中，肯定有批判者的声音，批判本身就是一种建构。多元文化课程在批判声中进行了某些调整，呈现出了与新的社会和历史条件相符合的发展取向。要对多元文化课程进行检视、反思和借鉴，就必须关注其在本土的发展过程中所遭到的批判，并看清其现实和未来走向。

第一节　多元文化课程批判

作为一种教育哲学的理念和实践的多元文化课程从诞生之日起，就遭到了以同化主义为核心的保守派和以极端多元主义为核心的激进左派的批判。当然，对多元文化课程的批判还有其他势力和学说。

一、保守派的观点

保守主义在20世纪八九十年代美国社会的出现，是有国内和国际原因的。从国内看，从七十年代末至八十年代，美国经历了战争的失败、总统的辞职、22%的通货膨胀率、和平时代石油和天然气的短缺、凯因斯主义的衰弱及其所支持的政治结盟，这一切都使人们感到个人发展的机会越来越少，这时保守主义的肖像便浮现在了人们的眼前和脑海中；九十年代美国国内经济的不景气，移民和有色人种愿意承担低工资的工作并因此占据了大量工作岗位，还有大量妇女进入职业界，美国白人中产阶级开始对自己的未来感到不安，他们把这些恐惧和担心说是“多样性”的威胁。从国际看，美国想主要通过军事力量来维护自己在世界权力中的优势地位，要达到这一目的，就需要有一种国家统一和团结的意识。多元文化教育对思想的一致性产生了威胁。当时，美国国际霸权的地位不断下降以及国内的生活方式、美国人口多样性的日益加重和道德水平的日益下降，引起了媒体的关注。媒体认为，在“贸易战和冷战”中美国日趋落后于其他国家，而这都应当归罪于学校教育。1983年出版了《国家在危险中》（*A Nation at Risk*），旨在对教育进行改革。《华尔街日报》（1993年5月27日）指出：“从发放避孕套到帮助戒毒，中小学花在处理社会问题上的时间越来越多，用于基础教育的时间越来越少。”[①]有人指出，“当今的学校不再培养学生的工作技能，甚至连读和写都不教给他们”[②]。保守主义认为，许多社会问题如吸毒、少年怀孕、同性恋、依赖福利社会群体，都是“道德倦怠的结果”。[③]性解放以及妇女参加工作而不能照顾家庭，直接影响青少年的发展。只有加强道德教育和自我控制才能解决这些社会问题，所以保守主义者提出了“家庭价值观”的口号，并认为“美国人需要联合起来，更加努力地工作，以重新确立美国在国际经济的竞技场上的优势地位”[④]。美国人要继续追求自己的梦想，就必须恢复国际的优势地位，而要实现这些目标，就应该对学校进行改革。保守主义在设计对学校进行改革时，首先把矛头指向了学校中的多元文化主义及以此为

---

① 威廉·亨利. 为精英主义辩护[M]. 胡利平译. 南京：译林出版社，2000：30.

② Perry，N. J. The Education Crisis：What Business can Do?[J] Fortune，1988，118：70.

③ Sleeter，C. E. Multicultural Education as Social Activism[M]. Albany：State University of New York Press，1996：51.

④ Sleeter，C. E. Multicultural Education as Social Activism[M]. Albany：State University of New York Press，1996：52.

基础的多元文化课程。

20 世纪八九十年代出现的“回复基础”运动，使保守派从另一个角度对多元文化教育和课程进行了批判。“回复基础”运动强调，公共教育的基本目标是教授“基本技能”，而不应该强化学生的自我意识、本民族的文化和种族观念——这是某些族群内部教学机构的任务。双语教育应受到限制，要注意培养非英语的学生用英语说、读、写的技能。美国学者范伯格 • 沃尔特（Feinberg Walter）（1995）一针见血地指出：“没有接受本族文化教育的学生固然可能产生疏远感和无根感，但缺少主流文化教育的学生将会失去许多经济、政治和社会性的机会。”①

另外，保守派常以亚洲裔美国人在美国社会中的成功为实例，反驳其他少数族群特别是非裔美国人和墨西哥裔美国人的观点和要求。在保守派看来，亚洲裔美国人是“模范少数群体”，他们成功的原因是“接受了美国传统的文化和价值观”。②许多美国人认为，“亚洲人已证明了种族主义不复存在了，任何人都可以实现美国的梦想，其他移民和少数种族都应该效法他们。”③面对人口的日益多样性，要实现美国的目标，就必须接受民族多样性，并强化国家认同，学校课程在这方面有不可推卸的责任。保守派坚持：学校的目的是“灌输社会的传统智慧”④，并促进社会的凝聚力；学校应该促进学

① Walter，F. Liberlism and the Aims of Multicultural Education[J]. Journal of Philosophy of Education，1995，29（2）.

② Sleeter，C. E. Multicultural Education as Social Activism[M]. Albany：State University of New York Press，1996：51.

③ Sleeter，C. E. Multicultural Education as Social Activism[M]. Albany：State University of New York Press，1996：51.

④ Hoover，K. R. Ideology and Political Life[M]. Monterey，CA：Brooks/Cole Pub. Company，1987：34.

生性格和道德的发展，并使学生认识到自己的社会角色，并相应地培养他们。

实际上，多元文化课程自从20世纪六十年代就受到保守主义者的批评，但当时只是从某些侧面进行批评；然而，到1990年前后，多元文化教育和课程成为了保守派的众矢之的，批评也越来越厉害。因为多元文化教育发展之初，只是在学校（主要是黑人学校）中进行了些零星的实践，在学术著作和学术会议中提到的也不多，因此没有引起保守主义者的重视。“1978年之前，多元文化教育在教育索引中甚至都没有列为一类，这表明在教育学杂志上没有几篇关于这个题目的文章。”[①]然而，当它开始影响白人学校特别是大学时，就引起了保守主义者的关注。美国批判多元文化教育的著作，在20世纪七十年代有2部，八十年代有6部，1990—1992年就有51部，这些著作绝大多数出自保守主义者之手。[②]这些著作主要对课程和学校政策进行了批判。保守主义认为，美国正日益呈现多样性，教育不是是否应该承认多样性的问题，而探讨多样性到底意味着什么？在保守派看来，多样性是客观存在的，而过分强调和凸显这种多样性会引发不同群体之间的矛盾和对立，进而引发国家的分裂意识，因此他们对文化差异和文化多样性进行了攻击。从拉维奇等人在20世纪九十年代修订纽约和加利福尼亚公立学校课程的尝试中，可以清楚地看到保守派的做法。他们把差异和文化多样性从丰富的遗产、冲突和各种斗争中清除了出去。拉维奇对那些在传统上一直被排除在学校课程之外的人的声音，进行压制和边缘化，并使文化的观念非历史化和非政治化。在拉维奇等人修订的课程中，历史上曾为改

① Tiedt，P. L & Tiedt，I. M. Multicultural Teaching：A Handbook of Activities，Information，and Resources[M]. Sixth Edition. Boston：Allyn & Bacon，2002：408.

② Sleeter，C. E. Multicultural Education as Social Activism[M]. Albany：State University of New York Press，1996：54.

造欧洲中心课程所进行的各种社会运动都被删略了，例如课程中没有提及20世纪六十年代后期和七十年代早期为增设关于黑人、种族和妇女的教学科目和项目而进行斗争的各种社会运动。[①]该课程也没有检视“等级知识和权力关系”是如何影响文化与社会身份的关系的。拉维奇宣称：“在课程中提供从属集团学生的声音的呼吁和使他们在历史感中定位自己的呼吁，固然是提高他们自尊的广泛的教育努力的组成部分，但这些呼吁实际上是在他们身上印刻另一种形式的种族中心主义的伎俩。”[②]她写道：“单边主义的提倡者主张一种种族中心主义的课程，以便在种族和少数族群的背景中，提高儿童的自尊和学习成绩。他们没有任何证据地宣称：那些来自少数民族家庭背景的孩子，只有以积极的、自豪的眼光来看待他们祖先的文化，才能在学校里表现出众。”[③]这种排外主义和种族主义在20世纪九十年代前后，已经在媒体、大众文化和美国的学校中复活了。

保守派认为，对当今美国的威胁是过于强调把社会分开的因素，而不强调什么才能把社会凝聚起来，例如区分种族、宗教实践、血统、语言等。教育的基本目的是统一社会，因此学校课程应该强调统一而不是多样性，而且还需要一套公认的核心课程和公认的历史叙述，这些都应该教授给所有学生。E·D·赫希（E.D.Hirsch）（1987）和布卢姆（Bloom）（1987）是这种观点的代表。他们对20世纪六十年代妨碍公民有效交流和相互理解的那套价值观和价值相对的课程所造成的损失感到惋惜。布卢姆责备许多学校使当代学生在浅薄、

① 亨利·A·吉罗克斯. 跨越边界——文化工作者与教育政治学[M]. 刘惠珍，张弛，黄宇红译. 上海：华东师范大学出版社，2002：291.

② 亨利·A·吉罗克斯. 跨越边界——文化工作者与教育政治学[M]. 刘惠珍，张弛，黄宇红译. 上海：华东师范大学出版社，2002：292.

③ 亨利·A·吉罗克斯. 跨越边界——文化工作者与教育政治学[M]. 刘惠珍，张弛，黄宇红译. 上海：华东师范大学出版社，2002：292.

幼稚的道德相对主义的大海中漂来漂去。他们提出，克服价值相对主义的办法就是对所有中小学生教授一套核心的思想和事实。[①]美国宾夕法尼亚州克兰瑞恩（Clarion）大学艺术和科学学院的主任斯坦顿 W·格林（Stanton W. Green）和斯蒂芬 M·彭曼（Stephen M. Penman）对多元文化主义的后果表示出了担心，他们说："多元文化主义使所有美国人都质疑多元主义对美国文化的影响。对美国亚文化的承认是否会使我们分开？或者它是否给我们以力量凝聚成一个国家？多元文化主义对美国社会的凝聚力是否是一个威胁？或者它是否强化了这个国家赖以建立的不同的基础？"[②]哈里·布劳迪（Harry Broudy）（1975）认为，多元文化课程不能培养少数族群参与到国家的主流文化中去，不能享受到整个人类的智力和艺术的成就，其结果是导致分裂，致使少数族群从我们的制度中脱离出去。[③]赫希（1988）、亚瑟·施莱辛格（Arthur Schlesinger）（1992）和拉维奇（1990）也认为，多元文化课程只能培养出文化无知的美国人，使他们没有一点共同文化的意识。[④]保守主义者在对多元文化课程进行批判时主要关心：多元文化教育是有利于"团结"还是会导致"分裂"？

保守派从"文化主义"的角度论证了自己的观点。文化主义认为，每一种文化都是在独特的环境中产生和发展起来的，文化类型

---

① Webster，Y. O. Against the Multicultural Agenda：A Critical Thinking Alternative[M]. Sixth Edition. Westport，CT：Praeger Publishers，1997：69.

② Green，S. W，& Penman，S. M. Multicultural Education and Culture Change—An Anthropological Perspective[A]. 1995. In Fred Schultz. Multicultural Education. 96/97.（Third Edition）[C]. Guilford，CT：Dushkin Publishing Group/Brown & Benchmark Publishers Sluice Dock：76-78.

③ Broudy，H. S. Cultural Pluralism：New Wine in Old Bottles[J]. Edcuational Leadership，1975，33：173-175.

④ Sleeter，C. E. Multicultural Education as Social Activism[M]. Albany：State University of New York Press，1996：1.

之所以有差异，就在于各有各的独特性；文化对人的作用和影响是不言自明的。虽然文化没有高低贵贱之分，但不同文化之间存在是否适应新环境的差异或者适应程度高低的差异。因此，不同文化的人在新的环境中能否得到充分的发展或者自我实现，在很大程度上决定于人的文化特点。从文化主义看，“非裔美国人等群体的文化特点和内容，阻碍了黑人或其他地位低的群体与美国社会中其他群体的竞争”[①]。穷人或有色人种的习惯、价值观、语言和生活方式等，都被视为对社会生活是不利的和没有什么作用的。群体之间的不平等是由文化差异造成的，因此弱势群体或边缘群体要学习更适合于社会成功竞争的文化，这项任务就应该寄希望学校课程和教学来完成。从偏见的角度看，不平等是由基于偏见和刻板印象的人与人之间的歧视所造成的，这就需要消除偏见，以使人们更具有包容性。为了减少偏见，学校应该教授相似性及各种群体的积极贡献。

渴望经济和政治的成功，是所有少数族群的共性。然而，在他们的斗争中所诞生的多元文化课程不利于实现这些愿望。美国公立学校有三个目标：教育公民个人参与民主并保护国家免遭暴君威胁；鼓励通过学术竞争获得个人成就；提升、鼓励和教授美国文化遗产的价值观和传统。[②]这些目标反而在当今遭到了多元文化主义的批评。纳尔逊等人认为，现在的多元文化课程追求独特主义（particularism），反对标准和政治正确，[③]但这一切都不利于学习共

① West，C. Race and Social Theory：Towards a Genealogical Materialists Analysis[A]. 1987. Quoted from Sleeter，C. E. Multicultural Education as Social Activism[M]. Albany：State University of New York Press，1996：39.

② Nelson，J. L.，Carlson，K，et al. Critical Issues in Education—A Dialectic Approach[M]. Second Edition. Guilford，CT：McGraw-Hill，Inc，1993：178.

③ Nelson，J. L.，Carlson，K，et al. Critical Issues in Education—A Dialectic Approach[M]. Second Edition. Guilford，CT：McGraw-Hill，Inc，1993：178.

同文化和加强社会的凝聚力，并且也无助于少数族群实现自己的愿望。

从多元文化主义看，课程内容是“社会建构”，因此知识就是实验性的和暂时的，知识具有具体的时空性。这种观点否定了客观知识和真理的存在，是非常令人担优的。塞尔（Searle）说：“如果你认为不存在与词汇可能相符合的现实，那么很显然，从事客观和无趣的对真理的探索就是浪费时间，因为不存在真理这样的东西。”①如果不追求真理，我们向后代传递什么呢？父母还为什么把孩子送到学校呢？

美国教师联盟主席艾伯特·尚卡尔（Albert Shanker）认为，尽管“多元文化主义”是很有魅力的词汇，但在课堂实践中仍可能退化为刻板印象。“一个教师运用多元观点向小学学生提出一个历史事件，就可能意味着教师要问每一个儿童他们对该事件的观点。对非裔美国儿童，就是‘非裔美国人的观点是什么？’对犹太裔美国儿童，就是‘犹太人的观点是什么？’对爱尔兰的儿童，就是‘爱尔兰人的观点是什么？’”②尚卡尔指出，多元文化主义实际上是一种种族主义的教学范式，它假定，有一种观点是每一个非裔美国儿童所共有的，也存在一个宗教和族群中所有成员都认同的观点。以儿童的社会文化经验为核心的课程，从表面上看是有吸引力的。然而，它假定文化具有遗传性，这是一个严重的歪曲，文化和语言一样都是可学的。

美国学者迈克尔S·伯利纳（Michaell S. Berliner）博士和盖瑞·赫尔（Gary Hull）博士以“多样性和多元文化：新种族主义”

---

① Searle，J. The Storm Over the Unversity[N]. The New York Review of Books. December 6，1990：40.

② Spanker，A. Multiple Perspectives[N]. The New York Times. October 27，1991：E7.

为题，向多元文化主义发难，指出多元文化主义是种族主义经过政治伪装的托辞，多元文化教育将种族差异基础上的“文化差异”制度化和规范化的观点奉为圭臬，会导致民族隔阂固定化、合法化和世代化。[①]美国马里兰大学的爱德温 A·洛克（Edwin A.Locke）教授指出：“多元文化不过是试图以一种新的种族主义去纠正原有的种族主义，因为，你不可能一面教育学生你的肤色决定了你的文化认同，一面又教育学生淡化肤色认同意识；你不可能既主张多元文化主义，又希望学生们应当摈弃种族观念而建立个人的自尊。”[②]

总地来说，保守派主要基于以下五个方面对多元文化课程进行了批判。

第一，美国一直是多元文化的国家，因此实际上不存在冲突。施莱辛格（1992）指出，种族主义是美国历史上“国家的巨大悲剧”，但在很大程度上已经被克服了。[③]在保守主义者看来，美国社会对种族、阶层和性别已非常重视，而且美国社会本身就是个熔炉，因此没有必要再提倡多元文化教育和课程了。拉维奇（1990）指出：“校园和课堂中的真正问题并不是有没有多元文化主义，而是有什么样的多元文化主义。”[④]拉维奇反对独特主义，认为这种思想会纵容某些族群的分裂意识，从而导致国家和社会的凝聚力的下降。赫希（1987）说：“不应该允许多元文化教育代替或干涉学校确保我们的儿童掌握美国文化的责任。”[⑤]

---

① 王鉴. 西方少数民族经验研究述评[J]. 世界民族，2002（4）.

② 王鉴. 西方少数民族经验研究述评[J]. 世界民族，2002（4）.

③ Schlesinger，A. M. & Jr. The Disuniting of America[M]. New York：Norton，1992：19.

④ Ravitch，D. Multiculturalism Yes，Particularism No[M]. The Chronicle of Higher Education，1990：44.

⑤ Hirsch，E. D. Cultural Literacy[M]. New York：Houghton Mifflin，1987：18.

第二，多元文化课程是政治极端主义者和狂热的激进主义者所提出的。在路易斯·福伊尔（Lewis Feuer）（1991）看来，多元文化主义从某种意义上说是非裔美国人创造出来的，这些人在科学文化占主导地位的时代，“否定了他们无法掌握的科学”。[①]保守派指出：“多元文化主义者是由一帮疯狂的反美国的暴徒组成的，他们试图毁掉美国，这些人中有‘丑陋的女性主义者’和第三世界的移民，领头的是那些愤怒的、弱智的非裔美国男人。”[②]保守主义者反对公众对多元文化教育的支持，并调动舆论以支持保守主义者所提出的“应该如何教授学生看待美国多样性”的观点。多元文化主义及其延伸的多元文化课程和政治正确是一回事（所谓政治正确，就是认可自由主义左派的政治态度和社会道德标准，这种自由主义左派在20世纪六十年代表现为激进派）。

第三，忽视西方文化传统、过分强调种族和民族性，可能会导致分裂，使美国社会支离破碎。保守主义者认为，教育应该以智力训练为目标，不应该具有政治倾向性（apolitical）。他们认为，西方传统思想可以使人超越个人兴趣和主观性，从而对事物进行客观评价。在保守主义者看来，多元文化教育的主要错误就是把“政治性”与“学术性”分割开来，具有政治倾向性；多元文化课程对种族等问题的讨论是政治性的和非理性的。S·斯托茨基（S. Stotsky）（1991）说：“当今教育中最有争议的问题之一是：多元文化教育意味着什么？其计划的内容是为学术目的服务还是为政治目的服务？”[③]从西方古典思想看，学校教育的目的是培养推理能力，推理能力的提高

---

① Feuer，L. From Pluralism to Multiculturalism[J]. Society，1991，29（1）：21.

② Sleeter，C. E. Multicultural Education as Social Activism[M]. Albany：State University of New York Press，1996：62.

③ Stotsky，S. Cultural Politics[J]. American School Board Journal，1991，178（10）：26.

可以使个人超越自我，从而理性地参与到共同文化中去。保守主义者认为，只有欧洲文化才具有个人自由、政治民主、法制思想和文化自由等方面的解放意识，而这一切是世界各国所追求的，因此要强调以欧洲文化为主体的学校教育。强调文化之间的差异，会对美国社会凝聚力产生威胁；课程和教学中凸显“微观文化”而不是“多元一体”的社会文化模式，会消解国家的宏观文化。多元文化课程在概念和功能上是纤弱的，无力消除制度上的不平等；而且拒绝“共同文化”的观念，这样就会制造分裂，致使美国社会“部落主义”盛行。韦伯斯特指出：“种族和民族群体之间为在课程中的地位所进行的争夺，将会导致课程和美国社会的巴尔干化。”[①]根据美国1980年调查统计，大约83%的人认为其身份至少属于一个少数族群（ethnic group）；6%的人说是“美国人”（American or United States）；10%没有说其族裔。从全国范围看，52%的人身份认同于具体的单一民族；31%的人说有多元民族的身份。[②]我们认为，这些数字起码说明两个问题：1. 如果这是美国长期以来的现状的话，那么同化主义教育就是非常迫切的，因为美国人缺少对美国国家的认同；2. 如果这种状况是多元文化教育造成的结果的话，那么多元文化教育就应该废除或者至少是不提倡，因为少数族群从意识上和情感上都没有纳入美国主流文化中去。对于加拿大多元文化主义的发展和造成的结果，加拿大当代著名作家S·卡罗尔（S. Carol）批判道：“现在加拿大人正朝着既息事宁人，又混沌无序的多元文化看齐，这是事实。但是这是一个可怕的事实，因为几乎每一个加拿大人都说自己

① Webster，Y. O. Against the Multicultural Agenda：A Critical Thinking Alternative[M]. Sixth Edition. Westport，CT：Praeger Publishers，1997：19.

② Hernandez，H. Multicultural Education—A Teacher's Guide to Content and Process[M]. Columbus，Ohio：Merrill Publishing Company，1989：39.

不是加拿大人。”[①]可见，加拿大多元文化主义带来的一个明显弊端是其国民意识与国民心理不强，导致加拿大人文化身份的混乱状态。

第四，大多数多元文化课程学术水平较低。保守主义者认为，从幼儿园到大学的多元文化课程主要以“非洲中心主义”为核心。对某些群体的历史感兴趣，不是一种学术课程，而且这样的课程常常被视为少数族群的事。因此这些课程经常表现为只追求对社会和心理的一种治疗，以提高少数群体学生的自尊，而忽视学生对基本技能的学习。学校强调文化差异，可以提高学生的自尊，但不一定提高他们的学术成就，而且一旦这种差异在教育中制度化，它们将很难管理。[②]韦伯斯特指出，“多元文化教育的教科书缺乏学术高度，而且仅仅与历史教学、社会和自然科学以及教育目的勉强有一定的联系。”[③]在保守派看来，多元文化课程之所以学术水平低，是因为其内容设置常常出现以下几方面的错误。1．琐碎化，即只是添加有关族群的某些节日或者特色食品的内容等。2．象征主义，即在“洁白”的课程内容中象征性地添加零星的有关有色人种的内容。3．文化多样性与课堂的日常生活失去联系，即只是在某些场合或者特定时间学习多元文化的书籍或者单元，以后就再也不提了。比如，只是在二月的黑人历史月中提提非裔美国人，或者在十一月的感恩节上谈谈土著美国人。4．边缘化，即说到有色人种时，只是提他们的过去，或者只是从受害者的角度谈论他们。5．误解美国的民族群体，即只是利用有关墨西哥、日本和非洲国家的书籍，来教授当代在美

---

① Shields，C. A View from the Edge of Edge[J]. ACSC Newsletters，1993，58：31-32.

② Webster，Y. O. Against the Multicultural Agenda：A Critical Thinking Alternative[M]. Sixth Edition. Westport，CT：Praeger Publishers，1997：19.

③ Webster，Y. O. Against the Multicultural Agenda：A Critical Thinking Alternative[M]. Sixth Edition. Westport，CT：Praeger Publishers，1997：55.

国的这些文化群体，这容易使人把这些国家的人与这些国家的美籍人混淆。

第五，多元文化课程对少数群体学生低成就的归因不恰当。保守主义者把民族或种族冲突归因于过分的群体自豪感，并指出：自尊心强就可以提高学术成就，这只是臆想的和骗人的把戏。其实多元文化课程并没有提供给少数群体学生在现实世界中所需要的智力工具。要想具备高的学术水平，就必须学习传统的课程，特别是那些古典课程。例如，“双语教育没有很好地为说西班牙语的学生服务，因为它妨碍了对英语的掌握，而且鼓励种族隔离。”①

二、激进左派的观点

激进左派认为，多元文化课程源于20世纪六十年代的民权运动，是在反对白人种族主义的背景中产生和发展起来的，种族主义是当时多元文化课程中最重要的主题。然而，从20世纪六十年代起，多元文化课程就从关注种族主义转向了关注文化，从关注制度的压迫转向了关注个人态度的转变，而且开始淡化政治性，突出学术性。其他群体如妇女、低收入者、残疾人、同性恋等的文化和观点对学校课程的渗透和添加，背离了多元文化课程的初衷。激进左派认为，对多元文化课程的潜在威胁来自于其自身。任何教育思想要接受时间的考验就必须发展变化，但这种发展必须适度，且保持其一定程度的连续性。如果很多新的方面（如文化差异、女性主义、社会阶层、同性恋、残疾人等）迅速地附加于某一思想，那么它的最初思想在认识上就会被歪曲。鲁迪·马泰（Rudy Mattai）（1992）指出，现在“多元文化教育好像无力阐述种族这个问题了”，而关注“种

① Sleeter，C. E. Multicultural Education as Social Activism[M]. Albany：State University of New York Press，1996：56.

族”这个问题是多元文化教育和课程社会变革精神的体现。[①]因此应该对现在的多元文化课程进行批判和改革，使种族主义成为多元文化课程和核心。激进左派中的独特主义认为，公立学校课程不应该教授共同文化，教授共同文化对少数族群不利，而应该把学校和社区中的具体的民族文化放在核心位置。

麦卡锡（1988）把多元文化课程描述为“源于教育和社会的自由多元主义范式的一种思想”，并且认为这是对黑人在 20 世纪六十年代反对同化主义课程模式的一种政治妥协的结果。[②]他认为，多元文化教育想通过提出少数群体的自我概念进而提高他们的学术成就的途径，来使他们获得更好的工作，这在职业市场中是很天真的办法，因为这种办法忽视了经济结构中的制度化的种族主义。[③]他说：“多元文化的支持者把重点放在了敏感性的培养和个人的差异，而很典型地绕开了它所追求的那个问题：白人种族主义。”[④]

迈克尔·奥尔尼克（Michael Olnech）（1990）同样认为，多元文化教育关心个人差异和文化以及强调发展积极的态度和群体之间的和谐，它已成为社会控制的工具，而不是社会变革的工具。[⑤]在奥

① Mattai，P. R. Rethinking the Nature of Multicultural Education：Has It Lost Its Focus or Is It Being Misused?[J]. Journal of Negro Education，1992，61（1）：66.

② McCarthy，C. Rethinking Liberal and Radical Perspectives on Racial Inequality in Schooling：Making the Case for Nonsynchrony[J]. Harvard Educational Review，1988，58：265.

③ McCarthy，C. Rethinking Liberal and Radical Perspectives on Racial Inequality in Schooling：Making the Case for Nonsynchrony[J]. Harvard Educational Review，1988，58：269.

④ McCarthy，C. Rethinking Liberal and Radical Perspectives on Racial Inequality in Schooling：Making the Case for Nonsynchrony[J]. Harvard Educational Review，1988，58：269.

⑤ Sleeter，C. E. Multicultural Education as Social Activism[M]. Albany：State University of New York Press，1996：3.

尔尼克看来，主流的多元文化教育脱离了社会政治的利益，多元文化教育的学者把民族冲突看作是由对差异的否定的态度和忽视所导致的，解决的办法是培养移情、欣赏和理解。[①]德国学者冈瑟·舒尔茨（Gunther Schultze）认为，多元文化的致命弱点在于把复杂的问题简单化了，在于把民族矛盾的症结从经济利益的竞争转化为文化特色的展示。[②]

吉布森（Gibson）（1984）从文化人类学的角度批评了多元文化课程。他认为，对少数族群开设的多元文化课程，基本上是“恩赐”的范式。这种范式是基于“学生学术的失败源于文化差异”的观点，因此多元文化课程要针对文化差异进行设计，即要传授文化差异的价值观。但这样做同样会导致刻板印象，也就是说，这忽视了族群之间的相似性及族群内部的差异性。吉布森还认为，多元文化教育忽视了种族主义的影响，因为人们不会认为发展民族的读写能力和文化欣赏就会结束种族主义、偏见和歧视。[③]

激进左派看到了多元文化课程与政治行为脱节的趋势和结果。斯里特说：“这种脱节主要是白人教育家不愿论述白人种族主义所造成的。”[④]多元文化教育的转向与白人学者的介入有关，而许多黑人学者如班克斯也进行了妥协。多元文化教育首先是20世纪六十年代民族复兴运动在教育中的反映，它更多的是对制度化的种族偏见

① Olneck，M. The Recurring Dream：Symbolism and Ideology in Intercultural and Multicultural Education[J]. American Journal of Education，1990，98（2）：147-174.

② 李明欢. “多元文化”论争世纪回眸[J]. 社会学研究，2001（3）.

③ Gibson，M. A. Approaches to Multicultural Education in the United States：Some Concepts and Assumptions[J]. Anthropology & Education. Quarterly，1984，15（1）：94-119.

④ Sleeter，C. E. Multicultural Education as Social Activism[M]. Albany：State University of New York Press，1996：4.

和歧视进行批判，是具有政治化和变革性的倾向。而现在它已脱离了原有的目的和方向，更具有了心理化的倾向。多元文化教育原是原野中的一头猛兽，而现在则被驯服为一只没有角的温柔的小羊。因为民族冲突更多是由制度化的偏见和歧视所导致的，而现在则更多地认为是否定的态度和对差异性的忽视所造成的，因此想通过培养移情、欣赏和理解来纠正这些态度。这掩盖了社会制度的弊端，是教育妥协于政治的又一例证。

激进左派把资本主义的社会制度视为族群不平等的根源，而多元文化教育和课程没有对社会制度及族群压迫和剥削的真正原因做出解释，也没有分析导致少数族群无权和受害的社会结构，忽视了对种族或阶层的压迫制度及制度上的不平等的批评，回避了阶级、种族主义、权力等，把人们的注意力从真正棘手的问题上转移了，而只是关注文化差异和人际关系，创立了“所有文化应当平等”的神话，旨在使被压迫群体满足于现状，沉醉于压迫他们的体制。激进左派认为，多元文化课程强调个人的选择胜过集体的团结，强调“文化”胜过“种族”。他们还认为，多元文化课程旨在通过倡导减少偏见来解决社会和族群间的不平等的目标，是天真的和具有误导性的。于是，激进左派提出了“革命性的多元文化主义”（a revolutionary multiculturalism）的概念，[①]旨在反驳保守主义对多元文化主义的攻击和反对自由主义的多元文化主义范式。皮特·麦克拉伦（Peter Mclaren）指出，自由主义的多元文化主义“只是对保守的新自由的思想进行了重新包装，使其笼罩着漫无目的的多样性，而不去问：多样性的目的是什么？多样性对未来采取什么样的观点？

---

① Mclaren，P. Decentering Whiteness：In Search of a Revolutionary Multiculturalism[A]. 1997. In Fred Schultz. Multicultural Education. 98/99.（Fifth Edition）[C]. Guilford，CT： Dushkin/McCraw・Hill Sluice Dock：126-133.

多样性有利于谁？”[1]他认为，作为实践政治和研究领域的多元文化教育必须摆脱自由人本主义的魔潭和民族本质主义的旋涡，前者容易导致社会的分裂，而后者则把民族性明显地视为在实践中处处表现出与生物学和自然相关的一成不变的、同质的特点。在他看来，革命性的多元文化主义不仅考虑到语言和文化层面上的差异的表现方式，而且考虑到在与资本主义全球化相关的权力和特权的物质关系中主观性的建构方式。[2]

三、对“批判”的反思

保守派和激进左派所运用的批判的方法大致相似，他们没有认真分析和研究多元文化课程倡导者们所提出的理论、目标和某些成功的实例，而是选择了实践中比较糟糕的一些例子，来证明自己的观点，或当作多元文化课程并以此来定义多元文化课程，这就好像自己竖起靶子，然后又把它打倒在地。

在格兰特看来，无论激进主义者还是保守主义者，都没有研究过涅托（Nieto）（1992）、班克斯（1991）、詹姆斯 A·班克斯和彻丽 A·麦吉·班克斯（1989）、盖伊（1986）、高尼克和菲利普·钦（1994）、格兰特（1988）、斯里特和格兰特（1988）和斯里特（1993）等有色学者、女性主义者和批判学者有关多元文化教育和课程的研究文献，更没有从理论上进行深入的分析和探讨，因此对多元文化

① Mclaren，P. Decentering Whiteness：In Search of a Revolutionary Multiculturalism[A]. 1997. In Fred Schultz. Multicultural Education. 98/99.（Fifth Edition）[C]. Guilford，CT： Dushkin/McCraw · Hill Sluice Dock：126-133.

② Mclaren，P. Decentering Whiteness：In Search of a Revolutionary Multiculturalism[A]. 1997. In Fred Schultz. Multicultural Education. 98/99.（Fifth Edition）[C]. Guilford，CT：Dushkin/McCraw · Hill Sluice Dock：126-133.

课程的批评流于形式、过于肤浅，其批评言论“是在阅读（而不是研究）有限的多元文化的文献后写出来的”①。例如激进主义者麦卡锡在“美国的种族与教育：多元文化的策略”②一文中所引用的资料主要是早期多元文化教育的出版物，忽视了这些出版物写作时的时代背景，忽视了多元文化教育的概念的发展，也忽视了有关多元文化教育的最近的论文。斯里特（1996）指出：“保守主义者没有明显阐述多元文化教育的文献，就把多元文化课程批评为学术水平低，其实，在他们的作品中才暴露了这个弱点。”③另外，这些批评者对多元文化教育的作品也是断章取义，为我所用。绝大多数保守主义者是白人，他们自认为是整个美国大众特别是少数族群的发言人，其实，他们并未与有色教育家共过事。“他们所运用的策略是用有色学者的名字——W•E•B•杜布依斯（W. E. B. DuBois）、卡特 G•伍德森、弗雷德里克•道格拉斯（Frederick Douglass）和詹姆斯•科墨（James Comer）——来点缀他们的作品，他们暗示，这些人都同意他们的观点。”④

麦卡锡（1990）把斯里特和格兰特（1989）所提出的“多元文化的和社会重建主义的教育”的范式看作是培养少数族群与主流社

① Grant，C. A. Challenging the Myths About Multicultural Education[A]. 1994. In Fred Schultz. Education. 97/98.（Twenty-Fourth Edition）[C]. Guilford，CT：Dushkin/McGraw • Hill Sluice Dock：185-189.

② McCarthy，C. Race and Education in the United States：the Multicultural Solution[J]. Interchange. 1990. 21（3）：45-55.

③ Sleeter，C. E. Multicultural Education as Social Activism[M]. Albany：State University of New York Press，1996：59.

④ Sleeter，C. E. Multicultural Education as Social Activism[M]. Albany：State University of New York Press，1996：59.

会谈判的跨文化能力的教育”。[①]在格兰特看来，这是一种误解，因为“该范式的大部分都与提供给学生社会行动和发展自我权利的策略有关”[②]。其实，以上这些作者都曾指出，有色人种、妇女、残疾人和穷人是受种族主义、性别主义和阶层主义的压迫，多元文化教育的一个目标就是给学生以权利，以便他们拥有控制其生活环境和变革生活的勇气、知识和智慧。

对多元文化教育的争论在某些方面是由误解所导致的，这就削弱了多元文化教育的社会影响力。多元文化课程并非仅仅是非裔美国人、拉丁美洲人、穷人、妇女和其他受害群体的一次课程改革运动，实际上，到20世纪八十年代，多元文化教育要求改革教育机构，以便所有学生都能获得在文化多样性的国家中有效发挥作用所需的知识、技能和态度。多元文化教育试图使所有学生都能成为有知识的、关心的和积极的公民。另外，多元文化课程不是也不应是反对西方传统的，因为它源于西方的民权运动，而民权运动是以自由、正义和平等等民主理想为基础的。保罗·小罗伯逊（Paul Robeson Jr.）（1993）告诉我们：“对于多元文化主义的争论并不像很多人所说的，只是体现种族和性别的政治，其实它居于围绕美国文化的价值观和美国文明的本质所展开的深刻的思想斗争的核心。首先，它是一个关于熔炉文化——美国生活方式的基础并把盎格鲁—撒克逊新教徒的价值观强加给我们社会——是否应该被整合美国人口的不同群体

---

① McCarthy，C. Race and Curriculum[M]. London：Falmer，1990：49. Quoted from Grant，C. A. Challenging the Myths About Multicultural Education[A]. 1994. In Fred Schultz. Education. 97/98.（Twenty-Fourth Edition）[C]. Guilford，CT：Dushkin/McGraw • Hill Sluice Dock：181-184.

② Grant，C. A. Challenging the Myths About Multicultural Education[A]. 1994. In Fred Schultz. Education. 97/98.（Twenty-Fourth Edition）[C]. Guilford，CT：Dushkin/McGraw • Hill Sluice Dock：185-189.

的价值观的马赛克文化所代替。”[①]小罗伯逊的这番话很好地回应了保守派对多元文化课程的批评的观点。

对于保守派所提出的“多元文化课程会分裂国家和削弱国家统一”的观点，班克斯（1993）认为，这是一种误解，而这种误解源于对美国社会本质假设和对多元文化教育本身误解。美国是一个统一的国家，这是从政治上来看的，然而，从社会学上看，美国是沿着种族、性别和阶层的界限深深分开的。多元文化教育是致力于把这个深深分开的国家统一起来，而不是分裂一个高度凝合的国家。过去，美国社会和学校曾试图通过把不同种族和族群的学生同化进虚幻的盎格鲁美国文化的方式创造统一，其实这是一个需要自我疏远的过程。即使不同族群的学生在文化被同化，他们仍旧体验到被排除在主流社会之外。[②]

多元文化课程的内容设置是保守派和激进左派非常关注的问题。由于保守派与激进左派是对立的，因此不管在课程中添加多少所谓多元文化的内容都会引起一方甚至双方的不满。这里关键是要改变建构知识和行为的世界观。佩雷斯·托雷斯（Perez-Torres）（1994）指出：“多元文化主义并不是简单地复原‘已丢失’的传统，就能证明‘美国’的丰富性和多样性……而是，多元文化主义要质问：补充哪些传统？由谁来补充？哪些传统被低估了价值？是谁干的？哪些传统有助于边缘群体获得权力？哪些传统甚至可以进一步剥夺这些群体的权力？哪些传统可以提供力量？传统如何提供代理（agency）？传统在什么时候可以提供力量？”[③]

---

① Robeson，P. Jr. & Paul Robeson，Jr. Speaks to America[M]. New Brunswick，NJ：Rutgers Unversity Press，1993：1.

② Banks，J. A. Multicultural Education：Progress and Prospects[J]. Phi Delta Kappan，1993，75：21.

③ Peres-Torres，R. Nomads and Migrants：Negotiating a Multicultural Postmodernism[J]. Cultural Critiqur，1994：171.

保守派坚持学校课程应该强调“共同文化”，但是共同文化并不是文化的同质化，也不应否定学生个人的族群经验。埃里克森（Erickson）认为，对于多元文化主义者来说，“共同文化并不是一成不变的，它必须通过引进作为美国社会生活组成部分的文化差异来不断创新”①。课程要反映各种声音——男性和女性、非裔美国人、亚裔美国人和欧裔美国人的声音，然而，这些声音绝不能独唱，而应该合唱。学校必须鼓励个人对一种核心的文化传统的认同，否则国家和社会就会出现族群的紧张和冲突。“学生应该学习共同地塑造了美国并把我们凝聚在一起形成了国家的西方理想：民主、资本主义和一神教。”②拉维奇说：“公立学校的课程、实践及其哲学绝不能歧视或偏爱任何一个种族或族群。……学校不应该教授儿童那种拒绝或者忽视共同文化的种族中心的世界观。”③然而，独特主义否定公立学校应该教授共同文化，纳尔逊等人认为，正是独特主义才对美国产生威胁，因为他们“否定应该在学校中教授共同的美国传统或者存在一种共同文化”。④独特主义与共同文化的主张是矛盾的，独特主义的观点具有极端性，无助于达到团结和民主的目的。过去少数族群都是利用私立学校或者在课后和周末，向其儿童灌输民族自豪感和民族一致性。保守派认为，这些目标固然重要，但绝不是公立学校课程的事，也不应该承担这些责任。公立学校课程的

① Erickson，P. Rather Than Reject a Common Culture，Multiculturalism Advocates a More Complicated Route by Which to Achieve It[J]. The Chronicle of Higher Education，1991.

② Nelson，J. L.，Carlson，K，et al. Critical Issues in Education—A Dialectic Approach[M]. Second Edition. Guilford，CT：McGraw-Hill，Inc，1993：179.

③ Ravitch，D. Multiculturalism[J]，E Plures. American Scholar. Summer，1990：352.

④ Nelson，J. L.，Carlson，K，et al. Critical Issues in Education—A Dialectic Approach[M]. Second Edition. Guilford，CT：McGraw-Hill，Inc，1993：179.

核心任务是传播和发展共同文化，“绝不能降低为细微差异的自我陶醉”[①]。然而，激进左派非常重视民族自豪感。戈登·奥尔伯特（Gordon Allport）在对人类群体之间的社会关系进行研究后认为，对某一族群的忠诚并不一定妨碍对国家的忠诚，反之亦然。不同群体之间的尊重和合作能够取代偏激、歧视和找替罪羊。[②]他说：“那些对自己的族群真正感到自豪（pride）（而不是优越）的人，最善于接受其他族群，而刻板印象会阻碍这种接受。”[③]根据奥尔伯特的观点，多元文化课程的内容还要有利于发展对自己群体的自豪和骄傲。特里安德斯等人认为，刻板印象是自然存在的（natural）。从理论上讲，对群体成员的认识来说，刻板印象既有有利的方面，也有不利的方面，要辩证地看待刻板印象。但通常来说，消极的刻板印象多，而积极的刻板印象少。[④]

在保守派看来，激进左派中独特主义的荒唐之举是攻击“标准”。独特主义把“标准”漫骂为种族主义、性别主义、欧洲中心主义、理性中心主义（logocentric）和政治上不正确。在独特主义看来，“西方文明在很大程度上是一部压迫史。从内部看，西方文明压迫妇女、各种奴隶和农夫以及所有民族和文化中的少数族群。从外部看，西方文明史是一部帝国主义和殖民主义的历史。所谓西方文明的标准包括有关压迫制度的官方出版物的作者几乎自然全是西方白人男

---

① Nelson，J. L.，Carlson，K，et al. Critical Issues in Education—A Dialectic Approach[M]. Second Edition. Guilford，CT：McGraw-Hill，Inc，1993：180.

② Bennett，C. I. Comprehensive Multicultural Education：Theory and Practice[M]. Boston：Allyn & Bacon，1990：58.

③ Bennett，C. I. Comprehensive Multicultural Education：Theory and Practice[M]. Boston：Allyn & Bacon，1990：61.

④ Bennett，C. I. Comprehensive Multicultural Education：Theory and Practice[M]. Boston：Allyn & Bacon，1990：57.

性。……从‘多元文化’和‘非等级制’的立场看，该标准必须废除。”[①]保守主义认为，独特主义者和多元文化主义者为使公立学校课程政治化而正在进行的努力，是徒劳的。然而，激进左派提出的“种族主义和结构不平等是西方国家社会的种族问题的根本原因”的观点，是很准确的，基于此，他们提出的多元文化课程要对种族主义、权力关系和社会不平等等问题投入更多关注的思想，是很有道理的，直指问题的核心所在。

在“什么知识最有价值？”的时代，学校课程是所有群体都借以实现希望的工具；在“谁的知识最有价值？”的时代，学校课程是不同文化群体争夺利益的战场。“课本并不单单是过去积累的智慧中的自然的客观知识，而常常是对于什么知识才是重要的的政治和解和妥协的结果。”[②]多元文化课程之所以有“理性”与“激进”、“左派”与“右派”之分，是因为这些理论与实践背后隐藏着利益的冲突与妥协。多元文化课程说到底就是不同群体的利益之争在学校课程中的反映，也就是说，多元文化课程之所以受到赞成或者批判，是因为不同群体都是从维护自己的权利和地位出发的。实际上，哪个群体拥有了解释“美国”的含义的权力，哪个群体的观点就影响甚至决定了多元文化课程的内容。正如凯瑟琳·科恩布莱斯（Catherine Cornbleth）和德克斯特·沃（Dexter Waugh）（1995）所说，关于多元文化课程的争论陷入了“关于美国应该或者可能如何重新定义才能包含日益多样性的人口的‘美国争论’之中”。[③]

---

① Searle，J. The Storm over the Unversity[N]. The New York Review of Books，December 6（35）.

② Goodson，L，Meyer，J. W. & Apple，M. W. 1991. Quoted from Nelson，J. L & Carlson，K.，et al. Crirical Issues in Education—A Dialectic Approach[M]. second Edition. Guilford，CT：McGrawHill，Inc，1993：171.

③ Cornbleth，C. & Waugh，D. The Great Speckled Bird：Multicultural Politics and Education Policymaking[M]. New York：St. Martins Press，1995：4.

索汉·莫迪高（Sohan Modgil）等人认为，“多元文化教育”这个词没有公认的定义，其实施在很大程度上依赖于个人的立场，即要么是同化主义取向、要么是文化多元主义取向、要么是反种族主义取向；而且这个词没有明确的含义，它已进入了死胡同，它不仅使我们脱离了道德和社会现实，而且把我们引向了概念的混乱状态。[①]帕特里夏L·弗朗西斯（Patricia L. Francis）也认为，多元文化教育发展的特点是，在短时间内，其含义就会发生许多变化，因为这一教育取向不同的人有不同的理解。[②]因此很难确定多元文化教育到底有多少种含义。对于这种现象没有人试图解释。我们认为，解释这一现象，要从下定义的人的立场出发，这是理解多元文化教育和课程本质的关键，也就是说，要看是“谁”在提倡，又是“谁”在反对，除了分析倡导者与反对者的立场外，还要分析其内部的动机。正如黄力之所说：“多元文化主义本身就可能出自于不同的动机。对于弱者来说，多元文化主义是争取自己生存权、向强者讨生活的话语形式；而对于强者来说，多元文化主义既是表达自信心的机会，也是掩盖自己的霸权本质不让他者染指自己特殊利益的烟幕弹。这意味着，多元文化主义自身并不能证明其正确性，一切都取决于具体的文化语境。”[③]

多元文化课程之所以陷入了持续的争论之中，除了不同群体的研究者的立场和动机有所差异外，还因为在研究过程中不同研究者所关注的问题不同，当然这也大都是从各自群体的利益出发的。白

---

① Modgil，S. & Verma，G. K，et al. Multicultural Education：The Interminable Debate[M]. London：Falmer Press，1986：5.

② Francis，P. L. A Review of the Multicultural Education Literature[J]. Race，Gender and Class. Winter，1995，2（2）：51.

③ 黄力之. 多元文化主义的悖论——对亨廷顿理论的再评价[J]. 哲学研究，2003（9）.

人教育家和黑人及其他有色人种的教育家所关注的问题不同，而且对相同问题也有不同的看法，这种观点的差异并不是严格意义上的学术性的，而是维护各自群体利益的鲜明体现。著名的多元文化教育家斯里特是一位白人，她坦承道：白人教育家从所体验的社会现实出发，一般不会论述或者批判白人种族主义。她说："我们为了自己的既得利益，对此视而不见。"[①]她还说："我们习惯于接受和赞同把工作限制在我们现实的框架内的有色教育家，而反对那些不这样做的教育家的观点。"[②]"白人社会感到了威胁，试图在自己的世界观和经验中界定民族性和种族。"[③]因此对多元文化教育和课程的理解"总是有所偏倚"[④]。

现在某些多元文化课程把不同群体的陈述放在了宏大叙事之中，这些宏大叙事使那些控制权力和财富的人的立场和观点享有一定的特权。这其实符合美国白人和保守主义者的利益。总地来看，白人常常故意对殖民化和奴隶制给被压迫族群带来的影响视而不见，而倾向于把每个人都看作是移民的后裔。视美国为自愿移民的国家的观点，符合欧裔美国人的家庭史。这种观点认为，白人愿意相信他们所继承的这一切都是他们的祖先很公平地得来的，他们所控制的一切就应该属于他们的。当谈到占领和奴隶制时，他们会掩盖这一切，认为这些历史事件对今天没有什么影响了。斯里特说：

① Sleeter，C. E. Multicultural Education as Social Activism[M]. Albany：State University of New York Press，1996.

② Sleeter，C. E. Multicultural Education as Social Activism[M]. Albany：State University of New York Press，1996.

③ Sleeter，C. E. Multicultural Education as Social Activism[M]. Albany：State University of New York Press，1996.

④ Sleeter，C. E. Multicultural Education as Social Activism[M]. Albany：State University of New York Press，1996.

"我相信，白人之所以不愿勇敢地面对占领和奴隶制所带来的深刻影响，是因为如果这样做，就会引起人们对白人许多生活基础的合法性提出质疑。"[①]斯里特还说："白人对这段历史的典型的反应是'我没这样做，为什么要惩罚我？''我的家庭所得到的一切都是工作的结果，我们与奴隶制没有什么关系，''那是很早以前的事了，难道我们就不能把这一切都忘掉吗？'"[②]另外，许多白人学生对美国历史的了解也是支离破碎的，对现在的许多问题不能从历史的背景中进行分析。"白人与许多有色人种相比，更愿意把历史与现实割裂开来，因为对于白人来说，现在的制度是公正的。"[③]白人很少谈论白人种族主义。[④]斯里特指出，即使是多元文化教育的白人专家，花在检视和批评白人种族主义上的精力也相当少。[⑤]作为白人学者的斯里特也承认，"我写多元文化课程或者多元文化的教师教育比写白人种族主义更为流畅"。[⑥]她承认，她在与白人学生讨论种族主义时，常常是停留在介绍的层面。

绝大多数白人教师很难处理像"种族和民族认同""族群文化""种族主义"这类概念，因此常常把多元文化教育贬为个人差异和非

---

① Sleeter，C. E. Multicultural Education as Social Activism[M]. Albany：State University of New York Press，1996：140.

② Sleeter，C. E. Multicultural Education as Social Activism[M]. Albany：State University of New York Press，1996：140.

③ Sleeter，C. E. Multicultural Education as Social Activism[M]. Albany：State University of New York Press，1996：140.

④ Scheurich，J. Toward a White Discourse on White Racism[J]. Educational Researcher，1993，22（8）：5-10.

⑤ Sleeter，C. E. Multicultural Education as Social Activism[M]. Albany：State University of New York Press，1996：147.

⑥ Sleeter，C. E. Multicultural Education as Social Activism[M]. Albany：State University of New York Press，1996：147.

政治化的问题。斯里特认为，白人为维护整个白人群体的共同利益，在面对这些问题时通常表现出团结和沉默。白人对种族主义的沉默，斯里特很早就注意到了。她说，在谈论种族问题时，白人有各种策略避开白人优势论，而且白人一般不参与其中。一种策略是把种族主义等同于个人偏见，这样，每个群体都是种族主义的，白人与有色群体之间没有权利的不同。另一种策略是把人们的注意力吸引到文化差异上来，白人把种族主义的问题转化为非政治化的差异的问题。另外，把民族性等同于种族，也是回避种族主义的一个策略。斯里特以一句话为例，分析了其背后白人学者的策略和用意，即“非洲人被带到殖民地，被迫劳动一生而得不到工资”。[①]斯里特分析道，“是‘谁’把他们带来并迫使他们干活的？这句话没说。”[②]

“激进左派所强调的“多元文化课程应该以反种族主义为核心”的观点，在实践中遇到了“两难”问题。反种族主义教育强调师生的种族文化的具体性，并坚持，黑人学生需要上由黑人开设的学校和课程及创造的教学方法和编写的课文。白人教师不会使黑人学生处于中心，他们没有黑人经验，也就不熟悉黑人文化；黑人教师也不可能教好白人学生。这样，反种族主义教育就会按照“种族”把教育者分成两部分，而且这个问题还无法解决，因为白人教师被划分为实质的种族主义者，而黑人教师则被指责为“打种族这张牌”。菲利普·珀尔马特（Philip Perlmutter）和沃尔特·威廉姆斯（Walter Williams）说：“多年以来，黑人‘领袖’一直明明知道不是反而假装肯定：黑人的所有问题都要归罪于白人种族主义。”[③]他们还说，

---

① McKissack，P & McKissack，F. Taking a Stand Against Racism and Racial Discrimination[M]. New York：Franklin Watts，1990：16.

② Sleeter，C. E. Multicultural Education as Social Activism[M]. Albany：State University of New York Press，1996：149.

③ Sleeter，C. E. Multicultural Education as Social Activism[M]. Albany：State University of New York Press，1996：83.

有很多介绍黑人的资料，如果你对这些资料持怀疑或者批判的态度，那么你会遭到严厉的攻击。“批判者如果幸运的话，可能被称为感觉迟钝的呆子或者可能是政治的反革命。如果不那么幸运的话，可能被称为种族主义者或者在一个黑人来看就是汤姆大叔。”[①]某些多元文化主义的倡导者认为，对他们建议的批评是政治偏见，批判多元文化主义注定是欧洲中心主义、种族主义和性别主义。夸梅·阿皮亚（Kwame Appiah）说：“针对欧洲中心主义，恰当的处理办法绝不是激活非洲中心主义，而是培养一种新的理解方式，这种理解方式可以通过学会超越种族思维使我们所有人都人性化。”[②]

贝内特指出，在过去的几十年中，多元文化课程已经成为美国学校和社会共知的口号，但人们缺乏对它的概念、内容和目标的深刻理解，这就在很大程度上限制了它的发展。[③]吉布森认为，多元文化教育的几个主要方面——双语或双文化教育、不同文化群体成员的教育、关于文化差异的教育和为了文化多元主义的教育（education for cultural pluralism），都有一定的局限性。[④]

围绕多元文化课程所展开的争论，必须牵扯到对各种观点的评价的规则和标准。在具有竞争性的观点和学说中，这样的标准很难确定。保守主义者认为，多元文化课程会对国家和社会的凝聚力和稳定性产生威胁；而激进主义者则认为，多元文化课程已脱离了原有的种族和民族这样的目标，使目标宽泛化。这些批评没有从其哲

---

① Sleeter，C. E. Multicultural Education as Social Activism[M]. Albany：State University of New York Press，1996：83.

② Webster，Y. O. Against the Multicultural Agenda：A Critical Thinking Alternative[M]. Westport，CT：Praeger Publishers，1997：195.

③ Bennett，C. I. Comprehensive Multicultural Education：Theory and Practice[M]. Boston：Allyn & Bacon，1990：53.

④ Bennett，C. I. Comprehensive Multicultural Education：Theory and Practice[M]. Boston：Allyn & Bacon，1990：5.

学、逻辑、道德和认识论的角度去进行，通常的情况是，政治上的斥责取代了对各种观点的学术评价的标准。因此检视多元文化课程的倡导者和批评者的观点，必须从他们的政治地位、文化和利益出发，以便对某些观点是否定还是肯定。知识具有主观性，因此在对知识进行评价时，要参考个人，要看这个人是欧洲中心主义者、民族主义者、种族主义者、性别主义者、传统主义者、保守主义者，还是西方人、主流阶层、中产阶级、右翼还是左翼。拉什·林博（Rush Limbaugh）承认自己是个保守主义者，他对多元文化主义的评价是："在我看来，策划多元文化主义而且正在纽约实行多元文化课程的人基本上是很悲惨的。他们没有看到他们自己在这方面的责任，或者没有试图找到有关态度变化的解决方案，而只是责备机构。他们责备美国。所以多元文化主义……是许多没能同化进并适合于美国的主流生活的人进行复仇的工具。"[①]韦伯斯特认为，林博是一个"极端的保守主义者"、一个"右翼的狂热者"、"美国最危险的人"、一个"性别主义者"、一个"种族主义者"，他在责备种族主义和性别主义的受害者。[②]美国课程和人才开发中心主任盖瑞·霍华德（Gary Howard）在斥责对多元文化教育的反对时说："在否定和敌意的背后，隐藏着对多样性的深深的恐惧……对反对多元文化教育的西方传统主义者和新保守主义者的更复杂的风气也同样感到恐惧。他们害怕在学校课程中失去欧洲和西方文化的优势地位。"[③]因此，关于多元文化主义及多元文化课程的争论，呼唤人文学科特别

① Limbaugh，R. The Way Things Ought to Be[M]. New York：Pocket Star Books. 1993：212-213.

② Webster，Y. O. Against the Multicultural Agenda：A Critical Thinking Alternative[M]. Westport，CT：Praeger Publishers，1997：149.

③ Webster，Y. O. Against the Multicultural Agenda：A Critical Thinking Alternative[M]. Westport，CT：Praeger Publishers，1997：152.

是哲学。当然，并不是说加上哲学就可以解决所有争论，而是，如果考虑不到哲学，争论者就找不到可以帮助他们解决争论的概念，特别是当争论者运用真理、经验、现实、事实和价值观这样的词汇时，更需要哲学。意识不到这些词汇的哲学的根基和假设的意义，争论者“就会陷入政治评价的黑暗的汪洋之中”①。

多元文化主义者常常发问：谁的文化（知识）在课程中？课程是为谁的利益服务的？然而，反过来，也可以问：是谁在提这样的问题？发问者代表哪一种文化和政治？这样的讨论由于缺乏评价的标准，又会陷入相对主义。韦伯斯特指出：“课程需要的不是文化的包含而是注入不同的哲学传统，但是课程恰恰没有重视哲学。”②艾伦·布卢姆（Allan Bloom）在《美国思维的停止》（*The Closing of the American Mind*）一书中，对课程中缺乏哲学及由政治和理论的民主对哲学的废黜感到惋惜。布卢姆的惋惜并不是说哲学是解决教育问题的灵丹妙药，然而，关注哲学可以纠正在社会研究中不能批评地运用哲学而进行分类的现象，也可以帮助认识在具体的观点中知识的冲突理论。另外，学生如果要对多元文化主义的讨论进行评价，就需要知道逻辑的规则及道德和认识论的假设。韦伯斯特说：“从这个意义上说，多元文化主义的许多建议的实施，对于提高学生对政治和文化的理解这一目标来说，是不成熟的而且是无效的。”③

多元文化课程之所以不断遭到保守派和激进左派的批评，还因为多元文化课程的理念与现实之间依然存在着很大差距。多元文化

---

① Webster，Y. O. Against the Multicultural Agenda：A Critical Thinking Alternative[M]. Westport，CT：Praeger Publishers，1997：152.

② Webster，Y. O. Against the Multicultural Agenda：A Critical Thinking Alternative[M]. Westport，CT：Praeger Publishers，1997：118.

③ Webster，Y. O. Against the Multicultural Agenda：A Critical Thinking Alternative[M]. Westport，CT：Praeger Publishers，1997：152.

课程的那些美好理想，要么社会现实不具备实现它的条件，要么不被实践者所认可，因而在教学实践中仍未得以体现和实现。例如，许多理论家认为，单一群体研究取向应该检视某一群体在历史和当代所遭受的压迫，并动员其成员及其他群体的富有同情心的成员采取社会行动，但学校的具体课程及其教学常常是对这一群体的食物、音乐和舞蹈进行表面的研究。

美国公立学校在实践中仍然存在贬低文化不同儿童的语言差异、彻底否定除英语外的任何语言的运用、实践中的种族隔离、把文化不同的学生视为低等的或者文化上有缺陷的、在残疾人班级过分展示文化不同的学生的现象。[①]从民权运动至今，学校教科书仍然主要反映白人盎格鲁人、男人和中产阶级对现实的看法。"最初使教材适用于少数民族的尝试是荒唐可笑的。只是把白人的脸涂黑，反映的仍然是郊区一般人的生活。"[②]范斯科德等人指出，20 世纪八十年代以前的教科书，"除了在教科书中有歧视少数民族的内容之外，或者通过删削，或者出于成见，有关少数民族的内容几乎在所有学科的课程中被略去。在我们大多数社会科学的教科书中，黑人、东方人、土著美国人和墨西哥裔美国人的历史实际上已被抹杀或歪曲，少数民族的英雄人物经常被省略或被描绘成不威严的样子。少数民族在音乐、艺术和文学上的文化贡献也很少被编撰成册。"[③]"'少数民族问题研究'课程的开设常常是为了减轻来自少数民族集团的

---

① McCormick，T. Multiculturalism：Some Principles and Issues[J]. Theory into Practice，1984. 23：93-97.

② 理查德 • D • 范斯科德，理查德·J·克拉夫特，约翰·D·哈斯. 美国教育基础——社会展望[M]. 北京师范大学外国教育研究所译. 北京：教育科学出版社，1984：225.

③ 理查德 • D • 范斯科德，理查德·J·克拉夫特，约翰·D·哈斯. 美国教育基础——社会展望[M]. 北京师范大学外国教育研究所译. 北京：教育科学出版社，1984：226-227.

压力，而学校的整个课程仍‘像百合花一样洁白’[1]。只有极少数学校开展多文化教育，许多学校仍然使用着种族主义的教材，新的一代仍然在许多古老的一成不变的成见和神话中成长着。”梅（May）认为，当前多元文化教育领域在理论上存在矛盾，而且也无力把其意图转变为实践。[2]

保守派对尊重各种文化的多元文化课程并不反对，而是反对在教科书内容的选择及教育结果评价上增加“种族问题”的比例。保守派和激进左派的恐惧和关心主要在于：在学校机构和社会中，如何表述多样性（性别的、种族的、民族的和阶层的）和如何纠正歧视？双方都认为，多样性和歧视的残余都是“社会事实”，但他们在性别、种族、民族和阶层歧视的程度以及如何去纠正上，观点不一致。双方的争论主要是没有注意到分类的意义、概念的分析及观点的道德与事实方面的区别，而且没有阐明评价标准方面的逻辑规则与道德—政治谴责的冲突，因此对多元文化主义持赞成还是反对的观点是没有说服力的。争论双方都阐述了历史和社会变革中知识、性别、种族、文化之间的关系问题，但未能制定出智力交换的基本规则和对观点进行评价的标准。缓和双方的争论，就要注意区分“对观点的道德—政治描述”与“对其正确性或者非正确性判断”之间的不同。像这些称呼：“自由主义者”“保守主义者”“种族主义者”“反对白人者”“民族中心主义者”或者“欧洲中心主义者”等等，只能导致不断的争论和相互指责，这种争论和指责是没有什么结果的。拉维奇说：“他们（黑人）为了掩盖自己的种族主义，

---

① 理查德·D·范斯科德，理查德·J·克拉夫特，约翰·D·哈斯. 美国教育基础——社会展望[M]. 北京师范大学外国教育研究所译. 北京：教育科学出版社，1984：227.

② May，S. A. Making Multicultural Education Work[J]. Language Art，1993，70：364-372.

就把所有白人看作是种族主义者，这是刻板印象。”[①]对于多元文化课程的争论，不能缺少了哲学意识和哲学反思，而其中的理性思维有助于批判的进行，而且对于规则的制定和决策来说都是非常重要的。韦伯斯特提出，多元文化课程要培养批判性思维，认为培养批判性思维是多元文化课程的核心。另外，他还提出进行批判性思维的 13 条原则。[②]然而，弗瑞德·舒尔茨（Fred Schultz）认为，多元文化教育的目标“并非仅仅是培养学生的批判性思维，还要使学生根据社会正义的要求，完成一个公民在公共生活中的责任”[③]。

对于批判性思维，倡导者和反对者之间的讨论主要是围绕着：批判性思维是具体的能力、性格中的特性（characterological traits）、教育的理想、分析-逻辑的过程、一种言语行为，还是一套场依赖和内容的分析程序？各种定义使人们对批判性思维的相关性和可行性提出了怀疑。迈克尔·斯克里文（Michael Scriven）和理查德·保罗（Richard Paul）认为，批判性思维是在清晰、连贯、逻辑一致、准确、深度、精确和思想公正的标准之中的评价思维结构（分类、假设、提出前提和含义）的过程。[④]斯克里文和保罗反对知识的相对主义和教条主义，把批判性思维视为在普遍的智力标准中所进行的思维。批评性思维是一个反思性的、基于一定标准的评价思维因素的过程，也就是说，是反思思维的过程。他们说：“批判性思维不仅仅是怀

① Webster，Y. O. Against the Multicultural Agenda：A Critical Thinking Alternative[M]. Westport，CT：Praeger Publishers，1997：157.

② Webster，Y. O. Against the Multicultural Agenda：A Critical Thinking Alternative[M]. Westport，CT：Praeger Publishers，1997：184-186.

③ Schultz，F. For Vision and Voice：A Call to Conscience[A]. 1999. In Fred Schultz. Multicultural Education. 98/99.（Fifth Edition）[C]. Guilford，CT：Dushkin/McGraw · Hill Sluice Dock：210-211.

④ Webster，Y. O. Against the Multicultural Agenda：A Critical Thinking Alternative[M]. Westport，CT：Praeger Publishers，1997：182.

疑，或者批判本身。从建立前提和通过结论进行推理来看，当推理过程是基于标准、自我反省和自我纠正时，思维就是批判。这就意味着，结论—推理过程的结果，必须显现出其含义。从这个意义上说，批判性思维是一种普通技能，具有高水平的跨学科的转变能力。”[①]斯里特指出，“批判性思维的核心是在规则指导之下、经过训练的、可以引出结果的推理”。[②]“作为一个认知过程，批判性思维可以定义为，对思想结构的自我反思，并使这些结构符合促进对思维中的错误进行认识和改正的（理性的、推理的和逻辑的）标准。”[③]

对于如何培养学生的批判性思维，人们存在一定的争议。有人认为，在幼儿园的教学活动、课程设计和教育目标中就应该体现批判性思维的培养。有人认为，批判性思维应该成为大学中独立的课程或者整合进社会科中。也有人建议在中小学教授苏格拉底的哲学，认为这是发展学生批判性思维能力的最好手段。这些建议具有一定的共性，即都希望通过批判性教学使学生获得某种能力。人们一般认为，批判性思维教育改革的目的是在一定的学科中发展学生良好的推理能力。保罗在《批判性思维：生活在瞬息万变的世界中，人们需要什么技能》（*Critical Thinking：What Every Person Needs to Survive in a Rapidly Changing World*）一书中，提出了把批判性思维注入教育过程中的各种策略性的建议。他认为，培养批判性思维，首先要求理解其维度——思维的因素、智力标准、思维的特点和性情以及分析能力。当让学生运用智力标准来评价思维的因素——争

---

① Webster，Y. O. Against the Multicultural Agenda：A Critical Thinking Alternative[M]. Westport，CT：Praeger Publishers，1997：183.

② Webster，Y. O. Against the Multicultural Agenda：A Critical Thinking Alternative[M]. Westport，CT：Praeger Publishers，1997：183.

③ Webster，Y. O. Against the Multicultural Agenda：A Critical Thinking Alternative[M]. Westport，CT：Praeger Publishers，1997：183.

论的问题、假设、前提、目的、证据、含义、概念和分类的时候，教师就培养了学生的思维。当然，对多元文化课程持批判态度的某些言论和观点，是很难划分为保守派还是激进左派的。例如，韦伯斯特对作为一个概念和一项改革计划的多元文化教育和课程进行了分析，认为它存在某些明显的缺点。1. 多元文化教育是建立在一个“单型文化（single cultures）”概念的基础之上的，“文化”是多元文化教育中的一个关键概念，然而这个概念是极具变化的，而且是一个最有问题的概念。多元文化教育的倡导者在没有对“文化”进行系统分析的前提上，就指着西方文化传统进行漫骂，但实践中又欢迎18和19世纪西方有关种族和文化的学问。2. 多元文化教育的倡导者认可传统文化人类学家为了建构地区、种族、代际和性别文化而对单型文化所下的定义，但其中某些人对被压迫者文化、主流文化和欧洲中心主义文化，提出了武断的道德判断。然而，所有人都未能证明其反对人类具有创造力和个人具有跨文化潜能的理由。从这个意义上看，对“文化”的低水平分析比多元文化教育本身所产生的分裂性更大。3. 多元文化教育的倡导者认可种族差异的概念，但又坚持认为，智商测验结果中的种族差异具有种族主义倾向。4. 多元文化教育的支持者认为，纠正偏见而不是发展处理信息的推理能力更应受到赞同。“批判教育学”的出现旨在纠正这一偏差。5. 多元文化教育的倡导者按照性别、种族、民族对学生进行分类，而没有与学生协商或者考虑他们的意愿和期望。他们强化种族—民族意识，以努力把学生从压迫中解放出来。然后，他们又反对源于这种强化的差异意识的歧视，进而提出更为偏激的多元文化教育的观点。6. 多元文化教育强调保罗·弗莱雷（Paulo Freire）提出的教学的“银行性概念”（banking concept），即在教学中传授给学生有关文化差异和过去的信息，而不教给如何对历史、差异和相似性等概念的推理。7. 多元文化教育关注种族主义、性别主义、欧洲中心义和对同性恋的憎恶（homophobia）的现象，而不重视有关这些主题的争论。8．多元文化教育的社会重建主义取向认为，某些群体如妇女、穷人和有色人种等从本质上看是无辜的，而其他群体则具有明显的罪过。这样，多元文化教育就会强化性别、种族和民族差异的意识，而消除这些意识则又需要更偏激的多元文化教育。9．多元文化教育的发起者忽视了文化包容性的要求，也没有看到拒绝这种要求的后果。不重视文化包容性，就会导致各个群体都要求其文化和观点进入学校课程。10．多元文化教育的倡导者没有提出纠正在美国社会盛行的“暴力”文化的课程，而正是暴力，才深深地影响了那些自认为是被压迫者的生活条件。11．由于多元文化教育基本概念的分类，如白人、文化、多样性、包容性、压迫、欧洲中心和有色学生，是乱七八糟和不具体的，所以多元文化教育计划难以评价。多元文化教育改革本身是为了更好地教学，然而它却成为了仅仅注重消除社会中的种族主义、阶层主义、性别主义、残疾者主义（handicapism）、残疾歧视现象（ablism）等的教育改革。12．多元文化教育激进范式的出现，不仅使学校被视为解放计划的组成部分，而且还会促使教师之间的不可挽回的分裂。13．从改革和计划上看，多元文化教育在实践中是混乱的。然而，必须说明的是，多元文化教育可以提出许诺，但它不是永远强调差异性的手段，尽管其倡导者有“良好的意图”[①]。

再如，宗教群体也是反对多元文化课程的重要力量。宗教群体依据“宗教自由”，来反对学校的实践活动。宗教原教旨主义者认为，“学校应该传授《圣经》的价值观、宪法和爱国主义”[②]。另外，

---

① Webster，Y. O. Against the Multicultural Agenda：A Critical Thinking Alternative[M]. Westport，CT：Praeger Publishers，1997：57-58.

② Jean，D. What Johnny Shouldn’t Read[M]. New Haven：Yale University Press，1992.

约翰·维尔斯（John Wills）和休·米恩（Hugh Mehan）认为，多元文化教育遭到批评的另一个原因还在于它把美、理性、真理和优点都相对化。①

总之，激进左派把种族主义置于多元文化教育的核心，强调通过反种族主义的教育特别是制度化的偏见和歧视的教育，以实现社会的变革。而保守派则与早期的同化主义的观点相近，认为多元文化教育会导致国家和社会的分裂，以引起政治的动荡。可以说，激进左派嫌多元文化教育走得太慢，认为它已变成了“一只温柔的小羊”；保守派则嫌多元文化教育走得太快，认为它已变成了“一头凶烈的巨兽”。其实，不论多元文化教育和课程如何发展和改革，它总会遭到批判的。正是这一点，才使多元文化教育和课程倍受各个群体的关注；也正是这一点，才使多元文化教育和课程在发展中会遇到困难，而且也会在困难中得到发展。

章太炎曾提出著名的俱分进化论，认为人类文明之进化“非由一方直进，而必由双方并进，专举一方，惟言智识进化可尔。若以道德言，则善亦进化，恶亦进化；若以生计言，则乐亦进化，苦亦进化。双方并进，如影之随形，如罔两之逐影，非有他也。智识愈高，虽欲举一废一而不可得”②。意识形态和伦理的演进，如同章太炎所说的“善恶苦乐”也是同时进化的。多元文化主义和多元文化课程缘起于不同群体的利益冲突与妥协，在其发展过程中，不同群体想借此争取更多的权利，从本质上讲，它们已脱离了“学术”范畴，陷入了“意识形态”争论的旋涡之中，因此其非为“智识”，

① Wills，J & Mehan，H. Recognizing Diversity Within a Common Historical Narrative—the Challenge to Teaching History and Social Studies[A]. 1996. In Fred Schultz. Multicultural Education. 98/99.（fifth Edition）[C]. Guilford，CT：Dushkin/McGraw·Hill Sluice Dock：68-75.

② 章太炎. 章太炎全集（四）[M]. 上海：上海人民出版社，1985：386.

而为“道德”。多元文化主义和多元文化课程始终存在着“支持”与“反对”的力量，二者如影随形，相伴发展。依章太炎俱分进化论看，正是这些批判的声音，才促进其在尽量“不偏不倚”的框架中健康发展，使其在发展进程中，虽露蹒跚之姿，但不至于跌到。当我们在研究产生于西方多民族国家的多元文化课程时，对于“支持”和“反对”的观点，我们既不“举一”，也不“废一”，而应客观、冷静、理性地去审视和借鉴。

第二节　多元文化课程走向

多元文化课程在“同化”与“多元”理论张力的狭缝中艰难地存活着，在“理性”与“激进”范式的摇摆中蹒跚着，在“保守派”与“激进左派”的批判声中不断调整着。这一切决定了多元文化课程在当前和将来一段时间的走向依然充满着矛盾，而这种矛盾走向常常表现为多元文化课程从其“原发地”出发所面临的任务和所遇到的困难以及所走过的路。

多元文化课程由于始终存在着争论，因此它的发展不是一帆风顺的，总是一波三折。20 世纪六十年代，在多元文化思想的影响下，高校师生提出了新的课程，教师鼓励更自由地阅读和写作，非裔美国人课程、拉丁美洲研究和妇女研究兴起。在七八十年代，“出色运动（excellence movement）”引发了学校的保守主义，剥夺了师生对课程的控制权。这场运动强调核心课程的学习，提出多元文化教学暂不考虑。多元文化主义在九十年代再次兴起。人们认识到，课程需要重新焕发魅力，才能更好地吸引学生。为此，课程内容必须扩展，以包含不同文化背景的人的经验，不管用什么样的教科书，必须检视其内容包含了什么、忽略了什么，看教科书是否包含了学生的经验，必须鼓励学生赋予课文以含义。多元文化课程在发展过程中曾出现了两种走向：一是从其狭义上看的，就是倡导多元文化课程恢复已有的本质，即强调反种族主义；二是从其广义上看的，就是把社会上一切弱势群体的文化经验都包含在课程中。这两种走向当时遭到了激进派与保守派的批判，我们相信，多元文化课程无论在 21 世纪呈现何种面貌，必定还是要受到各种思想和各种立场的人的批判。这是由其“冲突与妥协”的本质及其对立的“理性范式”与“激进范式”的并存所决定的。

一、反种族主义依然是多元文化课程的重要主题

20 世纪九十年代，随着新保守主义的兴起，民权运动所取得的成就出现了倒退。平权行动（affirmative action）和社会资助计划遭到攻击。斯里特认为，21 世纪，多元文化教育领域必须向与最初任务相符合的方向发展，即向压迫提出挑战及尽可能地利用学校教育来塑造一个未来更为平等、民主和公正而且不要求遵奉一种文化标准的美国。[①]多元文化课程是在反种族主义的背景和要求下产生和发展起来的；20 世纪七十年代多元文化课程主要关注的是种族和社会阶层的问题；到八十年代发展为性、社会阶层、宗教、语言、特殊人群，最后是性倾向。多元文化课程“最初任务”是反种族主义。“反种族主义”不仅是斯里特提出的多元文化课程在 21 世纪发展的应然主题和方向，而且也是当前的实然主题和方向。

美国的种族主义在历史和现实中都有明确的反映，而且一直很猖獗。美国前国会女议员雪莉·奇泽姆（Shirley Chisholm）说：“美国是种族主义国家。的确，种族主义在这个国家是那样普遍、那样

① Sleeter，C. E. Multicultural Education as Social Activism[M]. Albany：State University of New York Press. 1996：15.

广泛和深刻，以至于人们对它熟视无睹。是的，20 世纪中期美国的核心问题曾经是而且仍然是种族主义。”[①]尽管随着社会的进步和发展，在减少种族主义和歧视方面取得了某些进步，但种族主义和歧视在现实中仍缠绵不绝，仍然有许多问题需要解决。布朗法案和 1964 年的人权法案过去了这么些年，种族主义和歧视继续存在，例如社会和校园中的暴力丝毫不比过去少。布朗法案宣布种族隔离是非法的，但事实上的种族隔离（如居住在白人占多数的学校附近的非裔美国人是不会进该所学校的，反之亦然）继续存在。20 世纪九十年代，人们更加意识到了种族主义、歧视和不公正。“公然的、赤裸裸的、公开的种族主义再次出笼，并出现在我们学校中。公开的污辱、威胁、种族主义标语、身体攻击、种族冲突在这个国家的每一个地方的学校中都有发生。”[②]进入 21 世纪，美国社会仍然存在着公开的种族主义如暴力和仇恨行为，或者在就业和住房方面还存在着各种形式的更隐蔽的种族主义和歧视，文化不同的人继续体验到不公平和不平等。种族不公正继续影响着文化不同的人的进步、生活和对生活的看法。长期以来，人们拥有一种片面甚至是错误的看法，即“白人是种族主义者”“黑人是反种族主义者”；只有白人才有种族主义思想，“黑人种族主义”只是针对压迫者的一种偏见，是由“白人种族主义”所造成的；黑人没有权力，因此不可能是种族主义者。事实是，白人和黑人都有可能是种族主义者。种族主义者与反种族主义者不能以肤色来衡量。从现实看，种族主义是不分白人与黑人的。韦伯斯特指出：“某些白人据说是反种族主义者，

① Chisholm，S. Foreword[A]. 1972. In Bromley，D. G. & longino Jr.，C. F，et al. White Racism and Black Americans[C]. Mass：Schenkman Publications Co：18.

② Manning，M. L& Baruth，L. G. Multicultural Education of Children and Adolescents[M]. Second Edition. Boston：Allyn & Bacon. 1996：326.

即使那些没有权力的黑人也表现出种族主义信念。”[①]通过分类的方式理解种族主义是很重要的，种族主义可以分为：潜意识种族主义、制度性种族主义、象征性种族主义和否定性种族主义。因此对美国社会中种族主义的分析应该具体，不能一概而论。即使人们表现不出种族主义信念，制度性种族主义偏见和权力不平衡依然存在。

美国社会中的种族主义不仅给黑人产生了消极的影响，所有的非白人族群都受种族主义的影响，许多白人移民，如爱尔兰人、意大利人、来自东欧的犹太人和克罗地亚人，同样经历了严重的歧视。种族主义对被压迫者和压迫者都会造成影响。种族主义剥夺了少数族群获得教育、经济和政治权利的平等的机会，并且给他们的身心都造成了痛苦，甚至牺牲生命。许多学者开始认识到，种族主义同样牺牲了白人。比如，杰克·福特斯（Jack Fortes）在对印地安人和奇卡诺人的研究后写道：“年轻的盎格鲁—美国人是在关于非白人的神话般的充满幻想的地方长大的；揭示并消除这些具有破坏性的神话，对于我们社会的未来是至关重要的。”[②]拉特利奇·丹尼斯（Rutledge Dennis）在研究种族主义对白人儿童的影响时指出，种族主义会使白人儿童忽视其他人，发展一种双重的社会心理意识、群体一致（conformity）以及道德的混乱和社会矛盾心理。[③]种族主义会妨碍白人全面地了解黑人，因而也就会强化刻板印象。人类和各种文化是相互依存的，所以这种忽视不仅毫无意义，而且还是很危

① Webster，Y. O. Against the Multicultural Agenda：A Critical Thinking Alternative[M]. Westport，CT：Praeger Publishers，1997：83.

② Fortes，J. Education of the Culturally Different：A Multi-Cultural Approach[M]. San Francisco：Far West laboratory for Educational Research and Development，1969：50.

③ Bennett，C. I. Comprehensive Multicultural Education：Theory and Practice[M]. Boston：Allyn & Bacon，1990：166.

险的。布克 T·华盛顿在 1911 年说："绝大多数白人认为，在剥夺黑人自由和民主的同时，他们能够享受自由和民主，这种观点是极端错误的。"[①]弗朗西斯 E·肯德尔（Frances E. Kendall）指出："种族主义是这个国家（指美国）所遭受的最严重的疾病之一。它影响着我们每一个人，不管我们是白人、红种人、黄种人、黑人或棕种人，也不管我们是压迫者还是被压迫者。教育在消除种族主义的斗争中是一股强大的力量。"[②]一个社会如果有些群体被剥夺了自由和民主的话，这个社会就不是自由和民主的社会，而且哪一个群体也不会享受到真正的自由和民主。正如马克思所指出的，一个人的全面发展是以其他人的全面发展为前提的。

学校是政治的反映，美国学校课程和教学实践肯定受种族主义的影响。种族主义的遗迹、忽视或同化思想对多元文化课程的某些质疑和疑问，继续影响多元文化课程的发展，这些问题包括：多元文化课程是否脱离了学术领域？多元文化课程计划如何争取资助和赢得人们的支持？了解少数族群及其文化背景是否应该成为课程的组成部分？……美国儿童跨种族课程委员会主席贝丽尔·班菲尔德（Beryle Banfield）指出："课本中的种族主义通常在五个方面体现得最明显：呈现资料的历史的观点、对第三世界民族特征的概括、描述习惯和传统的方式、用来描述这些民族及其文化和语言的术语、插图的性质。"[③]揭示学校课程中的种族主义、回应多元文化社会中学校课程在反种族主义中所遇到的问题，始终是多元文化课程的重

---

① Bennett，C. I. Comprehensive Multicultural Education：Theory and Practice[M]. Boston：Allyn & Bacon，1990：167.

② Webster，Y. O. Against the Multicultural Agenda：A Critical Thinking Alternative[M]. Westport，CT：Praeger Publishers，1997：80.

③ Banfield，B. How Racism Takes Root[M]. The Unesco Courier. March，1979：31.

要目标之一。只要种族主义没有从社会上根本消失，多元文化课程中的反种族主义这一主题就不会削弱。近年来，西方社会反种族主义的声音有所高涨，制度和机构中长期形成的种族偏见与歧视仍在影响着少数民族成员中的每一个人，很多学校中仍普遍存在着种族偏见与歧视的现象，因此多元文化教育领域与种族主义和种族歧视的斗争将是长期的。

韦伯斯特通过对种族和种族主义的产生、发展及其相互关系的研究，认为种族划分是没有逻辑依据的，作为价值判断的种族主义在白人与黑人之间也永远不会达成共识。反种族主义的多元文化课程是在纠正白人种族主义的过程中产生和发展起来的，但这种以价值判断为基础的种族主义，除了造成白人和黑人之间的更多的斥责外，在教育中没有多大的意义。另外，学校课程中的反种族主义的内容和教学要避免矫枉过正，为反种族主义而反种族主义的多元文化课程及其教学是不可取的，凸显种族主义和过分强调反种族主义都不利于反种族主义目的的实现。韦伯斯特说："促进种族区分的课程不可能消除刻板印象和歧视，因为它会巩固导致歧视的种族认同、对种族特征的概括化以及群内和群外的区分。"[①]"学生尽管知晓了古代黑人文明的丰富性和荣耀以及黑人个人的智力成就，但如果不能进行批判性的思维，他们仍然会认为黑人在生理和文化上是低劣的。"[②]现在反种族主义教育在反种族主义的"矫枉过正"的影响和氛围中，有走向极端之嫌。要避免"矫枉过正"，多元文化课程除了要消除人们观念上的种族主义外，关键是要培养学生的分析和批判思维能力，这不仅是理性地分析和对待社会上种族主义，而

① Webster，Y. O. Against the Multicultural Agenda：A Critical Thinking Alternative[M]. Westport，CT：Praeger Publishers，1997：86.

② Webster，Y. O. Against the Multicultural Agenda：A Critical Thinking Alternative[M]. Westport，CT：Praeger Publishers，1997：86.

且也是公民维护多元文化社会健康发展所必须具备的能力。当然，我们也必须承认，没有反种族主义的推动，多元文化教育必然是无力的，而如果没有多元文化前景作基础，反种族主义教育就会失去正确的方向，因此同样也是无力的。

二、多元文化课程依然面临“政治化”或“学术化”的困惑和矛盾

多元文化课程在强调“反种族主义”这一政治性较强的主题的同时，也逐渐在朝“学术化”方向发展。当前，美国许多州开始支持多元文化课程，多元文化课程成为许多州教师培训的一部分，并成为教师资格认证的一个要求。美国国家教师教育鉴定委员会（NCATE）和某些州教师教育鉴定协会，坚决支持所有未来教师的多元文化教育的标准。许多大学开设了多元文化教师教育的课程，出现了大量的多元文化教育的课本、学术著作和文章等。“在这个过程中，它常常表现为重新表述和非政治化的倾向。”[①]班克斯指出：“多元文化教育正朝着学术的合法化（legitimacy）和制度化发展。”[②]白人教师同意麦卡锡和奥尔奈克（Olneck）对多元文化教育的看法：即把多元文化教育解释为一种个人主义的形式、一种对“处于危险之中（at-risk）”的儿童的教学方式、民族性范例的扩展——该范例认为“通过努力工作、忍耐、延缓满足等，黑人（及其他有色群体）能够在美国社会谋求他们应有的地位”[③]。

---

① Sleeter，C. E. Multicultural Education as Social Activism[M]. Albany：State University of New York Press，1996：14.

② Banks，J. A. Multicultural Education as an Academic Discipline[A]. 1993. In Fred Schultz. Multicultural Education. 96/97.（Third Edition）[C]. Guilford，CT：Dushkin Publishing Group/Brown & Benchmark Publishers Sluice Dock：71.

③ Omi，M & Winant，H. Racial Formation in the United States[M]. New York：Routledge & Kegan，Paul. 1986 ：20.

当前，多元文化课程理论正与某些反抗性和批判性理论紧密缠结在一起，如法兰克福（Frankfurt）学派的批判理论，关于差异、权力、文化、知识、激进的女性主义，弗莱雷的解放教育学以及葛兰西学派（Gramscian）思想中的后现代主题等。这些理论旨在对学校及其课程进行重构，以反对各种形式的政治和文化统治。在它们看来，不进行批判和反抗的多元文化主义及其教育改革，就是“保守的”“合作的”“差异的”和“学术的”。亨利·吉鲁（Henry Giroux）、麦克拉伦和贝瑞·康柏（Barry Kanpol）提倡“反抗的多元文化主义”和“批判的多元文化主义”，他们信奉弗莱雷的解放教育学、后现代主义和法兰克福学派的批判理论。班克斯、格兰特、斯里特和涅托也开始赞同追求能动主义和平等主义的社会重构的多元文化教育，而且倡导教师应该通过采用“批判教育学”和在课程中注入反压迫的主题，来培养学生参与社会重构的能力。

多元文化教育的早期目标是通过课程转变（transformation），来欣赏不同的文化、巩固共同的文化、提高黑人学生的教育成就；通过课程重组，来提高所有“有色学生”的自尊，在课程中包含群体的文化、经验和观点；通过学校的重构，来使教育机会平等。后来，班克斯、格兰特、斯里特和涅托等人坚持认为，多元文化教育必须向教育中的偏见、歧视、性别主义、种族主义和不平等发起攻击，因此他们把压迫、权利、公平和平等整合进了多元文化教育之中。20 世纪八十年代，多元文化教育主要追求获得教育机会平等、使师生获得权利以及社会重建。它不仅要求课程要包含差异和赞赏多样性，而且更要求对教育机构进行整合和系统的重组，改变学校和社会中的机会和权力结构，以向政治和文化统治提出挑战。多元文化教育过去强调学校课程要培育不同的文化、整合有色人种和妇女的声音、巩固西方传统的共同的文化遗产，而现在更加关注社会和教育中的不平等现象以及民主和统治等方面的问题。韦伯斯特指出："现在人们开始重视通过多元文化教育以进行社会重构的主题，这标志着多元文化教育不再强调平等文化的展示和文化差异的赞赏。"[①]P·泰德特和I·泰德特也认为，能动主义，即积极参与而不是被动接受，"可能是多元文化教育的最新取向"[②]。

斯里特和格兰特对从20世纪六十至八十年代末多元文化教育的发展进行了归纳，认为这三十年中多元文化教育先后经历了五种取向。[③]

1．异常和文化不同学生的教学。该取向出现于20世纪六十年代，旨在提高少数族群、社会经济地位较低、英语水平较低以及其他特殊需要的学生的学术成就。该取向不向整个文化和社会结构提出挑战，其核心是让不同的学生适应常规课堂教学。

2．人类关系研究取向。该取向强调群体之间的关系和自我概念，旨在减少群体之间的冲突，促进对人与人之间差异的理解以及促进学生之间的积极互动。其课程和教学主要是说明刻板印象，让学生理解个体之间的差异和共性，以及认识群体的贡献。

3．单一群体研究取向。该取向是对某一特殊群体进行深入的研究（如民族和妇女研究），试图提高具体群体的社会意识和社会行动。其课程强调全面反映群体成员的观点，教学侧重于群体的历史、文化和所关心的事情。该取向主张把被压迫群体的经验整合进社会科中，使种族、民族和妇女研究成为独立的单元。

4．教育的多元文化取向。这种更综合的（comprehensive）多元

---

① Webster，Y. O. Against the Multicultural Agenda：A Critical Thinking Alternative[M]. Westport，CI'：Praeger Publishers. 1997：14.

② Tiedt，P. L & Tiedt，I. M. Multicultural Teaching：A Handbook of Activities，Information，and Resources[M]. Sixth Edition. Boston：Allyn & Bacon，2002：16.

③ Sleeter，C & Grant，C. Making Choices for Multicultural Education：Five Approaches to Race，Class and Gender[M]. Columbus，OH：Merrill，1988.

文化教育取向出现于20世纪七十年代，其基础是文化的多样性和机会平等。该取向主张：制定教育计划需要审视并考虑文化之间的关系、民族性、语言、性别、残疾人和社会阶层。在这五种取向中，该取向是最主要的。课程内容设置强调不同群体的贡献和观点；教学强调运用相关群体的文化资料及对课程进行改编（adaptations），以培养学生的批判思维能力。

5．多元文化的和社会重建主义的教育（education that is multicultural and social reconstructionist）（EMC-SR）。该取向出现于20世纪八十年代末，其一出现便引起了人们的争议。与其他取向相比，该取向主张学生积极关注像性别主义、种族主义和阶层主义这样的社会问题，以及发展问题解决和政治行动的技能。除了课程改编和合作学习外，教学强调决策技能的发展。

格兰特认为，“教育的多元文化取向”是围绕着不同文化群体的贡献和观点对课程进行组织；而“多元文化的和社会重构主义的教育”是对以前的取向进行了扩展，通过帮助学生发展社会行动的技能，来使学生分析社会的不平等和压迫，该取向促进社会结构的平等和文化多元主义，并培养学生为所有民族的平等而积极工作。[①] 很明显，多元文化教育的EMC-SR取向不仅提高学生对文化差异性的敏感性，而且使他们认识歧视以及文化和权力是如何被剥夺的，并努力改变这一切。韦伯斯特指出：“这种研究框架把多元文化教育与其说看作是一个学术科目，倒不如说更像是社会重构主义的计划或者根除白人种族主义并争取群体之间平等的计划。”[②]EMC-SR认为，教育改革计划应该帮助学生消除对妇女、有色学生、同性恋

① Webster，Y. O. Against the Multicultural Agenda：A Critical Thinking Alternative[M]. Westport，CI’：Praeger Publishers. 1997：73.

② Webster，Y. O. Against the Multicultural Agenda：A Critical Thinking Alternative[M]. Westport，CI’：Praeger Publishers. 1997：2.

者和穷人的压迫，建立“文化民主”。在班克斯看来，多元文化教育在关注文化差异与关注政治变革之间之所以不断摇摆，是因为“多元文化教育也是一个过程，其目标永远不会完全实现。教育平等就像自由和正义一样，是人类追求的理想，但不会完全获得。种族主义、性别主义和残疾主义将会在一定程度上存在，不管我们多么努力来消除这些问题。”①

韦伯斯特指出了多元文化教育在分析和实践方面的局限性。他认为，所谓“客观地”描述不同族群的历史，并不能有助于纯洁的族群表象和自我表象。他以妇女为例说道：“更准确、更积极地而且不偏不倚地描写妇女，并不一定意味着对有色妇女形成积极的表象。认为这种不偏不倚的描写可以改变人的态度的假设是有瑕疵的，因为消极的、不准确的表象本身是已有态度的结果。”②而且，他认为，在多元文化课程中过于强调“人权”和“社会正义”可能引发政治斗争，对“文化”的轻描淡写也会遭到文化人类学的反对。基于此，他提出多元文化课程要培养“建立在尊重差异性、反对剥削和压迫基础上的全球人类意识”③。多元文化课程产生之初被看作是不连续的研究计划，非常强调课程中有关有色人群的历史、遗产和贡献。在几十年的发展过程中，多元文化课程的概念被重新审视、修订和提炼。到现在，多元文化课程在整个教育中，本质上更被看作是一种独特的思想和方法论，而不是一门独立的课程或计划。盖伊在对詹姆斯 A·班克斯和彻丽 A·麦吉·班克斯（1993、1995）、

---

① Banks，J. A. Multicultural Education：Characteristic and Goals[A]. In Banks，J. A & Banks，C. A. M，et al. Multicultural Education-Issue and Perspectives[M]. Second Edition. Boston：Allyn & Bacon，1993：2-26.

② Webster，Y. O. Against the Multicultural Agenda：A Critical Thinking Alternative[M]. Sixth Edition. Westport，CT：Praeger Publishers，1997.

③ Webster，Y. O. Against the Multicultural Agenda：A Critical Thinking Alternative[M]. Sixth Edition. Westport，CT：Praeger Publishers，1997：54.

霍林斯·金和海曼（1994）、贝内特（1995）、福斯特（1999）等许多著名多元文化主义者的作品进行研究之后，认为多元文化教育和课程发展过程的特点是：自我反思、批判性质疑、知识的重构、元分析或元认知和多元化观点。[①]许多著名学者正在修正和详细阐述他们的某些早期思想，同时运用其他学科的知识来丰富、阐述和扩大多元文化教育和课程的概念范围、特点和原则。盖伊（1994）解释了美国学校普通教育原则与多元文化教育原则之间的关系。她认为，这些原则基本上是相同的，唯一的差异在于环境和支持者（constituency）方面，多元文化教育只是普通教育为适应民族和文化多样性的具体环境而进行的转变。[②]班克斯（1995）正在探索女性主义理论、知识重构与多元文化教育之间的交叉，以及20世纪早期非裔教育家思维中的伦理前提（antecedents）。贝内特（1995）、涅托（1992）和班克斯等人一起号召用民主原则和伦理观来支持他们关于在教育中渗透多元文化的主张。格兰特、斯里特、J·金（J. King）、德森·比林斯（Ladson-Billings）和达德尔（1992）正试图使批判理论、后现代主义、社会重建主义和政治授权方面的思想，与他们提出的多元文化教育的根本目标、目的和可预期的结果结合起来。另一些理论家正着手把经济发展、国际外交与教育过程中文化多样性直接联系起来。然而，盖伊也指出了这种纯概念性的研究对多元文化教育和课程发展所产生的积极和消极的影响。从积极方面看，这种研究刺激并丰富了理论家关于多元文化教育和课程的必要性、范围和潜力的讨论，这些讨论产生了许多越来越复杂和抽象的思想，

① Gay，G. Bridging Multicultural Theory and Practice[A]. 1995. In Fred Schultz. Multicultural Education. 98/99.（Fifth Edition）[C]. Guilford，CT：Dushkin/McGraw ·Hill Sluice Dock：101.

② Gay，G. Bridging Multicultural Theory and Practice[A]. 1995. In Fred Schultz. Multicultural Education. 98/99.（Fifth Edition）[C]. Guilford，CT：Dushkin/McGraw ·Hill Sluice Dock：101.

使该领域正在按照理论发展的方向发展着。从消极方面看，理论和思想变得越复杂和抽象，就越不能直接和立刻转变为课堂实践。解释概念和思想的语言越深奥，教师就越感到难以理解。当前，多元文化教育和课程的理论研究更多的是作概念的文章，阐述应该怎么做，而不指导这些多元文化的理论在实践中如何操作。理论家的理论水平越成熟、思想分歧越大，情况就越复杂。某些多元文化主义者深受历史和社会学的影响，而另一些则接受了政治学、心理学、人类学和教育学等学科的概念和语言。结果，教师和学校管理者就按照自己的方式去把这些理论转化为实践，但他们在实践中所做的常常不符合理论，甚至违背理论。因此盖伊建议在多元文化教育的理论与实践之间架起一座桥梁。中国台湾学者刘美慧曾对 9 位多元文化课程专家所提出的 68 个概念进行了统计，分析他们所关注的重点（如表 4-1 所示）。

表 4-1　多元文化课程概念统计表

概念	班克斯 1993	班克斯 1994	盖伊 1975	泰德特 1995	塔巴（Taba）1971	克内普（Kniep）1989	桑特拉（Santora）1995	洛瓦（Lowa）	陈丽华 1997	次数
文化	√	√	√	√		√	√	√	√	8
文化素养								√		1
文化适应								√		1
文化传播									√	1
文化转借									√	1
文化相对论								√	√	2
族群	√		√						√	3

（续表）

概念	班克斯 1993	班克斯 1994	盖伊 1975	泰德特 1995	塔巴（Taba）1971	克内普（Kniep）1989	桑特拉（Santora）1995	洛瓦（Lowa）	陈丽华 1997	次数
弱势群体	√									1
族群阶段	√								√	2
族群认同		√	√				√		√	4
组群组织		√								1
文化同化	√	√							√	3
文化多样性		√		√			√			3
涵化	√	√	√						√	4
社区文化	√									1
神会化	√									2
偏见	√							√	√	4
歧视	√			√					√	3
刻板印象		√		√					√	3
种族	√			√			√			3
阶级				√			√			2
家庭				√						1
性别							√			1
特殊性				√						1
妇女运动				√						1
年龄主义				√						1

（续表）

概念	班克斯 1993	班克斯 1994	盖伊 1975	泰德特 1995	塔巴（Taba）1971	克内普（Kniep）1989	桑特拉（Santora）1995	洛瓦（Lowa）	陈丽华 1997	次数
种族主义	√	√	√	√					√	5
种族隔离				√						1
自我概念	√							√		2
文化沟通	√		√							2
感受	√									1
移情				√						1
自尊				√						1
友谊				√						1
人性				√						1
环境感受	√									1
权力	√		√		√					3
社会行动	√					√				2
社会控制					√					1
压迫							√		√	2
贡献		√	√		√	√	√			1
改变	√	√								4
族群迁移		√								2
知识建构		√								1
起源					√				√	1

（续表）

概念	班克斯 1993	班克斯 1994	盖伊 1975	泰德特 1995	塔巴（Taba）1971	克内普（Kniep）1989	桑特拉（Santora）1995	洛瓦（Lowa）	陈丽华 1997	次数
传统					√				√	2
价值	√	√								4
世界观		√								1
多元观							√	√		2
相互依赖					√	√	√		√	4
合作					√				√	2
缺乏						√				1
冲突					√	√				2
差异									√	1
因果关系					√					1
人权					√	√			√	3
公民权				√						1
民主								√	√	2
正义									√	1
平等									√	1
自由									√	1
包容									√	1
尊重									√	1
和平与安全						√				1
国家发展						√				1
环境、地方			√			√	√			3
生存			√							1
地球村				√						1

（资料来源：（中国台湾）刘美慧．多元文化取向的社会科教学研究[M]．高雄：高雄复文图书出版社，1999.）

从表 4-1 可以看出：“文化”出现的次数最多，共 8 次；其次是“种族主义”，共 5 次；出现 4 次的概念包括：族群认同、涵化、偏见、改变、价值、相互依赖；出现 3 次的概念有：族群、文化认同、文化多样性、歧视、刻板印象、种族、权力、人权、环境与地方。这种统计分析，揭示了当前多元文化课程研究的重点和现状，从某种意义上说，也预示着一种走向。关注“文化”，说明多元文化课程的学术性较强；关注“种族主义”，说明多元文化课程的政治性较强。

尽管多元文化课程从兴起至今已大约有 40 年了，但它并未赢得人们的广泛接受。盖伊（1983）认为，20 世纪七十年代是多民族教育的主要时期，这是一个在质上和量上都得到了发展和扩大的时期。20 世纪七十年代，出现的大量教育学、心理学、人种史、历史和社会学的书籍都涉及了民族问题。许多会议、研讨会和政策都支持这一活动。然而，她说：“即使在最好的情况下，多民族教育也从来没有被全面接受，其合法性在教育领域也不是没有遭到过质疑。”① 盖伊提醒说：一方面，“理论在前进、出现并很明显不停地发展”，另一方面，“多民族实践在很大程度上仍然是局部的、零星的、不连续的和不系统的”②。在盖伊看来，多元文化课程必须考虑到职业主义、技术和坚持评价成功的量的标准的观点。政府对多元文化教育的财政拨款是最少的，这反映了对多元文化教育的态度及多元文化教育面临的困难。盖伊认为，多元文化教育仍然是一个相对新的

---

① Gay，G. Multiethnic Education：Historical Developments and Future Prospects[J]. Phi Delta Kappan，1983，64（1）：562-563.

② Gay，G. Multiethnic Education：Historical Developments and Future Prospects[J]. Phi Delta Kappan，1983，64（1）：562.

领域，仍然面临融进美国教育主流的问题。[①]高尼克（1995）指出，许多教师和管理者尚未接受多元文化教育的观念和措施，他们不相信它对学校主要目标的实现会有贡献，反而担心可能起到改变传统办学目标的作用。[②]

曼宁和巴鲁特认为，多元文化教育和课程的未来走向“要看美国多样性的持续发展”[③]。随着人口的流动和文化的交流，各地所呈现出的多样性日益突出。人口的多样性必然带来文化的多样性，面对这一现状和趋势，学校教育和课程应该像阐述其他差异（如学习动力、特殊才能、天才）一样阐述这些差异，以便更好地理解文化不同的儿童和青少年的学习动力和弱点，如动机、学习方式和认知策略。当然，在各种差异中人们还有很多相似性，如所有人都需要体验爱、相信、尊重、成就和安全。这就需要多元文化课程不仅要呈现文化的多样性，而且要体现文化的相似性。多元文化课程产生时文化的“多样性”并未有趋同迹象，因此多元文化课程的现实和未来走向还承担着先前的任务。例如，当前，世界不同地区和任何一个国家内部的不同群体之间都面临着文化和贫富之间的巨大差异，而且这个差异仍在不断扩大。“当前在美国，人口中 1%的最富有的人的收入比 40%的最贫穷的人的收入还高，财富的分配越来越不平等。”[④]从全球看，人口中 2/5 的最富有的人占世界收入的 83%，而 1/5 的最贫穷的人只占世界收入的 1.4%。这个差距还在不断地扩

① Manning，M. L. & Baruth，L. G. Multicultural Education of Children Adolescents（Second Edition）[M]. Boston：Allyn & Bacon，1996：324.

② 席蔚华（Vilma Seeberg）. 美国学校的多元文化教育[J]. 陕西师范大学学报（哲学社会科学版），2000（9）.

③ Manning，M. L. & Baruth，L. G. Multicultural Education of Children Adolescents（Second Edition）[M]. Boston：Allyn & Bacon，1996：339.

④ Hacker，A. Two Nations（Second Edition）[M]. New York：Charles Scribner's Sons，1992.

大。[①]这种贫穷和饥饿与当今美国和欧洲的新帝国主义有直接的关系。“新帝国主义与西方科学的扩张是连在一起的。”[②]斯里特认为，多元文化教育的核心是努力追求社会公正——世界资源的重新分配。[③]从这一点看，如果多元文化教育和课程是在追求社会公正的话，那么其任重道远。再如，施姆拉克（Shmurak）和拉特里夫（Ratliff）基于文献研究和观察认为，当前学校中仍然存在着相当程度的性别歧视，性别主义还很严重，如在语言的运用、行为的鼓励等方面都会反映出明显的性别角色的刻板印象和明显的性意识。他们观察到，性别对待的差异对绝大多数教师来说一般是无意识的。他们建议教师可以采取以下步骤减少性别不平等和歧视：1．认识到有效的多元文化教育包括认识性别和阐述性别不平等和偏见；2．避免有意或无意地强调与性别相关的行为、在教育实践中运用性别主义、对性别角色形成刻板印象、允许性别优势；3．选择以平等和积极的角色描述女性的教科书和其他课程资料。[④]王鉴认为，多元文化教育家在20世纪的任务是“培育并扶植”多元文化教育这一新生事物，21世纪还不得不承担使多元文化教育由弱变强，并在实践中展现出生机的艰巨任务。[⑤]

班克斯认为，从人口发展的趋势看，21世纪的教育必须帮助低收入的学生和有色学生发展参与劳动力市场和社会所需要的知识、

---

① Kellogg，P. The Hidden System of Neocolonialism[A]. 1993. Quoted from Sleeter，C. E. Multicultural Education as Social Activism[C]. Albany：State University of New York Press，1996：195.

② Harding，S. Is Science Multicultural? Challenges，Resources，Opportunities，and Uncertainties[J]. Configurations，1994，2：301-330.

③ Sleeter，C. E. Multicultural Education as Social Activism[M]. Albany：State University of New York Press，1996：195.

④ Shmurak，C. B. & Ratliff，T. M. Gender Equity and Gender Bias：Issues for the Middle School Teacher[J]. Middle School Journal，1994，25（5）：63-66.

⑤ 王鉴. 西方少数族群教育研究述评[J]. 世界民族，2002（4）.

态度和技能。另外，所有社会群体如阶层、种族、民族、文化和性别等的学生，都必须获得与其他群体共同参与公共事物和公民行动的知识、技能和竞争力，多元文化课程的改革必须围绕这些目标进行。①

三、多元文化课程与全球主义开始联姻

全球化过程，从文化的角度看，就是以不同国家或地区为单位的各种文化之间的冲突、妥协、欣赏、吸收和融合的过程。全球化是人类社会发展的必然要求，是人类历史发展的必然趋势。全球化教育是全球化（包括政治、经济和文化等方面的全球化）在教育中的反映，是全球化背景中多元文化和谐共存的客观要求。因此，从本质上讲，全球化课程就是一种多元文化课程；反过来，多元文化课程的发展必然受全球化趋势和全球化课程理论的影响。威拉德·克内普（Willlard Kniep）（1989）认为，全球化课程设置要强调五个概念：独立性、变化、冲突、欠缺和文化。他还围绕着其他四个基本领域建构了他的全球化教育课程，这四个领域是：制度、人类价值观、问题和全球历史。②罗伯特·哈维（Robert Hanvey）所设计的全球化教育课程的模式包括五个方面的理念：观点自觉、全球现状的意识、跨文化意识、全球动力学的知识和人类选择的意识。③麦瑞费尔德（Merryfield）和怀特（White）（1996）认为，设置全球化教

① Banks，J. A. Curriculum Guidelines for Multicultural Education[A]. 1992. In Fred Schultz. Multicultural Education. 96/97.（Third Edition）[C]. Guilford，CT：Dushkin Publishing Group/Brown & Benchmark Publishers Sluice Dock：134-154.

② Kniep，W. M. Social Studies Within a Global Education[J]. Social Education，1989，53（6）：399-403.

③ Carlos，F & Diaz，Massialas，B. G，et al. Global Perspectives for Educators[M]. Boston：Allyn & Bacon，1999：66-67.

育课程必须考虑以下几个方面：政治问题、文化一社会问题、发展问题、经济问题和环境问题，并且要呈现给学生关于这些问题的多元化的观点。[①]P・泰德特和I・泰德特认为，多元文化教育、全球研究和课程的国际化，在研究人类所关心的问题时，具有内在联系和部分重叠，因此在学校课程中，它们不是完全分离的领域。[②]许多多元文化课程的倡导者认为，多元文化课程不仅要关注国内的群体及其文化问题，同时也要关注国家之间及其文化之间的冲突与和谐共存的问题，这是全球化背景中多元文化课程的一种新走向。韦伯斯特明确指出："多元文化教育应该向全球主义方向发展。"[③]

杰夫科特（1979）把多元文化课程定义为："反映英国社会和世界并有效吸收英国少数民族和海外文化内容的课程。"[④]他认为，多元文化课程应该向英国少数族群和其他海外文化的人展示人类的各种特性，因此在内容选择上必须是国际化的，在观点上必须是全球化的。在他看来，对英国少数族群和海外文化的刻板印象，不管是否从人类的特点、生活方式、社会角色或职业地位方面来表述，都是不可接受的，都可能是有害的；其他文化和民族都有其合理性，应该从其自身出发来描述，只要有可能，应允许它们为自己辩护，只要不违背英国或欧洲的准则，就不应该对它们判断对与错。[⑤]

---

① Welch，A. R. Globalization，Postmodernity and the State：Comparative Education Facing the Third Millennium[J]. Comparative Education，2001，37（4）.

② Tiedt，P. L & Tiedt，I. M. Multicultural Teaching：A Handbook of Activities，Information，and Resources（Sixth Edition）[M]. Boston：Allyn & Bacon，2002：28.

③ Webster，Y. O. Against the Multicultural Agenda：A Critical Thinking Alternative（Sixth Edition）[M]. Westport，CT：Praeger Publishers，1997：8.

④ Jeffcoate，R. A. Multicultural Curriculum：Beyond the Orthodoxy[J]. Trends in Education，1979（4）：8-12.

⑤ Jeffcoate，R. A. Multicultural Curriculum：Beyond the Orthodoxy[J]. Trends in Education，1979（4）：8-12.

J·布朗恩（J.Browne）和 J·P·佩雷斯（J.P.Perez）在《从幼儿园到十二年级多元文化教育课程研究（1979—1981）》（*Multicultural Education Course of Study for Grades Kindergarten Through Twelve 1979—1981*）一书中提出了多元文化教育的十项总目标（goals），每项总目标中还有许多分目标（objectives）。在这些目标中，可以看出作者非常关注“全球”和“全球文化”问题。例如，他们认为，多元文化教育和课程必须意识到在社区、美国和世界上不同民族、文化、语言和宗教群体成员之间的异同，发展对社会和全球中文化多样性的意识和欣赏，理解美国和世界不同地方的人们在某些问题上的观点有多大差异；欣赏美国和全世界的语言、文化和价值体系之间的异同；重视所有民族和文化背景的人对科学所做出的努力，了解不同国家对科学和技术所做出的贡献；理解并欣赏美国和世界的多元文化现象；等等。①

林奇通过图 4-1 分析了 20 世纪全球和多元文化教育概念的演进过程。从该图可以发现，多元文化教育从 20 世纪八十年代开始就朝“全球教育”“世界研究”“全球多元文化教育”的方向发展。林奇提倡全球主义的多元文化课程，以纠正当前造成文化和地理无知以及不关心世界其他人的命运的课程中的地方主义。

英国昆廷基纳斯顿（Quintin Kynaston）学校（1980）和北威斯敏斯特（North Westminster）社区学校（1982）提出了广域课程观。后者在《建立多元文化的哲学》（*Towards a Multicultural Philosophy*）的文件中提出不管是显性课程还是潜在课程都必须：“1. 加强对全世界不同环境、社会、制度和文化兴趣的理解；2. 研究英国和世界上的种族主义和不平等的政治、社会和经济原因及其对目前的影响；

① Hernandez，H. Multicultural Education—A Teacher’s Guide to Content and Process[M]. Columbus，Ohio：Merrill Publishing Company，1989：178-180.

3．鼓励学生认识到，每一个社会都有自己的价值观、传统和日常生活方式，这些应该在该社会的环境中理解；4．研究西方世界之外的科学成就及不同的科学范式；5．探索和分享从其他文化经历中得出的思想、观点和兴趣，所选择的内容要包括学生的感受，还要教给他们技能和知识；6．发展学生批评和积极参与所有社会机构如媒体、政党等的概念和技能。”[①]

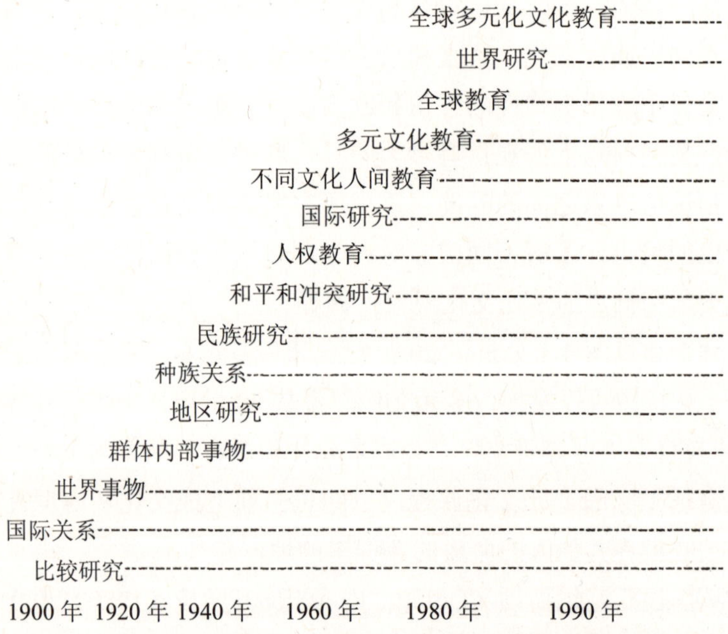

图 4-1　20 世纪全球和多元文化教育概念的演进

（资料来源：Lynch, J. Multicultural Education in a Global Society[M]. N. Y: The Falmer Press, 1989.）

英国大卫·希克斯（David Hicks）（1979）和尼克松（1985）对于多元文化教育都提出了一种全球观点。希克斯说：“多民族教

① Nixon，J. A Teacher's Guide to Multicultural Education[M]. Oxford，OX：Basil-Blackwell Ltd，1985：49.

育不仅是关于英国的民族群体的，而且还必须关注世界其他地区的少数群体（minority groups）。”[①]尼克松指出，“多元文化教育从根本上讲是针对各地所有学生的完满教育。它帮助学生理解自己、国家和社会在世界上所具有的位置，以及从国际主义者的角度去思考问题。它显示少数族群在生活的各个方面所做出和能够做出的积极贡献，并呈现当今社会中的不平等。”[②]在他们看来，研究英国黑人史需要研究世界历史，英国的多元文化社会和多种族社会需要放在国际背景中来认识。在英国，许多教育运动如“世界研究”“国际教育”“和平教育”和“发展教育”等都强调课程必须具有全球视野。多元文化教育和课程的全球主义走向在英国表现得最为明显。

韦伯斯特提出了“多元文化教育的全球主义和理性——人本主义的取向”（globalist and rational—humanist approaches）。[③]全球主义的多元文化教育的倡导者认为，多元文化教育“与其说是向跨种族和跨民族的方向发展，倒不如说是向人类的统一和和谐挺伸”。[④]杰西·加西亚（Jesus Garcia）和莎伦 L·皮尤（Sharon L. Pugh）说：“多元文化主义从其最复杂性看，就是培养对人类事物的一种全球性的观点。”[⑤]多元文化教育的全球主义取向的发起者认为，全球化的

---

① Hicks，D. Two Sides of the Same Coin：An Exploration of Links Between Multicultural Education and Development Education[J]. New Approaches to Multicultural Education. Spring，1979，7（2）：5.

② Nixon，J. A Teacher's Guide to Multicultural Education[M]. Oxford，OX：Basil-Blackwell Ltd，1985：55.

③ Webster，Y. O. Against the Multicultural Agenda：A Critical Thinking Alternative[M]. Sixth Edition. Westport，CT：Praeger Publishers，1997：48.

④ Webster，Y. O. Against the Multicultural Agenda：A Critical Thinking Alternative[M]. Sixth Edition. Westport，CT：Praeger Publishers，1997：48.

⑤ Webster，Y. O. Against the Multicultural Agenda：A Critical Thinking Alternative[M]. Sixth Edition. Westport，CT：Praeger Publishers，1997：48.

发展客观上要求学生更多地了解世界文化、世界文学和世界历史，因此学校应该开发把世界历史、地理和文化置于中心的课程。这样的课程会超越把自己局限于种族和民族经验的多元文化教育的限制。林奇主张多元文化教育应该追求人本主义与理性主义主题的整合，这一观点得到了绝大多数多元文化教育支持者的认可。林奇和约翰 I·古德拉德（John I. Goodlad）反对“黑人与白人”“男人与女人”的二元论，认为多元文化教育不应该采取这种二分法，而应该运用包含性更强的分类——人类。斯里特和格兰特认为，理性—人本主义取向是“整合主义的”（integrationist），属于多元文化教育的人类关系取向（即反复灌输沟通差异的原则和方法）；而在韦伯斯特看来，理性—人本主义取向不是促进白人与有色人种的整合，而是在争论和评价的理性原则当中促进对这些类别进行讨论。[①]从以上几位学者的观点可以看出，国家框架内的多元文化课程与全球化课程（实质是一种世界框架内的多元文化课程）在理念上是基本一致的，这为二者的相互借鉴奠定了基础，为多元文化课程的走向拓展了空间。

---

① Webster，Y. O. Against the Multicultural Agenda：A Critical Thinking Alternative[M]. Sixth Edition. Westport，CT：Praeger Publishers，1997：50.

结束语

社会政治、经济、文化等方面的发展使每一个国家、每一个地区、每一个群体、每一个人都深刻地体验到价值多元时代的到来，这个时代是以文化多样性为明显特征的时代。文化多样性必然引起不同文化之间的“冲突”。站在民族国家的框架和全球范围看，文化之间的冲突本质上是以“文化”为明显标志的不同群体之间利益的冲突。学校课程以传承人类文化为鹄的，而当今又是一个多元文化的时代，由此它肯定要对这个多元文化时代所出现的问题做出应答。多元文化课程就是在这种大的背景中产生和发展起来的，多元文化课程顺应了文化多样性的时代要求，是多元文化社会对教育和课程改革提出的客观要求。我国是一个多民族国家，有着丰富的文化多样性，学校课程应该反映这一特点。西方多元文化课程的研究成果，为我们开展这方面的研究提供了重要的启发，特别是“多元文化教育和课程是一种理念”的观点，使我们认识到：多元文化的课程观是多元文化国家学校课程建设的新理念和新视角，这一点是我们应该汲取的；然而，视多元文化课程为“一场运动”的观点，以反种族主义为核心的多元文化课程观，以及强调渗透“批判理论”“变革性知识”和“反抗意识”的多元文化课程观，都是我们必须坚决摒弃的。

多元文化课程毫无疑问是强调“多元文化”的课程，但实质上它是不同群体之间利益争夺在学校课程中的反映，是利益“冲突与妥协”的结果。多元文化课程的产生和发展、理论基础、课程范式及其所遇到的批判都反映了其对立统一的特点。西方多元文化课程以多元文化主义为理论基础，然而，多元文化主义是一把“双刃剑”，它可以促进社会的民主、公正和平等，也可以导致多民族国家和多文化社会的分裂，同样也可以是维护不平等社会的借口，因此操持这把剑时要极为谨慎。从研究的角度看，作为“局外者”，我们还要分析是谁在操持着这把剑，只有这样才能看到西方多元文化主义及多元文化课程的本质所在。从马克思主义阶级分析的视角出发，本论文围绕着西方特别是美国的多元文化课程的争论进行了分析，认为多元文化课程不是一种重“科学”的课程，而是一种重“价值观”的课程，也就是说，多元文化课程本质上是价值观的问题，是种族主义的课程范式。这是我们学习和借鉴西方多元文化课程必须认清的。我国多元文化课程研究的理论基石不是西方的多元文化主义，而是“中华民族多元一体格局”的理论。把国外的多元文化课程理论“拿来”并“种植”，必须分析孕育这一理论和范式的土壤，同时也必须分析要种植其上的土壤。我国与某些西方国家如有多元文化课程诉求的美国、加拿大、澳大利亚、英国等，在少数民族形成及发展史、特点以及与多数民族之间的关系等方面，都有很大差异。这些国家要么是移民国家，要么是殖民国家，民族之间冲突严重。民族认同、民族关系及民族政策是影响多元文化课程产生和发展的关键因素。以美国为例，美国新老移民之间、不同族群之间一直存在着尖锐的矛盾，国家和社会的凝聚力不如族群的凝聚力大。以认同方面为例，由于美国是个移民国家，因此各族群在对国家和族群的认同次序上，首先认同族群，其次认同国家。这显然不符合民族国家框架内的“认同同心圆”的模式（即正确的认同应该是：国家认同处于核心、族群认同在该核心的外周、再向外就是地区认同等）。美国民族认同的这一特点（加拿大民族认同也表现为这一特点），决定了其具有多元文化课程的产生和实施的土壤，民族之间的冲突决定了其具有多元文化课程的诉求。而在我国，从宪法、民族政策及实践看，我国各民族一律平等，不存在“主体”与“非主体”之分，不存在高低贵贱之分。我国对民族的区分只是“多数”与“少数”之分。中国大地上的每一个民族都认同是中国历史的一部分，即使是某些少数民族统治中国时期，也都有统一全国的想法。中国的文化是以中原的汉族文化为核心的。历史上某些少数民族政权，都是主动、积极地学习汉族文化，他们没有试图去压制、贬低、弱化汉族文化。如同汉族是多民族融合的结果一样，汉文化也是多民族文化融合的结果。同样，汉族人统治中国的某些时期，也都是认可、接受各少数民族的文化，并积极地学习其优点。总之，中国大地上的各民族都自认为是中华民族的一部分，在地位上是平等的；中国文化虽以中原汉族文化为核心，但汉族文化与少数民族文化是相互吸收的，历代少数民族政权都认同作为核心的汉族文化，因此各民族在文化方面没有凸显自己民族文化的诉求，或者从来就没有强烈的诉求。也就是说，中国没有实践多元文化主义的传统和现实要求，多元文化课程不能照搬西方的理念和模式。

当今世界仍然主要以“民族国家”为单位，国家认同通常是公民的最重要的认同，这就决定了建立在国家宏观文化之上的“同化主义”，在现在和可预见的将来的国家政策包括教育政策中仍占据主导地位。在美国，同化主义与多元主义的斗争中，前者站在了胜利的一方。多元文化课程是在“同化主义”与“多元主义”的张力平衡中存在并艰难发展的，多元文化课程在实践中不仅要策略地协调二者的矛盾，而且还面临着各方面的压力甚至批判。由此，多元文化课程在西方学校课程中从来就没有成为主流。因此，面对20世纪后几十年西方国家课程领域中出现的多元文化课程这一新事物（新事物并不一定是正确的），本人在研究过程中并不预设多元文化主义和多元文化课程的正确性，而是从“局外者”的角度对其有争议的理论进行研究。需要说明的是，论文有意忽略多元文化课程在实践方面的问题如原则、方法和模式等，原因有二：一是论文篇幅所限；二是面对国外多元文化课程，我国教育界当前最需要做的应该是冷静和理性地分析其利弊，对照外国与中国的国情，而不是张开怀抱全面接受或者匆忙地把其方法和模式“拿来”甚至“种植”。这样做容易导致“只见表面、忽视本质”的状况，面对具有双刃剑性的多元文化课程，特别是面对极为敏感的民族问题，对于多民族国家来说，那将是非常危险的。

作为比较教育研究，最为重要的是国外的相关资料和研究者的立场，这两个方面是本论文研究过程中所遇到的难点。对于国外相关资料，由于文化交流和自己所掌握的外国语种的限制，本人只收集了英文资料，其中以美国资料为主，加拿大、澳大利亚、英国等国家的资料次之。即使先后到上海和北京等主要学校和图书馆查阅相关资料，并与世界著名多元文化教育家詹姆斯 A·班克斯等人取得了联系，并获取了一定数量的美国最新资料，但仍嫌资料不全，致使对某些问题的论证捉襟见肘。对于研究立场，由于本人是多数民族的一员，对我国少数民族文化及教育状况了解较少，尽管近三年来多次到少数民族地区（如甘肃省甘南藏族自治州、临夏回族自治州以及贵州省黔东南苗族侗族自治州等地）体验其文化，并与当地教育官员和校长座谈及进入课堂了解其教育，但也有走马观花、蜻蜓点水之感；另外，多元文化课程是价值观的问题，而价值观问题是社会科学研究中最棘手的问题，研究过程中无法避免地、自然不自然地会搀杂进研究者的立场（从美国白人研究者与黑人研究者、强势群体与弱势群体对多元文化课程的研究中非常明显地看到这一点），因此本研究的角度及得出的结论肯定有待商榷，当然，其中错误之处并非仅仅是立场问题，这里隐含着研究者的学养浅薄。

我仿佛举着一只火光微弱的火把，行走在黑夜的森林中，脚下荆棘遍布、苔滑坑深，虽竭力避免在磕绊与踉跄中跌倒，但常常事与愿违。好在意志没有被摧垮，自信还有充沛的精力，我坚信借着这微弱之光，我会在不断校正方位和调整方向的过程中，坚毅地朝着远方的目标蹒跚而去，或许在那里会发现光明。

参考文献

一、中文部分

[1] （美）道格拉斯•凯尔纳，斯蒂文•贝斯特.后现代理论——批判性质疑[M].张志斌译.北京:中央编译出版社, 2001.

[2] （美）亨利•A•吉罗克斯.跨越边界——文化工作者与教育政治学[M].刘惠珍，张弛，黄宇红译.上海:华东师范大学出版社, 2002.

[3] （美）约翰•杜威.民主主义与教育[M].王承绪译.北京:人民教育出版社, 1990.

[4] （美）菲利克斯•格罗斯.公民与国家——民族、部族和族属身份[M].王建娥，魏强译.北京:新华出版社, 2003.

[5] （美）塞缪尔•亨廷顿.文明的冲突与世界秩序的重建[M].周琪译.北京:新华出版社, 1999.

[6] （美）塞缪尔•亨廷顿，劳伦斯•哈里森.文化的重要作用——价值观如何影响人类进步[M].程克雄译.北京:新华出版社, 2002.

[7] （美）威廉•亨利.为精英主义辩护[M].胡利平译.南京:译林出版社, 2000.

[8] （美）弗里德里克•杰姆逊.后现代主义与文化理论[M].唐小兵译.西安:陕西师大出版社, 1987.

[9] （美）罗兰•罗伯森.全球化——社会理论和全球文化[M].梁光严译.上海:上海人民出版社, 2000.

[10] （美）理查德•D•范斯科德、理查德•J•克拉夫特，约翰•D•哈斯.美国教育基础——社会展望[M].北京师范大学外国教育研究所译.北京:教育科学出版社, 1984.

[11] （美）迈克尔•W•阿普尔.意识形态与课程[M].黄忠敬译.上海:华东师范大学出版社, 2001.

[12] （美）小威廉姆•E•多尔.后现代课程观[M].王红宇译.北京:教育科学出版社, 2000.

[13] （美）托马斯•雅诺斯基.公民与文明社会[M].柯雄译.沈阳:辽宁教育出版社, 2000.

[14] （美）威廉•詹姆士.多元的宇宙[M].吴棠译.北京:商务印书馆, 1999.

[15] （德）尤尔根•哈贝马斯.包容他者[M].曹卫东译.上海:上海人民出版社, 2002.

[16] （德）彼得•科斯洛夫斯基.后现代文化-技术发展的社会文化后果[M].毛怡红译.北京:中央编译出版社, 1999.

[17] （德）卜松山.与中国作跨文化对话[M].刘慧儒译.上海:中华书局, 2000.

[18] （德）哈拉尔德•米勒.文明共存——对塞缪尔•亨廷顿“文明冲突论”的批判[M].郦红，那滨译.北京:新华出版社, 2002.

[19] （英）安东尼•D•史密斯.全球化时代的民族和民族主义[M].龚维斌，良警宇译.北京:中央编译出版社, 2002.

[20] （英）理查德•D•刘易斯.文化的冲突与共融[M].关世杰主译.北京:新华出版社, 2002.

[21] （法）让•弗朗索瓦•利奥塔.后现代状况：关于知识的报告[M].长沙:湖南美术出版社, 1996.

[22] （加拿大）大卫•杰弗里•史密斯.全球化与后现代教育学[M].郭洋生译.北京:教育科学出版社, 2000.

[23] （巴西）保罗•弗莱雷.被压迫者教育学[M].顾建新，赵友华，何曙荣译.上海:华东师范大学出版社, 2001.

[24] （中国台湾）黄政杰.多元社会课程取向[M].台北:师大书苑有限公司, 1995.

[25] （中国台湾）陈美如.多元文化课程的理念与实践[M].台北:师大书苑有限公司, 2000.

[26] （中国台湾）江雪龄.多元文化教育[M].台北:师大书苑有限

公司, 1998.

[27] （中国台湾）中国教育学会.多元文化教育[M].台北:中国台湾书店, 1993.

[28] （中国台湾）黄政杰.多元文化课程[M].台北:师大书苑有限公司, 1997.

[29] （中国台湾）李苹绮.多元文化教育[M].新北:心理出版社股份有限公司, 1998.

[30] （中国台湾）刘美慧.多元文化取向的社会科教学研究[M].高雄:高雄复文图书出版社, 1999.

[31] 哈经雄，滕星.民族教育学通论[M].北京:教育科学出版社, 2001.

[32] 中国社会科学杂志社.社会转型：多文化多民族社会[M].北京:社会科学文献出版社, 2000.

[33] 盛宁.人文困惑与反思——西方后现代主义思潮批判[M].上海:生活•读书•新知三联书店, 1997.

[34] 谢宁.面向 21 世纪的基础教育和民族教育[M].北京:气象出版社, 1992.

[35] 宁骚.民族与国家——民族关系与民族政策的国际比较[M].北京:北京大学出版社, 1995.

[36] 王鉴.民族教育学[M].兰州:甘肃教育出版社, 2002.

[37] 王鉴.多元文化教育课程的本土建构[D].兰州:西北师范大学, 1998.

[38] 陈连开.我国少数民族对祖国历史的贡献[M].北京:书目文献出版社, 1983.

[39] 王承绪.比较教育学史[M].北京:人民教育出版社, 1999.

[40] 鲁迅.无声的中国.鲁迅杂文精选[M].上海:上海人民美术出版社, 2004.

[41] 阮西湖.加拿大民族志[M].北京:中国社会科学出版社, 1986.

[42] 程人乾等.涡流——20 世纪民族主义潮汐透视[M].北京:西苑出版社, 2000.

[43] 张国清.中心与边缘——后现代主义思潮概论[M].北京:中国社会科学出版社, 1998.

[44] 黄龙保等.领域文化[M].北京:中国盲文出版社, 1988.

[45] 李醒民.两极张力论——不应抱住昨天的理论不放[M].西安:陕西科技出版社, 1988.

[46] 齐小新.美国文化研究导论[M].北京:北京大学出版社, 2001.

[47] 滕大春.美国教育史[M].北京:人民教育出版社, 1994.

[48] 孟凡丽.多元文化背景中地方课程开发研究[D].兰州:西北师范大学, 2003.

[49] 西北师范大学西北少数民族教育发展研究中心.少数民族教育研究论集[C].西北师范大学西北少数民族教育发展研究中心, 2000.

[50] 章太炎.章太炎全集（四）[M].上海:上海人民出版社, 1985.

[51] （肯尼亚）托马斯•马卢萨.非洲撒哈拉以南地区多元化教育概况[J].联合国教科文组织：教育展望（中文版）, 1993(2).

[52]（印度）苏雷沙钱德拉•舒克拉.印度的多元化和教育：问题及可能性[J].联合国教科文组织：教育展望中文版, 1993(2).

[53] （美）玛丽•A. 赫伯恩.民主社会中的多元文化和社会凝聚力问题：美国的经验是一种模式还是一个范例？[J].联合国教科文组织：教育展望中文版, 1993(1).

[54] （美）席蔚华（Vilma Seeberg）.美国学校的多元文化教育[J].陕西师范大学学报（哲学社会科学版）, 2000(9).

[55] （加拿大）科林•欧文.一体化教育；隔离的社会之理论和实践[J].联合国教科文组织：教育展望中文版, 1993(1).

[56] （德）托比亚斯•吕尔克尔.多文化教育、课程及其改革战略

[J].联合国教科文组织：教育展望中文版, 1993(1).

[57] 万明钢.美国多元文化教育发展历史评述[J].教育研究, 1993(1).

[58] 万明钢.论美国多元文化教育的理论与实践[J].民族教育研究, 1993(1).

[59] 万明钢.美国多元文化教育课程设计原则综述[J].民族教育研究, 1995(3).

[60] 万明钢.美国多元文化教育中的一个敏感问题——对少数民族学生的测验与评定[J].世界民族, 1996(1).

[61] 万明钢.多元文化教育的新发展与课程改革[EB/OL].[2004]./PGN0008. TXT/PGN.

[62] 万明钢.论美国多元文化教育理论的演变及其对课程改革的影响[J].比较教育研究, 1993(5).

[63] 万明钢，王鉴.中国民族教育中的多元文化课程研究[J].课程研究, 1999(1).

[64] 王鉴.西方多元文化教育与我国民族教育之比较研究[J].西北师大学报（社会科学版）, 1995(3).

[65] 王鉴.多元文化教育论纲[J].西北师大学报（社会科学版）, 1998(5).

[66] 王鉴.论中华民族多元文化教育[J].青海民族研究, 2002(2).

[67] 王鉴.当代西方国家对多元文化教育的几种认识[J].外国教育研究, 1994(2).

[68] 王鉴.西方少数民族教育研究述评[J].世界民族, 2002(4).

[69] 王鉴.近年来西方多元文化课程与教学研究简论[J].西北师大学报（社会科学版）, 2001(9).

[70] 何喜刚，王鉴.多元文化教育课程本土化的现实困境与出路[J].宁波大学学报（教育科学版）, 2000(2).

[71] 孟凡丽.国外多元文化课程开发模式的演进及其启示[J].比较教育研究, 2003(2).

[72] 月泰星，苏红.多元文化社会与多元一体教育[J].民族教育研究, 1996(2).

[73] 苏红.美国多元文化教育中的语言概况[J].民族教育研究, 1996(2).

[74] 李瑾瑜，负平清.对多元文化教育的四种误解及其分析[J].民族教育研究, 1999(3).

[75] 王凯.美国多元文化教育流变及课程转向研究[J].外国教育研究, 2002(4).

[76] 高向斌.美国多元文化教育初探[J].外国教育研究, 2002(4).

[77] 刘毅.美国高校的多元文化教育[J].深圳大学学报, 2000(4).

[78] 余海波.当前美国多元文化教育兴起的原因[J].中国民族教育, 2000(3).

[79] 余海波.当前美国多元文化教育的课程设计[EB/OL].[2004]./PGN0008. TXT/PGN.

[80] 韩骅.90 年代美国多元文化教育的理论与实践述评[J].比较教育研究, 2000(6).

[81] 周敏.美国多元文化教育中的授权，评价方法及其启示[J].外国教育研究, 1999(6).

[82] 杨晓.多元文化教育——关于民族教育的新理论[J].民族教育研究, 1999(1).

[83] 张华. “多元文化教育”的理论范型和实践模式探析[J].比较教育研究, 1998(3).

[84] 张文清，于家太.昂茨提案——美国双语教育的争论[J].全球教育展望, 2001(2).

[85] 徐文彬，徐继存.美国多元文化教育及其面临的挑战[J].比较

教育研究, 1998(3).

[86] 张希希.费尔南德斯多元文化课程改革管窥[J].外国教育研究, 1996(2).

[87] 吴兵.西方多元文化教育的本质与特征[J].杭州师范大学学报（自然科学版）, 2002(1).

[88] 余晓莹.国外多元文化教育研究发展初探[J].比较教育研究, 1994(6).

[89] 金志远.课程内容多元文化初探[J].内蒙古师范大学学报（教育科学版）, 2002(1).

[90] 涂元玲.论班克斯多元文化课程改革的途径及其启示[J].比较教育研究, 2003(2).

[91] 陈时见，朱利霞.一元与多元：论课程的两难文化选择[J].广西师范大学学报（哲学社会科学版）, 2000(6).

[92] 赵巧华.世界多元文化教育与我国民族高等院校课程论体系[J].民族教育研究, 1996(4).

[93] 尹可丽.国外多元文化教育对我国民族地区教育的启示[J].广西民族研究, 1999(3).

[94] 成渝.西南少数民族地区基础教育多元文化课程发展模式研究[J].课程•教材•教法, 2003(5).

[95] 辛治洋.当前我国多元文化教育研究存在的问题及思考[J].贵州师范大学学报（社会科学版）, 2002(3).

[96] 王牧华，靳玉乐，李森.多元文化背景中的基础教育课程改革（笔谈）[J].教育研究, 2003(12).

[97] 王晓升.道德相对主义的方法论基础批判——兼谈普遍伦理的可能性[J].哲学研究, 2001(2).

[98] 黄力之.多元文化主义的悖论——对亨廷顿理论的再评价[J].哲学研究, 2003(9).

[99] 李明欢.“多元文化”论争世纪回眸[J].社会学研究, 2001(3).

[100] 陈连开.关于中华民族结构的学术新体系[J].民族研究, 1992(6).

[101] 裴娣娜.多元文化与基础教育课程文化建设的几点思考[J].教育发展研究, 2002(4).

[102] 滕大春.试论“比较教育”和“洋为中用”[J].外国教育, 1984(1).

[103] 傅林.拿来与创新——中日多元文化教育问题的比较[J].四川师范学院学报（哲学社会科学版）, 2000(9).

[104] 李庶泉.论全球化教育课程的设置与教学[J].教育发展研究, 2003(10).

[105] 李庶泉.论多元文化教育的理论研究框架[J].安徽教育学院学报, 2003(1).

二、外文部分

[106] Apter, A. Political Life and Pluralism[A]. 1977. In M. M. Tumin & W. Plotch, et al. Pluralism in a Democratic Society[C].New York: Praeger:59-81.

[107] Aronowitz, S & Giroux, H. A. Postmodern Education, Politics, Culture and Social Criticism[M]. Minneapolis: University of Minnesota Press, 1991

[108] Asante, M. Afrocentricity[M]. Trenton N. J: Africa World Press, 1989.

[109] Asante, M. The Afrocentric Idea in Education[J]. Journal of Negro Education. Spring, 1991, 60(2).

[110] Asante, M. Multiculturalism: An Exchange[J].The American Scholar. Spring, 1991, 60.

[111] Asante, M. Afrocentric Curriculum[J].Educational Leadership, 1991, 49(1):28-31.

[112] Banks, J. A. Multiethnic Education: Theory and Practice[M].Boston: Allyn & Bacon, 1981.

[113] Banks, J. A & Lynch, J. Multiethnic Education in Western Societies[M].N.Y.: Holt, Rinehart & Winton, 1986.

[114] Banks, J. A. Teaching Strategies for Ethnic Studies[M].Boston: Allyn & Bacon, 1987.

[115] Banks, J. A & Banks, C. A. M, et al. Multicultural Education—Issue and Perspectives[M].Second Edition. Boston: Allyn & Bacon, 1993.

[116] Banks, J. A. Curriculum Guidelines for Multicultural Education[A]. 1992. In Fred Schultz. Multicultural Education.96/97.(Third Edition)[C].Guilford, CT: Dushkin Publishing Group/Brown & Benchmark Publishers Sluice Dock:134-I54.

[117] Banks, J. A. The Canon Debate Knowledge Construction, and Multicultural Education[J]. Educational Researcher, 1993, 22(5):4-14.

[118] Banks, J. A. Multicultural Education: Progress and Prospects[J]. Phi Delta Kappan, 1993, 75.

[119] Banks, J. A. Multicultural Education as an Academic Discipline[A]. 1993. In Fred Schultz. Multicultural Education.96/97.（Third Edition）[C]. Guilford, CT: Dushkin Publishing Group/Brown & Benchmark Publishers Sluice Dock:71-75.

[120] Banks, J. A. & Banks, C. A. M, et al. Handbook of Research on Multicultural Education[M].U.S.A: Macmillan Publishing, 1995.

[121] Banks, J. A. Cultural Diversity and Education—Foundation, Curriculum, and Teaching[M]. Fourth Edition. Boston: Allyn & Bacon, 2001.

[122] Baptise, H. P. Jr & Baptise, M. Developing Multicultural Learning Activities[A]. In Carl A. Grant et al. Multicultural Education: Commitments, Issues, and Applications[C]. 1977.Washington, D. C: ASCD.

[123] Bennett, C. I. Comprehensive Multicultural Education: Theory and Practice[M]. Boston: Allyn & Bacon, 1990.

[124] Bennett C.I. Genres of Research in Multicultural Education[J]. Review of Educational Research. Summer, 2001, 71(2).

[125] Brawarsky S. Toward a Common Destiny[A]. .1995. In Fred Schultz. Multicultural Educatian.96/97.(fifth Edition)[C]. Guilford, CT: Dushkin Publishing Group/Brown & Benchmark Publishers Sluice Dock:9-11.

[126] Broudy, H. S. Cultural Pluralism: New Wine in Old Bottles[J]. Educational Leadership, 2001, 173-175(33).

[127] Carlos, F & Diaz, Massialas, B. G, et al. Global Perspectives for Educators[M]. Boston: Allyn & Bacon, 1999.

[128] Carter, T. P & Segura, R. D. Mexican Americans in School: A Decade of Change[M]. New York: College Entrance Examination Board, 1979.

[129] C1ay, C. A. Campus Racial Tensions: Trend or Aberration[J].Thought and Action. Fall, 1989, 5(2).

[130] Cornbleth, C. & Waugh, D. The Great Speckled Bird: Multicultural Politics and Education Policymaking[M]. New York: St. Martins Press, 1995.

[131] Cornelius, C. Iroquois Corn in a Culture-based Curriculum: A Framework for Respectfully Teaching About Cultures[M].Albany, NY: SUNY Press, 1999.

[132] Davidman, L. Multicultural Education: A Movement in Search of Meaning and Positive Connections[A]. 1995. In Fred Schultz. Multicultural Education.96/97.(Third Edition)[C].Guilford, CT: Dushkin Publishing Group/Brown & Benchmark Publishers Sluice Dock:66-77.

[133] Debbie, G. T. Multicultural Education: Reflections on Brown at 40[A]. 1994. In Fred Schultz. Multicultural Education. 96/97. (Third Edition)[C]. Guilford, CT: Dushkin Publishing Group/Brown &

Benchmark Publishers Sluice Dock:197-201.

[134] D'Souza, D. The End of Racism: Principles for a Multiracial Society[M].New York: The Free Press, 1995.

[135] Eldering, L. Multiculturalism and Multicultural Education in an International Perspective[A]. 1996. In Fred Schultz. Multicultural Education.98/99.(Fifth Edition)[C].Guilford, CT: Dushkin/McGraw •Hill Sluice Dock:94-100.

[136] Erickson, P. Rather Than Reject a Common Culture, Multiculturalism Advocates a More Complicated Route by Which to Achieve It[J]. The Chronicle of Higher Education, 1991, 37(41).

[137] Feinberg, W. Liberalism and the Aims of Multicultural Education[J]. Journal of Philosophy of Education, 1995, 29(2).

[138] Feuer, L. From Pluralism to Multiculturalism[J]. Society, 1991, 29(1).

[139] Fuller, S. Social Epistemology as a Critical Philosophy of Multiculturalism[A]. 2000. In Mahalingam R & McCarthy C. Multicultural Curriculum—New Directions for Social Theory Practice and Police[C]. Great Britain: Routledge: 94-100.

[140] Francis, P. L. A Review of the Multicultural Education Literature[J]. Race, Gender and Class. Winter, 1995, 2(2).

[141] Fullinwider, R. Multicultural Education and Cosmopolitan Citizenship[J]. International Journal of Education Research, 2001, 35: 331-343.

[142] Fyfe, A & Figueroa, P et al. Education for Cultural Diversity: The Challenge for New era[M].London: Routledge, 1993.

[143] Gates H. L. Whose Cannon is it, Anyway[N]. New York Times Book Review, February 26,1989.

[144] Gay, G. Multiethnic Education: Historical Developments and Future Prospects[J]. Phi Delta Kappan, 1983, 64(1).

[145] Gay, G. Bridging Multicultural Theory and Practice[A]. 1995.

In Fred Schultz. Multicultural Education. 98/99.(Fifth Edition)[C].Guilford, CT: Dushkin/McGraw • Hill Sluice Dock:101-105.

[146] Gay, G. Curriculum Theory and Multicultural Education[A]. 1995. In Banks, J. A & Banks, C. A. M, et al. Handbook of Research on Multicultural Education[C]. U.S.A: Macmillan Publishing.

[147] Gibson, M. A. Approaches to Multicultural Education in the United States: Some Concepts and Assumptions[J]. Anthropology & Education. Quarterly, 1984, 15(1):94-119.

[148] Glazer, N. Cultural Pluralism: The Social Aspect[A]. 1977. In M. M. Tumin & Plotch, et al. Pluralism in a Democratic Society[C].New York: Praeger:3-24.

[149] Glazer, N.A New Word for an Old Problem: Multicultural "School Wars" Date to the 1840's[A]. 1994. In Conn G. Multicultural Education.95/96[C].Guilford, CT: Dushkin:74-77.

[150] Gollnick, D. M. Multicultural Education in a Pluralistic Society[M].U.S.A: R.R.Donnelly & Sons Company, 2002.

[151] Gollnick, D. M. & Chinn, P. C. Multicultural Education in a Pluralistic Society[M].New Jersey: Pearson Education Inc, 2002.

[152] Goodson, I & Meyer, J. W, et al. Introduction, Special Issue on Sociology of the Curriculum[J].Sociology of Education, 1991, 64(1):94-119.

[153] Goodwim, A. L. Making the Transition from Self to Other: What do Preservice Teachers Really Think About Multicultural Education?[J]. Journal of Teacher Education, 1994, 45(2):119-131.

[154] Gordon, M. M. Assimilation in American life: The Role of Race, Religion, and National Origins[M].New York: Oxford University Press, 1964.

[155] Grant, C. A. Challenging the Myths About Multicultural Education[A]. 1994. In Fred Schultz. Education.97/98. (Twenty-Fourth Edition)[C]. Guilford, CT: Dushkin/McGraw • Hill Sluice

Dock:185-189.

[156] Green, S. W, & Penman, S. M. Multicultural Education and Culture Change-An Anthropological Perspective[A]. 1995. In Fred Schultz. Multicultural Education. 96/97.(Third Edition)[C].Guilford, CT: Dushkin Publishing Group/Brown & Benchmark Publishers Sluice Dock:76-78.

[157] Gutmann, A. Unity and Diversity in Democratic Multicultural Education: Creative and Destructive Tensions[A]. 2002. In Fred Schultz. 2002年6月17～21日意大利Bellagio洛克菲勒基金会研究和会议中心举办的“多元文化民族国家中民族多样性和公民教育”研讨会论文[C].Dushkin Publishing Group/Brown & Benchmark Publishers Sluice Dock.

[158] Hans-Ulrich Musolff. Multiculturalism as a Pedagogical Problem[J]. European Education. Fall, 2001, 33(3):5-18.

[159] Hagopian, E. C. Cultural Pluralism, Multicultural Education, and Then What?[A]. 1994. In Fred Schultz. Multicultural Education.96/97.(Third Edition)[C].Guilford, CT: Dushkin Publishing Group/Brown & Benchmark Publishers Sluice Dock:83-89.

[160] Headden, S. One Nation, One Language? —Would Making English the Nation's Official Language Unite the Country or Divide It?[A]. 1995. In Fred Schultz. Multicultural Education.96/97.(Third Edition)[C].Guilford, CT: Dushkin Publishing Group/Brown & Benchmark Publishers Sluice Dock:15-17.

[161] Hernandez, H. Multicultural Education—A Teacher's Guide to Content and Process[M].Columbus, Ohio: Merrill Publishing Company, 1989.

[162] Hilliard, A. Why We Must Pluralize the Curriculum[J]. Educational Leadership, 1991, 49(4).

[163] Hirsch, E. D. Cultural Literacy[M].New York: Houghton Mifflin, 1987.

[164] Hoover, K. R. Ideology and Political Life[M]. Monterey, CA: Brooks/Cole Pub. Company, 1987.

[165] Jeffcoate, R.A. Multicultural Curriculum: Beyond the Orthodoxy[J]. Trends in Education, 1979(4):8-12.

[166] Kivisto, P. Multiculturalism in a Global Society[M]. Oxford: Blackwell Publishers Ltd, 2002.

[167] Kniep, W. M. Social Studies Within a Global Education[J]. Social Education, 1989, 53(6):399-403.

[168] Kuhn, I. S. The Structure of Scientific Revolutions[M].Second Edition. Chicago: University of Chicago Press, 1970.

[169] Ladson-Billings, G. What We Can Learn from Multicultural Education Research[A]. 1994. In Fred Schultz. Education.97/98. (Twenty-Fourth Edition)[C].Guilford, CT: Dushkin/McGraw •Hill Sluice Dock:181-184.

[170] Leicester, M. Multicultural Education: From Theory to Practice[M]. England: NFER-NELSON, 1989.

[171] Lynch, J. The Multicultural Curriculum[M]. London: Batsford Academic and Educational, 1983.

[172] Lynch, J. Multicultural Education in a Global Society[M]. N. Y: The Falmer Press, 1989.

[173] Mattai, P. R. Rethinking the Nature of Multicultural Education: Has It Lost Its Focus or Is It Being Misused?[J]. Journal of Negro Education, 1992, 61.

[174] May, S. A. Making Multicultural Education Work[J]. Language Art, 1993, 70:364-372.

[175] Mahalingam, R. & McCarthy, C. Multicultural Curriculum-New Directions Social Theory Practice and Policy[M]. Great Britain: Routledge, 2000.

[176] Manning, M. L. & Baruth, L. G. Multicultural Education of Children Adolescents[M].Second Edition. Boston: Allyn & Bacon, 1996.

[177] McCarthy, C. Rethinking Liberal and Radical Perspectives on Racial Inequality in Schooling: Making the Case for Nonsynchrony[J]. Harvard Educational Review, 1988, 58.

[178]McCarthy, C. Race and Education in the United States: the Multicultural Solution[J]. Interchange. 1990, 21(3)

[179] McCarthy, C.& Apple, M. Class, Race, and Gender in American Educational Research: Toward a Nonsynchronous Parallelist Position[A]. In Lois Weis, et al. Race, Class, and Gender in American Education[C].New York: Stata University of New York Press, 1988.

[180] McCormick, T. Multiculturalism: Some Principles and Issues[J]. Theory into Practice, 1984, 23:93-97.

[181] McKissack, P & McKissack, F. Taking a Stand Against Racism and Racial Discrimination[M].New York: Franklin Watts, 1990.

[182] Mclaren, P. Decentering Whiteness: In Search of a Revolutionary Multiculturalism[A]. 1997. In Fred Schultz. Multicultural Education.98/99. (Fifth Edition)[C]. Guilford, CT: Dushkin/McCraw • Hill Sluice Dock:126-133.

[183] Mclaren, P. Revolutionary Multiculturalism: Pedagogies of Dissent for the New Millennium[M]. Boulder, CO: Westview Press, 1997.

[184] Modgil, S. & Verma, G. K, et al. Multicultural Education: The Interminable Debate[M]. London: Falmer Press, 1986.

[185] Neito, S. Affirmation, Solidarity, and Critique: Moving Beyond Tolerance in Multicultural Education[J]. Multicultural Education, 1994, 1(4):9-12.

[186] Nelson, J. L., Carlson, K, et al. Critical Issues in Education—A Dialectic Approach[M]. Second Edition. Guilford, CT: McGraw-Hill, Inc, 1993.

[187] Nixon, J. A Teacher's Guide to Multicultural Education[M]. Oxford, OX: Basil- Blackwell Ltd, 1985.

[188] Olneck, M. The Recurring Dream: Symbolism and Ideology in Intercultural and Multicultural Education[J]. American Journal of Education, 1990, 98(2):147-174.

[189] Omi, M & Winant, H. Racial Formation in the United States[M]. New York: Routledge & Kegan Paul, 1986.

[190] Orfield, G. The Growth of Segregation in American Schools: Changing Patterns of Separation and Poverty Since 1968[M]. Alexandria, VA: National School Boards Association Council of Urban Boards of Education, 1993.

[191] Patterson, O. Ethnic Chauvinism: The Reactionary Response[M]. New York: Stein & Day, 1977.

[192] Peck, J. Talk About Racism: Framing a Popular Discourse of Race on Oprah Winfrey[J].Cultural Critique, 1994, 27.

[193] Peres-Torres, R. Nomads and Migrants: Negotiating a Multicultural Postmodernism[J]. Cultural Critiqur, 1994, 26.

[194] Pewewardy, C. Melting Pot, Salad Bowl, Multicultural Mosaic, Crazy Quilt, Orchestra or Indian Stew: For Native Peoples, It's Your Choice! Or Is It?[A]. 1997. In Fred Schultz. Multicultural Education.98/99. (Fifth Edition)[C]. Guilford, CT: Dushkin/ McGraw • Hill Sluice Dock:20-23.

[195] Pohan, C. A. & Bailey, N. J. Opening the Closet-Multiculturalism That is Fully Inclusive[A]. 1997. In Fred Schultz. Multicultural Education. 98/99.(Fifth Edition)[C].Guilford, CT: Dushkin/McGraw • Hill Sluice Dock:134-137.

[196] Ramsey, P. G. Teaching and Learning in a Diverse World[M]. New York: Teacher's College Press, 1987.

[197] Ravitch, D. Diversity and Democracy: Multicultural Education in America[J]. American Educator. Spring, 1990, 14(1).

[198] Ravitch, D. Multiculturalism Yes, Particularism No[M].The Chronicle of Higher Education, 1990.

[199] Ryan, F. J. The Perils of Multiculturalism: Schooling for the Group[J]. Educational Horizons. Spring, 1993, 71(3).

[200] Scheurich, J. Toward a White Discourse on White Racism[J]. Educational Researcher, 1993, 22(8):5-10.

[201] Schlesinger, A. R. Jr. The Disuniting of America: Reflection on a Multicultural Society[M].Knoxville, TN: Whittle Direct Books, 1991.

[202] Schlesinger, A. M. & Jr. The Disuniting of America[M].New York: Norton, 1992.

[203] Schultz, F. For Vision and Voice: A Call to Conscience[A]. 1999. In Fred Schultz. Multicultural Education. 98/99.(Fifth Edition)[C]. Guilford, CT: Dushkin/McGraw • Hill Sluice Dock:224-225.

[204] Shields, C. A View from the Edge of Edge[J]. ACSC Newsletters, 1993, 58:31-32.

[205] Shmurak, C. B. & Ratliff, T. M. Gender Equity and Gender Bias: Issues for the Middle School Teacher[J]. Middle School Journal, 1994, 25(5):63-66.

[206] Sleeter, C & Grant, C. Making Choices for Multicultural Education: Five Approaches to Race, Class and Gender[M].Columbus, OH: Merrill, 1988.

[207] Sleeter, C. E. Multicultural Education as Social Activism[M]. Albany: State University of New York Press, 1996.

[208] Stotsky, S. Cultural Politics[J]. American School Board Journal, 1991, 178(10).

[209] Tiedt, P. L & Tiedt, I. M. Multicultural Teaching: A Handbook of Activities, Information, and Resources[M]. Boston: Allyn & Bacon, 1990.

[210] Tiedt, P. L & Tiedt, I. M. Multicultural Teaching: A Handbook of Activities, Information, and Resources[M].Sixth Edition. Boston: Allyn & Bacon, 2002.

[211] Webster, Y. O. Against the Multicultural Agenda: A Critical Thinking Alternative[M].Sixth Edition. Westport, CT: Praeger Publishers, 1997.

[212] Weinberg, M. Diversity Without Equality=Oppression[A]. 1994. In Fred Schultz. Multicultural Education. 96/97. (Third Edition)[C]. Guilford, CT: Dushkin Publishing Group/Brown & Benchmark Publishers Sluice Dock:6-8.

[213] Welch, A. R. Globalization, Postmodernity and the State: Comparative Education Facing the Third Millennium[J]. Comparative Education, 2001, 37(4).

[214] Wills, J & Mehan, H. Recognizing Diversity Within a Common Historical Narrative-the Challenge to Teaching History and Social Studies[A]. 1996. In Fred Schultz. Multicultural Education. 98/99.(fifth Edition)[C].Guilford, CT: Dushkin/McGraw • Hill Sluice Dock:68-75.

后　记

这本拙作是我于 2001 年至 2004 年在西北师范大学攻读博士学位时的毕业论文。博士研究生毕业后，就离开大学到政府部门就职，工作忙起来就把它束之高阁几近遗忘。近两年突然发现，拙作在学术界引起了一定的反响，其关注度、引用率都越来越高，在老师和同学的建议下，遂产生付梓的念头。手里拿着这本书，思绪又回到了十几年前。

2001 年，我怀着追求学术真理的愿望，拜伏于万明钢先生门下，研究多元文化背景下的课程与教学。先生不嫌我愚钝，循循善诱，培育我的学术兴趣，指导我的研究方法，在润物细无声中扶携我进入了多元文化教育研究之门。万教授身高一米八多，戴副眼镜，步履稳健，不苟言笑，语重千斤。先生的肖像将会永远刻记在我脑海之中。然而，遗憾的是，先生博古通今的知识、科学而独特的研究方法、德高望重的高尚人品、爱生如子的崇高师德，三年中我虽竭尽全力，也无法原样不变地复制到我的学习和生活中。以先生为楷模，学做人、学做事、学做学问。毕业论文是在万明钢教授的直接指导下完成的。从论文选题、构思、框架到观点的提出，无不凝聚着先生的智慧。写作过程中，由于一时未能完全领会先生的深邃意图，而出现这样那样的问题，这都归因自己才疏学浅。如果说论文还有值得肯定之处的话，那应该完全归功于先生的辛勤培养。

在西北师范大学学习、研究和写作过程中，得到了李定仁教授、李秉德教授、胡德海教授、王嘉毅教授的指教和帮助。这四位导师在授课中所反映出的渊博的学识、独到的学术见解、博厚的学术涵养、追求真理的精神，令我高山仰止；在生活和交往中所表现出的德高望重的人品、和蔼可亲的态度、诲人不倦的风范，是我一生追求的目标。教育学院的其他老师对我的学习和生活也给予了很大的关心和帮助。李瑾瑜教授带我到甘南、临夏等地深入少数民族学校考查调研；徐继存教授对我学习上鼓励指导，生活上关心帮助，这都令我感激不尽。这里我特别需要感谢的是王鉴教授。他待人诚实厚道，助人慷慨无私。论文选题时的指点、写作过程中遇到困惑时的小扣大鸣，特别是他和盘托出到加拿大所搜集的有关多元文化教育和课程的第一手资料、国内的相关资料以及他的博士论文和数十篇相关研究论文，供我参考使用，没有这些资料，我的论文肯定会逊色不少。

美国华盛顿大学多元文化教育研究中心主任、世界公认的著名多元文化教育专家詹姆斯•班克斯（James A. Banks）教授寄来其三本有关多元文化教育及其课程与教学发展的最新著作，在此谨表谢意。

感谢授业恩师西北师范大学副校长万明钢教授百忙之中为这本书作序。

感谢电子科技大学出版社马瑶编辑为这本书的出版所付出的辛勤努力。

感谢我的太太 Joanna Ewa Cieslak 多年来给予我工作上的支持和生活上的关心，同时丰富了我中西跨文化切身体验。

本人学养浅薄，再加时间紧迫，因此书中错误在所难免。如获学界先进不吝赐教，那正是我仰望并视为十分荣幸之事。

作　者

2017 年 8 月 18 日